CUANDO VUELVA JESÚS

DAVID PAWSON

Copyright © 2014 David Pawson

El derecho de David Pawson a ser identificado como el autor de esta obra ha sido afirmado por él de acuerdo con la
Ley de Copyright, Diseños y Patentes de 1988.

A menos que se indique lo contrario, las citas bíblicas son tomadas de
La Santa Biblia, Nueva Versión Internacional® NVI®
© 1999 by Biblica, Inc.®
Usada con permiso. Todos los derechos reservados en todo el mundo.

Otras versiones bíblicas usadas e indicadas:
(RVR60) Reina-Valera © 1960 Sociedades Bíblicas en América Latina;
© renovado 1988 Sociedades Bíblicas Unidas.
(LBLA) La Biblia de las Américas®,
© 1986, 1995, 1997 by The Lockman Foundation.
(NBLH) Nueva Biblia Latinoamericana de Hoy®
© 2005 by The Lockman Foundation.
(DHH) Dios Habla Hoy®, Tercera edición
© Sociedades Bíblicas Unidas, 1966, 1970, 1979, 1983, 1996.
(NTV) Santa Biblia, Nueva Traducción Viviente,
© Tyndale House Foundation, 2010.

Traducido por Alejandro Field
Revisado por María Alejandra Ayanegui Alcérreca

Esta traducción internacional español se publica por primera vez
en Gran Bretaña en 2014 por
Anchor Recordings Ltd
72 The Street
Kennington, Ashford TN24 9HS

Ninguna parte de esta publicación podrá ser reproducida o transmitida
de ninguna forma o por ningún medio, electrónico o mecánico,
incluyendo fotocopia, grabación o ningún sistema de almacenamiento
o recuperación de información, sin el permiso previo
por escrito del editor.

ISBN 978 1 9098860 9 4

Impreso globalmente por CreateSpace e
impreso en EE.UU. y Australia por Lightning Source

Índice

Prólogo
El futuro fascinante

A. LA LLEGADA PRÓXIMA

1. El sentido de su retorno
   ¿Quién?
   ¿Dónde?
   ¿Cómo?
   ¿Cuándo?
      Señal 1: Desastres en el mundo
      Señal 2: Desertores en la iglesia
      Señal 3: Dictador en Oriente Medio
      Señal 4: Oscuridad en el cielo
   ¿Para qué?
      Para completar a los santos
      Para convertir a los judíos
      Para conquistar al diablo
      Para dominar al mundo
      Para condenar a los impíos
2. La seguridad de estar listos
   Fe individual
   Servicio continuo
   Santidad personal
   Fraternidad comunitaria
   Evangelización global
   Acción social
   Resistencia leal

B. EL ENIGMA DE APOCALIPSIS

3. Diferencias de opinión
   Humanas
   Satánicas
   Divinas
4. La naturaleza de lo apocalíptico
5. Escuelas de interpretación
   Preterista
   Historicista
   Futurista
   Idealista
6. Sentido de propósito
   Lectores comunes
   Razones prácticas
7. Análisis de estructura
8. Sinopsis
   La iglesia en la tierra (1-3)
   Dios en el cielo (4-5)
   Satanás en la tierra (6-16)
   El hombre en la tierra (17-18)
   Cristo en la tierra (19-20)
   El cielo en la tierra (21-22)
9. La centralidad de Cristo
10. Recompensas del estudio
    Terminación de la Biblia
    Defensa contra la herejía
    Interpretación de la historia
    Base para la esperanza
    Motivo para la evangelización
    Estímulo para la adoración
    Antídoto contra la mundanalidad
    Incentivo para la piedad
    Preparación para la persecución
    Comprensión de Cristo

C. LA FUNDAMENTACIÓN DEL RAPTO

11. La doctrina novedosa
12. El argumento bíblico
13. La afirmación dudosa
    - Velocidad
    - Sorpresa
    - Lenguaje
    - Expectativa
    - Iglesia
    - Ira
    - Consuelo

D. EL EMBROLLO DEL MILENIO

14. La desilusión compartida
    - Los judíos
    - Los gentiles
    - Los cristianos
15. El pasaje básico (Apocalipsis 20)
    - Satanás removido (20:1-3)
    - Santos reinando (20:4-6)
    - Satanás liberado (20:7-10)
16. El contexto más amplio
    - Ausencia de confirmación
    - Presencia de contradicción
17. El problema filosófico
18. Los distintos puntos de vista
    - Amileniarismo "escéptico"
    - Amileniarismo "mítico"
    - Posmileniarismo "espiritual"
    - Posmileniarismo "político"
    - Premileniarismo "clásico"
    - Premileniarismo "dispensacional"
19. La conclusión personal

Prólogo

Mientras trabajaba en este libro, prediqué en dos servicios fúnebres, una experiencia inusual para mí desde que comencé un ministerio itinerante. Uno fue para mi suegra, que murió a la edad de noventa y ocho años; el otro, para mi hija, que falleció pocos meses después, a los treinta y seis años. Ambas vivieron y murieron con una confianza personal en Jesús como Salvador y Señor.

En ambas ocasiones, hablé de su situación actual. Ellas están plenamente conscientes, capaces de establecer comunicación con otras personas (aunque no con nosotros) y, sobre todo, están disfrutando de la presencia de Jesús.

Pero luego pasé a hablar de sus perspectivas futuras. Un día, tendrán nuevos cuerpos, que no estarán sujetos ni a la fragilidad de los huesos quebradizos ni a los estragos de la leucemia septicémica. Pero no los obtendrán hasta que vuelvan para vivir aquí en la tierra. Esto no será la "reencarnación" de sus almas, ya que volverán como ellas mismas, sino la "resurrección" de sus cuerpos.

Ocurrirá cuando "el Señor mismo descenderá del cielo" nuevamente (1Ts 4:16), porque "Dios resucitará con Jesús a los que han muerto en unión con él" (1Ts 4:14). Este acontecimiento está en el centro de las esperanzas cristianas para el futuro y corre el foco de la expectativa en el tiempo y el espacio.

El Nuevo Testamento dice muy poco acerca de nuestra existencia inmediatamente después de la muerte. Si bien es cierto que los creyentes cristianos "irán al cielo para estar con Jesús" (una terminología que aun los incrédulos se atreven a usar cuando explican la muerte a los niños), éste no es el énfasis principal de la consolación apostólica. ¡Porque el cielo no es más que una sala de espera! El momento supremo será la reunión de *todos* los creyentes, ya muertos o aún vivos, para estar "con el Señor para siempre" (1Ts 4:17).

Pero esto no será en el cielo. Será en la tierra o, inicialmente, apenas por encima de la tierra, en el aire, en las nubes (1Ts 4:17). Si nuestro destino inmediato después de la muerte es el cielo, nuestro destino último es la tierra, aun cuando tanto nosotros como ella habremos sido reciclados por completo, restaurados a nuestra condición original.

El cristianismo es una religión "con los pies bien sobre la tierra". Comenzó cuando el Hijo del Hombre bajó a la tierra. Prosiguió porque el Espíritu Santo fue enviado a la tierra. Y será consumado cuando el Padre mismo cambie su domicilio ("Padre nuestro que estás en el cielo") y haga su "morada", su residencia, "entre los seres humanos" (Ap 21:3). Al final de todo, que es también el verdadero principio, nosotros no vamos al cielo a vivir con él; él viene a la tierra a vivir con nosotros.

Antes que esto pueda ocurrir, el Hijo debe hacer una segunda visita. Hay más cosas que necesita hacer acá en la tierra antes que se le pueda poner punto final a la historia. Éste es el tema básico de *Cuando vuelva Jesús,* que está formado por cuatro partes.

La primera parte es una reimpresión de un cuadernillo que algunos lectores tal vez conozcan, *Explaining the Second Coming*[1] (Sovereign World, 1993). Estoy agradecido a ambos editores por acordar compartir este material. Representa lo que predico sobre este tema. Por razones de espacio y de objetivos, he tenido que omitir las polémicas asociadas con este tema y simplemente presento mis conclusiones, que es lo que considero que debemos hacer desde el púlpito. No se logra despertar la fe mediante opiniones indefinidas sino por afirmaciones seguras. Pero muchos han preguntado cómo he arribado a mis convicciones. Este volumen intenta contestar esa pregunta compartiendo el pensamiento que acompañó mi estudio. Por lo tanto, hay un contraste marcado en el estilo, el

---

1 En español, *Explicando la segunda venida.*

contenido y el vocabulario en el resto del libro. Si la primera parte es leche condensada, ¡el resto es carne picada!

La segunda parte es una introducción al libro de Apocalipsis, el único libro del Nuevo Testamento que se especializa en la segunda venida. El objetivo no ha sido escribir un comentario, si bien se abordan muchos enigmas y problemas, con la esperanza de haberlos clarificado. La idea es que un bosquejo con cierto detalle familiarizará al lector con un libro que ha intimidado a demasiadas personas. Espero que la reacción sea: "Ah, ahora puede ver de qué se trata".

La tercera parte aborda una diferencia importante sobre lo que ha llegado a llamarse "el rapto". A la mayoría de los cristianos que alguna vez han recibido enseñanza acerca del retorno de Cristo se les suele decir que deben esperarlo en cualquier momento, y que él viene para sacar a los creyentes fuera del mundo antes que estalle la "gran tribulación". He tenido que dar las razones por las que considero que ésta es una suposición falsa y peligrosa.

¡La cuarta parte se mete en un campo minado teológico! El "milenio" ha causado tantas discusiones, y aun divisiones, que muchos cristianos ni siquiera quieren oír hablar de él. Lo trágico es que la mayoría de los creyentes saben más lo que no creen acerca del tema que lo que sí creen. Pienso que la razón principal es que las opciones ofrecidas no han incluido el punto de vista sostenido universalmente en la iglesia de los primeros siglos, que hemos llamado "premileniarismo clásico". Estoy convencido de que ésta es "una idea a la que le ha llegado su hora", y no me disculpo por mi defensa apasionada.

No soy ajeno a la polémica (cualquiera que escriba libros sobre el infierno, el bautismo en agua y el liderazgo masculino debe esperarla), pero no la he buscado solo por la polémica misma. De todos los personajes de *El progreso del peregrino*, de Bunyan, me identifico más fácilmente con Don Valiente-por-la-verdad. Esto no significa que piense que tengo el monopolio de la verdad, o que siempre la haya comprendido.

Pero encuentro que la discusión sincera agudiza mi propia mente y, según creo, las de aquellos con quienes discrepo.

Y no considero que se justifiquen los distanciamientos de otros creyentes colegas por diferencias en este campo en particular. Saltan a mi mente las palabras de otro escritor sabio: "Supóngase que usted no está convencido. ¿Acaso nosotros, que estamos confiando en el mismo Redentor, que hemos sido engendrados por el mismo Dios, habitados por el mismo Espíritu, incorporados al mismo cuerpo, encomendados con el mismo evangelio, atacados por el mismo diablo, odiados por el mismo mundo, librados del mismo infierno y destinados a la misma gloria, acaso nosotros, que tenemos tanto en común, nos permitiremos ser divididos en el corazón o en el servicio porque pensamos distinto acerca de este tema secundario, y solo por eso? Dios no lo permita" (Norman F. Douty, en *Has Christ's Return Two Stages?*[2] Pageant, 1956.).

Eso sí, yo no puedo estar de acuerdo en que las promesas de Dios para el futuro sean un "tema secundario", aunque pueda serlo nuestra interpretación de ellas. La "escatología", el estudio de los últimos tiempos (de la palabra griega *eschaton*, que significa "fin" o "último"), es considerada una rama de la teología, si bien algo especulativa. En realidad, todo el evangelio es en sí mismo "escatológico". Es un anuncio de que el futuro ha irrumpido en el presente. El mañana se ha convertido en hoy. El reino venidero ya está aquí.

Pero no en su totalidad. El reino de Dios no puede ser "realizado" plenamente ahora, aunque ha sido "inaugurado". Uno puede "entrar" en él ahora, pero solo puede "heredarlo" después, cuando sea "consumado", al ser establecido en todo el mundo. La tensión entre el "ya" y el "aún no" es fundamental para entender el Nuevo Testamento. Tiene una correspondencia exacta con la primera y la segunda venida de Jesús al planeta Tierra. Enfatizar el presente a costa del futuro, o el futuro a expensas del presente, significa distorsionar las buenas nuevas.

---

2 En español, *¿Tiene dos etapas el retorno de Cristo?*

PRÓLOGO

Hubiera querido incluir toda una sección sobre el reino de Dios, y otra sobre el pueblo de Israel, ya que ambos tópicos tienen muchísima relación con mi tema, pero el espacio no lo permite. Mi manuscrito ya ha excedido el tamaño especificado en el contrato con la editorial. En todo caso, cada uno de estos temas merece un libro por sí solo. Dios mediante, tal vez todavía pueda ofrecérselos.

Mi libro *"Una vez salvo, ¿siempre salvo? - Un estudio sobre la perseverancia y la herencia"* (Anchor Recordings, Ltd., 2014) trata con mayor detalle lo que será para muchos el ítem más provocativo en esta obra. Pocas cuestiones podrían ser más cruciales para la vida cristiana. Se incrementa de manera aguda por el propósito del libro de Apocalipsis presentado aquí.

Solo falta agregar que gran parte del contenido de este volumen está disponible en formas más "populares", como grabaciones de audio y video en inglés, en Anchor Recordings, 72 The Street, Kennington, Ashford, Kent, TN24 9HS (www.anchor-recordings.com). Se alienta a quienes prefieran escuchar las cintas individualmente o mirar los vídeos en grupos a hacer uso de esta facilidad.

Mi oración sentida es que mis esfuerzos por completar este libro bajo intensas presiones familiares logren que algunos, que de otro modo no estarían allí, "se encentren con el Señor en el aire" cuando él vuelva.

J. David Pawson
Sherborne St. John, 1994.

El futuro fascinante

Nuestra actitud hacia el futuro es ambigua, una mezcla de temor y fascinación. Queremos saber lo que va a pasar con nosotros y con el resto de la raza humana, ¡y no lo queremos saber! Si fuera posible, ¿a quién de nosotros le gustaría conocer la fecha de nuestra muerte o del fin del mundo?

Somos la primera generación que vive con la posibilidad de que ambas fechas puedan coincidir. En una encuesta, la mitad de los adolescentes creía que su muerte y la muerte de nuestro planeta serían simultáneas. Ya sea mediante un holocausto nuclear (un temor decreciente) o por contaminación ambiental (un temor creciente), los días de vida sobre la tierra parecen estar contados.

De nuevo, nuestra reacción es inconsistente, aun contradictoria. Por un lado, muchos intentan olvidarse del futuro tratando de exprimir la mayor cantidad posible de propósito y placer del presente. "Comamos y bebamos, que mañana moriremos" (¡esto está realmente en la Biblia!, en Is 22:13, citado en 1Co 15:32). Esta filosofía de vida se llama "existencialismo", y está muy extendida.

Por otro lado, hay más interés en el futuro y más esfuerzos por cambiarlo que nunca antes, un entusiasmo que orilla el pánico. Las actitudes cubren un amplio espectro, desde el optimismo exaltado al pesimismo depresivo —pasando a veces violentamente de un extremo al otro—, y desde la fe al fatalismo.

En términos generales, hay tres formas en que podemos penetrar el velo que oculta el futuro de nosotros.

Primero, el método *supersticioso*. La adivinación es una práctica antigua, pero todavía muy viva. Hay muchas formas: clarividentes y médium, bolas de cristal y tableros *ouija*, cartas de tarot y hojas de té. Seis de cada diez hombres y siete de cada diez mujeres leen sus horóscopos cada día; ningún diario o revista popular se atrevería a ignorar a las estrellas.

Y, sin embargo, se estima que ninguno de estos canales ha tenido jamás aciertos superiores al 5%, lo que significa que están equivocados por lo menos en un 95%. Solo aquellos que quieren o están dispuestos a ser engañados pasan por alto los errores y se fijan en los pocos aciertos.

Segundo, el método *científico*. La deducción a partir de la observación es la herramienta básica de la ciencia moderna. Calcular las tendencias presentes y proyectarlas es la preocupación de la "futurología", como se denomina ahora la técnica. Se están creando cátedras profesionales sobre este tema en universidades, especialmente aquellas que se especializan en la tecnología. Las esferas industriales, comerciales y políticas tienen sus "centros de estudios". Más de un programa de computación ha calculado la fecha probable del fin del mundo como el año 2040 (tomando en cuenta el crecimiento de la población, los recursos de alimentos y de energía, la descomposición del medio ambiente, etc.).

La precisión media de los resultados publicados ha sido de alrededor del 25% hasta ahora o, de manera negativa, un 75% errado. Los pronósticos de corto plazo, como sería de esperar, son mucho más confiables que los de largo plazo.

Tercero, el método *bíblico*. Las declaraciones acerca de eventos futuros son un rasgo característico de la Biblia. Dice contener las palabras de Dios (¡la frase "así dice el Señor" ocurre 3808 veces!), la única persona que está en condiciones de "anunciar el fin del principio; desde los tiempos antiguos, lo que está por venir" (Is 46:10). Más de una cuarta parte de todos los versículos de la Biblia contienen una predicción acerca del futuro. En total, se hacen 737 predicciones distintas, que van de algunas hechas una sola vez hasta otras hechas cientos de veces.

De éstas, 594 (más del 80%) ya se cumplieron. Dado que las que no se han cumplido tienen que ver con el fin del mundo, algo que obviamente no ha ocurrido aún, la Biblia ha logrado en realidad un 100% de precisión. Todo lo que podría haber ocurrido ya ha ocurrido, lo cual debería ser una muy buena razón para creer que el resto también se cumplirá. (Estas estadísticas, con un análisis detallado de cada predicción, pueden encontrarse en *Encyclopedia of Biblical Prophecy*,[3] J. Barton Payne, Hodder and Stoughton, 1973.)

Llama la atención que la gente prefiera consultar palabrerías satánicas o la razón humana antes que la revelación divina. Parte de la culpa tiene que estar a las puertas de la iglesia, la que no ha sido lo suficientemente clara ni confiada al compartir su conocimiento, permitiendo que el escepticismo científico acerca de lo sobrenatural socave la autoridad de las escrituras.

La Biblia revela sus secretos a quienes la leen con reverencia y en obediencia, con un espíritu humilde y enseñable. Reditúa más a la inteligencia simple que al intelectualismo sofisticado. Está escrita para la gente común, en un idioma común (el griego del Nuevo Testamento está tomado de las calles, no de los clásicos). Fue escrita para ser tomada tal como es, y en serio. Cuando hacemos esto, surge un cuadro claro del futuro.

Se predicen muchas cosas: personales y políticas, sociales y ambientales, morales y meteorológicas. Pero hay un acontecimiento que sobresale por encima de todos: el retorno a este mundo de una persona que vivió aquí hace dos mil años, un carpintero de la aldea de Nazaret. Si él fuera un simple ser humano, parecería increíble. Si fue lo que dijo ser —divino a la vez que humano, el único e incomparable Dios-hombre— su retorno se vuelve creíble y coherente. Rechazado por un mundo incrédulo, es justo que él sea reivindicado en público.

Este acontecimiento es predicho más frecuentemente que ningún otro, y domina la primera aproximación a la Biblia. La pregunta "¿A qué está llegando el mundo?" pasa a ser "¿A quién está llegando el mundo?" o, aún mejor, "¿Quién está llegando al mundo?".

La historia será llevada a su conclusión. Y por un ser humano. No oprimiendo el botón de un ataque nuclear sobre la tierra sino rompiendo los sellos de un rollo que está en el

---

3 *En español, Enciclopedia de profecía bíblica.*

cielo y sobre el cual ya está escrita la cuenta regresiva de los acontecimientos mundiales (Ap 5:1; 6:1). En el clímax de la crisis, Jesús mismo reaparecerá en el escenario del mundo para asumir el control personal del gran final.

Este es el meollo de la esperanza cristiana para el futuro. Jesús es la única esperanza, la única persona con la suficiente capacidad y autoridad, carácter y compasión, como para enderezar los males de este mundo enfermo, triste y pecaminoso. En su primera visita a este planeta, él demostró que *podía* hacerlo; en su segunda visita, él ha prometido que lo *hará*.

En teoría, la iglesia de Jesucristo otorga a su retorno un lugar central. Los credos que se repiten más frecuentemente, el Apostólico y el de Nicea, lo incluyen como una parte fundamental de la fe. El pan y el vino son tomados habitualmente como recordatorio de su presencia anterior y su ausencia presente "hasta que él venga" (1Co 11:26). El calendario litúrgico incluye el Adviento en diciembre, la primera parte del cual anticipa su retorno.

En la práctica, sin embargo, se está extendiendo el olvido de esta verdad vital. Aun durante el Adviento, cualquier pensamiento acerca de su segunda venida es olvidado rápidamente ante la celebración de su primera venida, en las festividades de Navidad. Algunos se han vuelto tan confundidos e impacientes con las diferencias doctrinales que se han refugiado en el agnosticismo en este asunto. Una cantidad mayor se ha conformado con la obsesión del mundo por el presente, concentrándose en la aplicación de las ideas y los esfuerzos cristianos a las necesidades personales y políticas del día.

Ahora permanecen la fe, la esperanza y el amor; ¡pero el más débil de estos es la esperanza!

Ésta es una tragedia en un mundo de depresión y desesperación generalizadas. La Biblia describe a los incrédulos como "sin esperanza y sin Dios en el mundo" (Ef 2:12). En esta oscuridad, los cristianos tendrían que estar brillando como faros de esperanza. Después de todo, ellos son los únicos que saben cómo terminará todo. Saben que todo terminará bien, que el bien triunfará sobre el mal, que su Señor derrotará al diablo, que el reino de Dios vendrá a la tierra como en el cielo.

Esta esperanza es una "firme y segura ancla del alma" (Heb 6:19). La tormenta embravecida de los sucesos mundiales se pondrá peor en vez de mejor, hasta que cada parte del mundo sea afectada. ¡Ojalá que la lectura de este libro lo ayude a echar su ancla ahora!

A. LA LLEGADA PRÓXIMA

CAPÍTULO UNO

El sentido de su retorno

Con más de trescientas referencias a la segunda venida en el Nuevo Testamento, el problema en la práctica es casi un exceso de material y no una falta. Encajar cada cosa en su lugar es como armar un rompecabezas con piezas intercambiables.

Tal vez esto explique por qué hay tantas diferencias de opinión, aun entre cristianos que tienen una confianza implícita en las escrituras. Todos están de acuerdo en el hecho central del retorno de Cristo, pero disienten fuertemente acerca de lo que viene antes y lo que viene después de este suceso.

En lugar de agregar todavía otro gráfico o cronograma a los muchos que ya se han publicado, este estudio tomará un enfoque temático. Los datos serán agrupados bajo cinco preguntas básicas:

Quién - ¿vendrá como el Hijo de Dios preexistente o como el Hijo del Hombre encarnado?
Dónde - ¿vendrá a todo el mundo al mismo tiempo o a un solo lugar?
Cómo - ¿será la segunda venida como la primera o completamente distinta?
Cuándo - ¿vendrá pronto y repentinamente o solo después de señales claras?
Para qué - ¿qué es lo que él solo puede lograr volviendo acá, y cuánto tiempo llevará?

Algunas de las respuestas pueden resultar sorpresivas, y aun desconcertantes, para quienes solo han estado expuestos a una escuela de pensamiento o ya tienen ideas fijas sobre el tema. Los lectores que se acerquen con una mente abierta y una Biblia abierta serán quienes saquen el mayor provecho.

¿QUIÉN?

¿Quién no ha seguido contemplando a la distancia mucho tiempo después de que un tren o un avión se llevara a un ser querido fuera de nuestra vista, especialmente si cree que será una separación final? ¿Es acaso una resistencia a aceptar la partida, un intento de postergar el dolor? Es menos probable que lo hagamos si estamos seguros de que veremos a esa persona de nuevo, que volverá de su viaje.

Esto es exactamente lo que sucedió a los hombres de Galilea cuando Jesús ascendió a las nubes, menos de dos meses después de haber vuelto a ellos desde la muerte. Hacía rato que había desaparecido, y todavía estaban contemplando el punto donde lo vieron por última vez. Fueron necesarios dos ángeles para reconfortarlos y hacer que su atención bajara nuevamente a la tierra.

Aseguraron a los discípulos que *regresaría*, con la implicación de que no lo volverían a ver hasta entonces. Lo que nos interesa es la frase que usaron: "Este mismo Jesús . . . vendrá otra vez" (Hch 1:11).

Hay dos cosas que vale la pena destacar. Primero, usaron su nombre humano, y no alguno de sus títulos divinos. Segundo, hicieron énfasis en que no habrá cambiado durante ese tiempo.

Uno de nuestros temores frecuentes es que durante una separación larga las personas puedan cambiar tanto que no podamos retomar una relación anterior. Los discípulos de Jesús no tienen que preocuparse. Ellos podrán cambiar —por cierto, deberían cambiar para mejor— pero él ni lo hará ni necesita hacerlo. Él es "el mismo ayer y hoy y por los siglos" (Heb 13:8).

No puede enfatizarse demasiado que el Cristo divino y el Jesús humano son una misma y única persona. Ha habido intentos conscientes e impresiones inconscientes que han interpuesto una cuña entre ambos. Aun en círculos cristianos se considera que el Hijo de Dios solo fue hecho carne, "encarnado", durante treinta y tres años y ahora ha "vuelto" a su estado anterior.

Lo cierto es que él se convirtió en humano y conservará su cuerpo resucitado por el resto de la eternidad. Ha retenido su humanidad. Él es el único mediador entre Dios y el hombre precisamente porque él es todavía "hombre" (1Ti 2:5). Por eso es el sumo sacerdote perfecto que puede compadecerse de nosotros y también representarnos ante Dios (Heb 4:15). Increíblemente, ¡un ser humano perfecto está ahora en control del universo (Mt 28:18)!

No debemos olvidar que esta persona, que ha "ascendido" al cielo más alto, es la misma que "descendió" a las partes más bajas de la tierra (Ef 4:9-10). Por cierto, ¡el lugar de su bautismo es el punto más bajo de la superficie de la tierra!

El exaltado fue humillado primero, como un bebé en Belén, como un niño en Nazaret. Trabajó con la madera durante dieciocho años, y luego haciendo milagros durante tres años (la misma proporción de seis a uno que su padre celestial, Gn 1). El último período lo hizo famoso entre su pueblo, el foco de atención de amigos y enemigos por igual. Su muerte ignominiosa a una edad temprana fue espantosamente pública.

Todo esto significó que fuera muy conocido en muchas partes. Por supuesto, había diferentes grados de intimidad, diferentes círculos de relación. Miles lo escucharon, setenta fueron encomendados para difundir su misión, doce fueron escogidos para seguirlo, tres compartieron experiencias únicas con él (Pedro, Santiago y Juan en la transfiguración, por ejemplo), uno estuvo más cerca de él que ningún otro (Juan, el "amado", a quien encargó Jesús el cuidado de su madre acongojada).

Este conocimiento humano del Jesús humano está atesorado en los cuatro Evangelios. De estos surge un claro retrato de una personalidad única, amada por los pecadores, odiada por los hipócritas, adorada por los pobres y temida por los poderosos. Sus ojos podían llenarse de lágrimas de compasión por los oprimidos y encenderse de ira contra el opresor. Sus manos podían levantar a los caídos y azotar a los codiciosos. Su lengua podía ser más suave y más aguda que cualquier otra.

Éste es el Jesús que volverá al planeta Tierra un día. Él no habrá cambiado. No será menos humano que cuando recorría los caminos polvorientos, cuando se reclinaba a las mesas para comer, cuando dormía en un barco, cuando montaba un asno o cuando lavaba los pies.

Sin embargo, debe señalarse que ya ha habido un cambio importante en su humanidad, aun antes que dejara la tierra. Dios le dio un cuerpo nuevo cuando lo levantó de la tumba (para más detalles, ver mi libro *Explaining the Resurrection*,[4] de la serie de Sovereign World). Este "cuerpo glorioso" (Fil 3:21) tiene la misma apariencia, incluyendo las desfiguraciones de la crucifixión con las cicatrices en la cabeza, la espalda, el costado, las manos y los pies. Pero ya no está sujeto a los procesos "naturales" del envejecimiento, la descomposición y la muerte. Cuando vuelva, ese cuerpo no será más viejo, sino que estará todavía en la flor de la vida, todavía de treinta y tres años de edad, excepto que su cabello será blanco como la nieve (Ap 1:14; un símbolo que indica que comparte la naturaleza de su Padre, el "venerable Anciano", Dn 7:13).

Esta transformación de su cuerpo no hizo que Jesús fuera menos humano sino más humano, que fue lo que Dios quiso que fueran todos los seres humanos y que, por su gracia, muchos llegarán a ser. En este Jesús está nuestro "pionero" (Heb 2:10, NIV inglesa) que abre una senda para que sigamos nosotros. Pero no nos dejará para que encontremos nuestro propio camino; volverá y nos llevará para estar con él, porque él mismo es "el camino" (Jn 14:3-6).

Entonces también nosotros tendremos "cuerpos gloriosos" como el suyo. Pero seremos las mismas personas que siempre hemos sido (que es la razón por la que los cristianos hablan de "resurrección" y no de "reencarnación"; el uso popular de este último término implica un cambio de identidad).

---

4 En español, *Explicando la resurrección*.

EL SENTIDO DE SU RETORNO

Es necesario que recordemos que Jesús no siempre fue un ser humano. De hecho, no siempre fue "Jesús"; ése fue un nombre que adquirió cuando fue encarnado, cuando tomó un cuerpo, cuando se convirtió en humano (Mt 1:21). A diferencia de nosotros, él existió antes de ser concebido, y fue la única persona que escogió nacer. Él era el eterno Hijo de Dios, el Señor de la gloria, la Palabra. Fue el ser divino antes de ser un ser humano.

Por lo tanto, es muy significativo que los ángeles usaran su nombre humano cuando prometieron su retorno al planeta Tierra. Es el "Hijo del hombre" quien aparecerá en las nubes (Dn 7:13; Mr 14:62). Es el Jesús encarnado quien retornará al planeta Tierra, y no alguna aparición intangible del Hijo de Dios (Dn 3:25).

Algunos, como encuentran que este retorno "corporal" es difícil de aceptar, han "espiritualizado" su venida, identificándola con la "venida" de su Espíritu a la iglesia en Pentecostés o con su "venida" a cada creyente individual en la conversión. Pero ninguna de estas interpretaciones hace justicia a la promesa de que "este mismo Jesús . . . vendrá otra vez" (Hch 1:11).

El Jesús que invitó a los discípulos a tocarlo, que comió pescado en su presencia, que caminó a Emaús y partió el pan, que dijo a Tomás que examinara sus heridas, que cocinó un desayuno a la orilla del mar de Galilea, es este Jesús quien volverá un día.

Pero debemos enfrentar una consecuencia de creer esto: un Jesús con un cuerpo solo puede estar en un lugar de la tierra por vez. Aun con su cuerpo de resurrección glorioso solo podía estar en Emaús, o en Jerusalén, o en Galilea. Nunca apareció en dos lugares al mismo tiempo.

Por lo tanto, cuando vuelva a esta tierra solo puede venir a un lugar geográfico. ¿Dónde será?

¿DÓNDE?

Si el retorno de Jesús es "físico", entonces también debe ser local. Su Espíritu puede estar en todas partes, pero su cuerpo debe estar en alguna parte. Antes de ascender, Jesús no podía estar en dos lugares a la vez.

Por eso dijo a sus discípulos que era por su bien que los estaba dejando y les estaba enviando otro "sustituto" para que tomara su lugar (Jn 16:7). Él había prometido estar con ellos siempre, aun hasta el fin del mundo (Mt 28:20), pero ellos serían *dispersados* hasta los confines de la tierra (Hch 1:8). La única forma en que podía hacer esto era quitando su cuerpo y reemplazando su presencia física con su Espíritu siempre presente y omnipresente, sin restricciones de tiempo o de espacio.

Esta situación no se revertirá cuando él vuelva. Los creyentes no perderán su Espíritu sino que disfrutarán de su presencia física también. ¡Serán doblemente bendecidos!

Sin embargo, dado que el cuerpo de Jesús, como el nuestro, siempre debe estar en un punto sobre la superficie de la tierra, su retorno significa que sus discípulos tendrán que ser *reunidos* desde todas partes del mundo. Solo de esta forma podrán ellos experimentar su presencia corporal. Esto es precisamente lo que el Nuevo Testamento promete que ocurrirá.

Así que, ¿dónde aparecerá? ¿Dónde se reunirá todo su pueblo para darle la bienvenida?

Las ciudades compiten para ser las sedes de eventos tan prestigiosos como los Juegos Olímpicos. ¿Cuál de ellas tendrá el honor de recibir al Rey de reyes? ¿Será una de las capitales políticas: Washington, Pekín, Bruselas o Nueva Delhi? ¿Será uno de los centros financieros: Nueva York, Tokio, Londres o Hong Kong? ¿Será algún lugar con fama eclesiástica: Roma, Ginebra o Canterbury?

No será ninguna de estas ciudades. Tal vez sean importantes para los hombres, pero no son significativas para Dios. Él escogió como su capital una ciudad sumamente improbable, oculta entre los montes, alejada de caminos y de ríos, un oscuro refugio de montaña que sería desconocido si Dios no hubiera querido asociar su nombre a él. Aun hoy las naciones del mundo no quieren reconocerla, rehusándose a abrir embajadas ahí. Ha conocido más conflictos y tragedias que ninguna otra ciudad y tal vez resulte ser la chispa que encienda una hoguera en todo Oriente Medio.

Los acontecimientos más importantes de la historia humana tuvieron lugar ahí, y dividieron el tiempo en dos partes: a.C. y d.C. Fue ahí que el único Hijo de Dios fue ejecutado injustamente por crímenes que nunca había cometido, llevando en efecto los pecados de todo el mundo. Fue ahí donde derrotó al último enemigo, la muerte, convirtiéndose en la primera persona en tener un cuerpo inmortal.

Fue de esta ciudad que partió para volver a su hogar en el cielo, y es a esta ciudad que volverá desde el cielo. Él la llamó "la ciudad del gran Rey" (Mt 5:35). Es la ciudad sobre la cual lloró, diciendo a sus ciudadanos que no lo verían de nuevo hasta que dijeran: "¡Bendito el que viene en el nombre del Señor!" (Mt 23:37-39, citando uno de los salmos "Hallel" que cantaban los peregrinos a Jerusalén para recibir a su "Mesías").

La historia de esta ciudad no ha terminado en absoluto. Los acontecimientos futuros son develados en el libro de Apocalipsis, donde se la describe como "la gran ciudad" (11:8) y "la ciudad que él ama" (20:9). Es a esta ciudad que un día se volverán las naciones para el arbitraje de disputas internacionales, permitiendo un desarme multilateral (Is 2:1-4; Mi 4:1-5). Porque esta es Jerusalén, o "Sión", donde el Señor reinará.

La ciudad está ubicada de manera estratégica para una función internacional. Está literalmente en el centro mismo de la masa terrestre del planeta, y en el punto de encuentro de tres continentes: Europa, África y Asia. Parecería ser un lugar de reunión ideal para los seguidores de Jesús.

Pero, ¿cuántas personas habrá, teniendo en cuenta que

la multitud incluirá a los cristianos que ya han muerto y que en ese momento serán resucitados nuevamente? ¡Al día de hoy podrían estar en el orden de mil quinientos millones de personas! Ningún estadio de la tierra podría contener tal cantidad. Aun toda la ciudad de Jerusalén sería demasiado pequeña.

La Biblia da una respuesta en dos partes.

Primero, tendrá lugar *afuera* de la ciudad. Jesús ascendió al cielo desde el monte de los Olivos, un pico al este que ofrece un panorama de toda la ciudad de un lado y una vista del desierto que desciende hacia el mar Muerto del otro. Era sobre las laderas de este monte donde miles de peregrinos a las tres fiestas anuales judías solían acampar, y fue aquí donde recibieron a Jesús con ramas de palmera cuando entró en Jerusalén montado sobre un asno (Mr 11:8-10). El mismo profeta que predijo ese suceso (Zac 9:9) también profetizó: "En aquel día pondrá el Señor sus pies en el monte de los Olivos" (Zac 14:4). Jesús volverá exactamente al mismo punto que dejó. No obstante, difícilmente podría contener el monte a los millones que estarán presentes.

Segundo, ¡tendrá lugar *sobre* el monte! "Seremos arrebatados . . . en las nubes para encontrarnos con el Señor en el aire" (1Ts 4:17). Sin duda hay suficiente espacio en el cielo, pero ¿cómo será vencida la ley de la gravedad? Para ese entonces, habremos recibido nuestros nuevos cuerpos "inmortales" (1Co 15:51-53), similares a su cuerpo "glorioso" (Fil 3:21), tan a gusto en la tierra como en el cielo, ¡capaz de comer pescado y cocinar un desayuno y también de atravesar puertas cerradas y viajar al espacio sin un traje espacial!

Imagine esa vasta multitud flotando entre las nubes. Hay pocos elementos de la creación de Dios que ofrezcan un cuadro más claro de su gloria. Quienes hayan volado sobre nubes cúmulos bañadas por la luz radiante del sol lo entenderán. La vista es "gloriosa".

Significa que el viento vendrá del oeste ese día, trayendo la humedad del Mediterráneo. Los vientos del este del desierto de Arabia solo traen un calor seco y abrasador. Así era como Dios bendecía o castigaba a su pueblo Israel (1R 17:1; 18:44). El retorno de su Mesías será la bendición más grande que hayan recibido jamás.

¿CÓMO?

Este aspecto de su retorno se encara mejor si lo comparamos con su ascensión y lo contrastamos con su advenimiento. Su segunda venida será similar a la primera partida, pero distinta de su primera venida.

Fueron los ángeles quienes primero trazaron un paralelo entre su ascensión y su retorno: "Este mismo Jesús... vendrá otra vez de la misma manera que lo han visto irse" (Hch 1:11).

En otras palabras, si alguno de los discípulos hubiera tenido una filmadora y hubiera registrado su partida y desaparición, ¡podría usar esta misma grabación para reflejar su retorno, simplemente pasándola al revés! Un acontecimiento es simplemente la inversa del otro. Van juntos, aunque uno esté en el pasado y el otro en el futuro.

Algunos estudiosos contemporáneos descartan la ascensión como un mito, una ficción más que un hecho, algo que transmite verdad teológica acerca de quién fue Jesús pero no verdad histórica acerca de dónde se fue. Se consideran demasiado sofisticados como para aceptar la idea de que el cielo esté "ahí arriba". No es sorprendente que esto ocasione verdaderos problemas para pensar en su retorno. ¡La mayoría de ellos simplemente no lo hacen!

¿A quiénes creeremos, a los ángeles o a los eruditos? ¿Bajará Jesús del cielo nublado de la misma forma en que fue llevado hacia arriba? ¿O es todo un cuento de hadas? ¡Usted elige!

Quienes aceptan el testimonio ocular de los que lo vieron partir no tienen ninguna dificultad para creer que volverá de la misma forma. Su retorno será visible, audible y tangible.

No obstante, si bien esta parte del cuadro será igual, otros aspectos serán bastante diferentes.

Hubo solo dos ángeles presentes en su ascensión, pero habrá miles acompañándolo en su retorno (Mt 25:31; Jud 14). Solo once hombres lo vieron partir, pero millones lo verán volver. La escena estará abarrotada.

Y habrá más cosas para oír, además de cosas para ver. Una declaración acerca de su retorno ha sido descrita como "el versículo más ruidoso de la Biblia" (1Ts 4:16). Dios está hablando, el arcángel está gritando, la trompeta está sonando, y es difícil imaginar que los millones de observadores permanecerán en silencio cuando vean por primera vez a aquél que han amado durante tanto tiempo.

Todo esto está en un contraste marcado con su primera venida. Porque sus primeros nueve meses en la tierra fueron completamente invisibles, ocultos en la oscuridad del vientre de María. Solo unos pocos parientes cercanos sabían de su presencia. Su nacimiento pasó relativamente desapercibido, excepto por unos pocos pastores, hasta que unos hombres sabios del este (tal vez descendientes de los muchos judíos que se quedaron en Babilonia después del exilio) alertaron a Herodes de su rival en potencia. Hubo, por supuesto, ángeles que anunciaron su primer advenimiento, como lo harán con su segunda venida; y estuvo la estrella, un punto minúsculo en el cielo, cuya importancia fue comprendida solo por los que la estaban buscando. El "rey de los judíos" solo nació en la ciudad real de David, Belén, porque un emperador lejano introdujo un nuevo impuesto personal. Aun así, su cuna fue un comedero de animales.

Es obvio que el mundo ignoraba por completo lo que estaba sucediendo o quién había venido. Era como si Dios mismo quisiera la menor publicidad posible para la intervención de su Hijo en la historia. Ésta debía ser una visita oculta al planeta Tierra, vista solo por los ojos de la fe.

Su segunda venida no podrá ser más diferente, ya no más como un bebé indefenso, sino como un hombre maduro; no con una única estrella en el cielo, sino con relámpagos desde el horizonte oriental hasta el occidental (Mt 24:27); no en debilidad, sino en poder; no en humildad, sino en gloria; no en mansedumbre, sino en majestad.

Habrá una conciencia universal y un reconocimiento instantáneo.

Todos sabrán que ha venido y todos sabrán quién es. Será el suceso más público y publicitado de la historia.

Los escritores del Nuevo Testamento rebuscaron en el idioma griego palabras que describieran este suceso único. Se decidieron por tres, cada una de las cuales tenía connotaciones especiales, tanto en la traducción griega de las escrituras hebreas como en el uso general de la sociedad contemporánea.

Parousia fue su preferida. Significa "estar al lado", y era usada generalmente cuando alguien "llegaba" para unirse a otros que lo estaban esperando. Sin embargo, había dos aplicaciones particulares que la hacían especialmente apropiada para la segunda venida, ambas relacionadas con la realeza. Una era cuando un rey extranjero "llegaba" con su ejército al borde del territorio que intentaba invadir, conquistar y ocupar. La otra, era cuando un rey nativo "llegaba" con su corte para visitar una de sus ciudades; en este caso, los ciudadanos principales salían a recibirlo afuera del muro de la ciudad, para que pudieran honrarlo desfilando a través de las puertas en su compañía. Estas dos imágenes combinan perfectamente el aspecto doble del retorno de Jesús. Los incrédulos lo verán como un invasor extranjero; los creyentes le darán la bienvenida y lo honrarán como su soberano.

Epiphaneia puede ser traducido mejor como "aparecer en escena", con un indicio de una aparición repentina más que gradual. De nuevo, ha sido usada para un ejército invasor o un rey que visita a sus súbditos, de una forma muy similar a cuando la familia real británica "aparece" en el balcón del palacio de Buckingham ante la multitud reunida abajo. Su uso más importante es en el contexto de la adoración, cuando Dios se manifiesta de maneras visuales, como cuando la gloria "shekiná" descendió sobre el Tabernáculo o el Templo. Esta última aplicación a menudo tiene un matiz de consuelo o apoyo. Dios estaba apareciendo en escena para ayudar a su pueblo, especialmente en tiempos críticos de necesidad. Este significado puede ser ilustrado por las películas de "vaqueros", cuando las tropas de la caballería surgían del horizonte justo a tiempo para *salvar* a los colonos pioneros del ataque de los indios pieles rojas. Esa es una "epifanía", y explica por qué la palabra es usada tanto para la primera como para la segunda venida de Jesús.

Apokalypsis lleva la idea de "llegar" y "aparecer" un paso más adelante. La raíz de la palabra es "ocultar", pero el sufijo cambia el significado a "descubrir lo que ha estado oculto". Aplicado a las personas, significa descubrir. La expresión popular "mostrar la propia cara" es un equivalente excelente. Aplicado a la realeza, significaría usar la corona, las vestiduras y las joyas que corresponden a un soberano. Es ser revelado plenamente como uno es para que todos lo vean. Por razones obvias, esto no podía usarse para la primera venida de Jesús, pero es enteramente apropiado para su segunda venida, cuando venga "con poder y gran gloria" (Mt 24:30).

Hay una historia para niños en la que el emperador, disfrazado como mendigo, se mezcla entre su pueblo el día anterior a una visita prevista, para ver cómo lo tratarán como persona; el día siguiente es su *apokalypsis*, con toda la pompa y el séquito, provocando gran vergüenza y turbación cuando el "mendigo" es reconocido como el soberano supremo. Así será cuando aparezca Jesús como Rey de reyes y Señor de señores. Significativamente, el libro de Apocalipsis, que dice más acerca de su segunda venida que ningún otro libro, comienza con las palabras "La revelación (*apokalypsis*) de Jesucristo . . ." (Ap 1:1). Es uno entre varios libros "apocalípticos" en la Biblia que "descubren" el futuro oculto (Daniel y Ezequiel son otros ejemplos).

Estas tres palabras, en conjunto, proveen una descripción vívida de este acontecimiento único. Es importante notar que son usadas de manera intercambiable para indicar diferentes aspectos del mismo suceso y no etapas distintas de una secuencia extensa, como algunos han pensado erróneamente.

El verbo común que vincula a todas es "venir". Jesús viene. Él viene como un rey conquistador. Él viene para salvar a su pueblo.

Él viene como quien realmente es. El mundo lo vio por última vez crucificado; ahora lo verá coronado. Por fin toda rodilla se doblará y toda lengua confesará "que Jesucristo es el Señor, para gloria de Dios Padre" (Fil 2:10-11).

Pero, ¿cuándo vendrá? ¿Cuánto más tendremos que esperar?

¿CUÁNDO?

Si conociéramos la respuesta a esta pregunta, seríamos los poseedores del mayor secreto en el mundo. Nadie sabe, excepto Dios mismo. Aun Jesús, cuando estuvo en la tierra, confesó que ignoraba esta fecha en el calendario de su Padre (Mt 24:36) y dijo a sus discípulos que no podrían averiguarla (Mr 13:33-35; cf. Hch 1:7). Parece importante que *no* lo sepamos (paradójicamente, como veremos, es más probable que estemos listos si no lo sabemos).

Así que, ¿es esto todo lo que hay para decir? ¿O podemos hacer más preguntas todavía?

¿Será su venida repentina, totalmente inesperada? ¿O habrá indicaciones de su inminente retorno? Para decirlo de otra forma, ¿será una interrupción total del proceso histórico o la culminación de una serie de sucesos previos? Si no podemos tener la fecha exacta, ¿podemos deducir una fecha aproximada? Concretamente, ¿tendremos alguna advertencia de su aproximación?

A esta última pregunta, el Nuevo Testamento parece dar dos respuestas contradictorias: ¡sí y no!

Por un lado, además de los pasajes que enfatizan la ignorancia hay varios que describen su venida "como ladrón en la noche", inesperada e inadvertida (Mt 24:43; 1Ts 5:2;

Ap 16:15); hay una película cristiana famosa que lleva este mismo título. Dado que la esencia de un robo exitoso es la sorpresa, la implicación es que no habrá ninguna advertencia de su venida, ni siquiera una indicación de que está cerca. Lo cual significa que Jesús podría volver "en cualquier momento" (una frase usada ahora como rótulo para este punto de vista).

Por otro lado, hay otros pasajes que hablan de sucesos que preceden su retorno, cosas que tienen que ocurrir primero y que son *"señales"* (o signos) que anuncian que está "a las puertas" (Mt 24:33), a punto de hacer su entrada en el escenario de la historia de nuevo. Son consistentes con esto las repetida exhortaciones a *"velar"*, además de *"orar"*, por su retorno. ¡Esto no puede significar vivir con los ojos clavados en las nubes del cielo! Aparte del peligro inherente, él solo aparecerá sobre Jerusalén. El contexto siempre es uno de acontecimientos mundiales que presagian el fin del mundo. De hecho, los discípulos preguntaron a Jesús cuáles serían las señales de su venida (Mt 24:3), y él les dio detalles específicos en su respuesta. La implicación práctica de esto es que él no puede (o no quiere) volver hasta que veamos "todas estas cosas" (Mt 24:33). Por lo tanto, no podemos esperarlo "en cualquier momento", o aun en el futuro inmediato, si bien cada generación de creyentes puede esperar válidamente que ocurrirá durante el curso de sus vidas.

Hay, obviamente, una tensión entre estas dos vertientes de las escrituras. Los estudiantes de la Biblia la han resuelto de distintas formas. Veremos tres de ellas, dos de las cuales son cuestionables.

Algunos resuelven el tema optando por una vertiente e ignorando la otra. Toman ya sea la posición "en cualquier momento" o el enfoque "buscando las señales". Pero construir una doctrina solo sobre parte de lo que dice la Biblia acerca de un tema dado conduce a la falta de equilibrio y al extremismo, con resultados prácticos desafortunados.

Una solución más popular, especialmente entre los fundamentalistas estadounidenses, es suponer que hay *dos* segundas venidas, separadas en el tiempo. Jesús viene dos veces, la primera vez de manera secreta e inesperada para su esposa, la iglesia; la segunda, de manera pública con señales previas para establecer su reino. Esta teoría es relativamente nueva (se hizo popular por primera vez en 1830) y ha tenido gran aceptación. Enseña que los cristianos serán "arrebatados" del escenario terrenal antes que puedan "velar" por las señales de su venida.

Hay una forma mucho más sencilla y bíblica de entender esta paradoja. No habrá dos venidas, sino que habrá dos grupos de personas en la única venida. Para unas, será una conmoción total; para las otras, no será ninguna sorpresa.

Jesús mismo comparó el día de su retorno con los días de Noé (Mt 24:37-39). En ese entonces, la mayor parte de la humanidad estaba alimentándose y reproduciéndose, por completo ajenos al desastre inminente que vino sin advertencia. Sin embargo, Noé junto con siete personas más estaban listos, sabiendo lo que venía y que no podría ocurrir hasta que el arca estuviera completada. El barco mismo era una "señal" a largo plazo; la recolección de los animales y el almacenamiento de alimentos, una "señal" a corto plazo. Pero aquellos que ignoraron o descreyeron las señales fueron tomados completamente por sorpresa.

Esta respuesta doble recorre todos los pasajes del Nuevo Testamento. Para los *incrédulos,* la llegada de Jesús será una sorpresa total, una conmoción terrible. Para ellos, él aparecerá como un "ladrón", para robarles todo aquello para lo cual han vivido. Sucederá de manera tan repentina como las contracciones dolorosas que le vienen a una embarazada, y serán igual de ineludibles. (1Ts 5:3). Pero el versículo que sigue justo a continuación declara que los *creyentes* no se sorprenderán (1Ts 5:4). Ellos habrán mantenido sus ojos abiertos, habrán visto las señales y estarán esperándolo. Serán como el dueño de casa que oyó que un ladrón tenía intenciones de visitar su casa y permaneció despierto, "velando" por cualquier señal de su proximidad (Mt 24:42-43). Sin embargo, aun a los creyentes se los exhorta a ser centinelas sobrios y alertas, para que no caigan en el sopor del mundo y se vean atrapados ellos mismos (1Ts 5:6-9).

Así que, ¿cuáles son las señales de su venida? ¿Qué es lo que estamos "esperando"? ¿Qué sucesos deberíamos notar especialmente cuando leemos los periódicos y miramos la televisión?

Aquí nos encontramos con un problema. Tenemos muchos datos, casi demasiados, pero están diseminados por todo el Nuevo Testamento: algunos en los Evangelios (especialmente los primeros tres), más en las epístolas (en particular las dos a los tesalonicenses) y una gran cantidad en el libro de Apocalipsis.

¿Dónde debemos comenzar? ¿Cómo haremos para que encaje todo? Es como tratar de completar un rompecabezas sin la guía del cuadro completado en la tapa. Lo que necesitamos es un esquema básico en el cual se puedan encajar todas las piezas. ¿Existe un bosquejo de este tipo en alguna parte del Nuevo Testamento?

Muchos piensan que lo provee el libro de Apocalipsis, que parece dar una secuencia de sucesos futuros (descritos como sellos, trompetas y copas). Pero el orden es muy complicado, y un examen detallado revela que no es estrictamente cronológico (los sucesos pasados son recapitulados y los futuros, anticipados a intervalos regulares). De hecho, la intención del libro nunca fue que sirviera como un plano del futuro, y al tratarlo así uno se aleja del propósito práctico que está detrás de cada una de sus partes: alentar a los creyentes a ser "vencedores" en la crisis venidera (Ap 3:5 y 21:7 son las claves).

Esto no quiere decir que no haya ningún orden en sus predicciones. De hecho, la secuencia se vuelve mucho más clara hacia el fin, cuando las malas noticias dan lugar a las buenas. Pero en los capítulos del medio esta secuencia dista de ser simple o clara, lo cual explica por qué ha dado origen a tantos "gráficos" en los comentarios. Si aceptamos que su meta principal es ayudar a los creyentes a soportar el sufrimiento antes que identificar señales, somos libres para buscar ayuda en otra parte.

Para nuestra fortuna, los discípulos una vez le hicieron a Jesús exactamente la misma pregunta que estamos haciendo nosotros: "¿Cuál será la señal de tu venida y del fin del mundo?". La respuesta está en cada uno de los evangelios "sinópticos" (puntos de vista similares) en Mt 24, Mr 13 y Lc 21. Desafortunadamente, le hicieron otra pregunta al mismo tiempo: ¿cuándo se cumpliría la predicción de Jesús acerca de la destrucción del templo? (supuestamente ellos pensaban que ocurriría al mismo tiempo, ¡sin soñar siquiera que los dos hechos estarían separados por no menos de veinte siglos!) Jesús contestó ambas preguntas a la vez, así que los sucesos de 70 d.C. están mezclados con las señales de su venida (algo que tal vez no sea del todo desconcertante, ya que ambos sucesos tienen bastante en común, y uno de ellos presagia al otro).

De las tres versiones, Lucas se concentra en el hecho anterior, y Mateo en el posterior. Es en este último evangelio donde encontramos el bosquejo más claro, un esquema en cuatro partes de los sucesos futuros que señalan su retorno, en el cual toda la información adicional puede ser insertada.

Después de identificar las cuatro "señales" básicas de la secuencia, Jesús agrega a cada señal una advertencia de su peligro correspondiente y un consejo acerca de la respuesta correcta de los discípulos ante ese peligro. Así que para cada señal hay una descripción, un peligro y un deber (los lectores pueden hacer fácilmente sus propios gráficos como ayudas para la memoria). Hay un énfasis especial en el peligro que traerá aparejada cada una: a saber, el engaño de los creyentes, confundiéndolos tanto en su creencia como en su conducta.

Señal 1: Desastres en el mundo (Mt 24:4-8)
Se mencionan tres de manera específica: guerras, terremotos y hambres. La lista no es completa. Aparecen muchos otros en Apocalipsis; por ejemplo, ríos y océanos contaminados y granizo gigante. Los "cuatro jinetes del apocalipsis" abarcan

la expansión imperial y el derramamiento de sangre, el hambre, la enfermedad y la muerte resultantes. Está claro que estos desastres tienen causas tanto naturales como políticas.

Un incremento exponencial de este tipo de catástrofes difunde rápidamente la alarma y la inseguridad. En este estado de ánimo, las personas buscan un "salvador" que impida la tragedia, una situación que se presta a pretendientes inescrupulosos que engañarán a otros y aun a ellos mismos creyendo que son "Cristo". El peligro es un brote de falsos "mesías".

Los discípulos deben protegerse de este tipo de engaño impidiendo que el pánico los vuelva vulnerables. Pueden hacer esto entendiendo estas calamidades dolorosas en forma opuesta a la reacción del mundo, no como los dolores de muerte de lo antiguo sino los dolores de parto de lo nuevo, no como el fin de todo lo bueno sino el comienzo de cosas mucho mejores. La respuesta apropiada no es la alarma y la ansiedad, sino un sentido de anticipación.

La señal es claramente visible. Ha habido más decenas de cuarenta conflictos internacionales desde la Segunda Guerra Mundial, sin mencionar disturbios civiles. La cantidad de terremotos al parecer se está duplicando cada diez años. El hambre se ha generalizado en el "tercer" mundo subdesarrollado. Cuánto tiempo continuará este estado de cosas o cuánto peor se puede volver, solo podemos adivinar. Pero es la primera señal importante de su venida.

Señal 2: Desertores en la iglesia (Mt 24:9-14)
Los cambios serán de grado más que de especie, pero serán universales en escala. Nuevamente, se mencionan tres rasgos relacionados entre sí.

Primero, *oposición*. Los seguidores de Jesús serán odiados por todas las naciones, lo cual traerá aparejado un incremento correspondiente de martirios. Hay más de doscientas cincuenta "naciones" políticas en el mundo hoy. Los cristianos están bajo presión en la gran mayoría de estos países. Las iglesias en todas partes necesitan preparar a sus miembros para el sufrimiento y el sacrificio. Los primeros tres capítulos de Apocalipsis proveen un plan de estudios para este tipo de escuela; por cierto, todo el libro está diseñado como un manual para el martirio y cubre cada crisis con las que podrán encontrarse los fieles.

Segundo, *reducción*. Este tipo de presiones revelará rápidamente la diferencia entre los cristianos auténticos y los nominales. Los que simplemente asisten a la iglesia se dan por vencidos. Su amor se enfría como resultado de la transigencia moral con un mundo cada vez más malvado. Se apartarán de la fe, traicionando a Cristo y a los cristianos.

Tercero, *expansión*. Paradójicamente, una iglesia purificada bajo la presión se convierte en una iglesia que predica. Esto se ha confirmado a lo largo de la historia y es especialmente cierto en China hoy. Esta tercera tendencia será la conclusión de la tarea de evangelización mundial. Solo entonces se le podrá poner punto final a la historia, con la tarea cumplida.

Durante esta fase, el peligro se desplaza desde los falsos mesías hacia los falsos profetas, quienes tienen muchas más probabilidades de engañar a los creyentes, ya que los verdaderos profetas son un ministerio continuo dentro de la iglesia. Será necesario el discernimiento. Del Antiguo Testamento recibimos alguna guía acerca del contenido de las falsas profecías. "Les desean '¡Paz, paz!', cuando en realidad no hay paz" (Jer 6:14; 8:11). Reconfortan con una falsa tranquilidad cuando surgen las dificultades. Su mensaje puede ser resumido como: "No se preocupen, tal vez nunca ocurra". Un ejemplo actual es la enseñanza de que todos los cristianos serán quitados del mundo antes que comience la "gran aflicción" o "gran tribulación" (ver Señal 3, abajo). Esto deja a muchos cristianos desprevenidos para enfrentar las pruebas y las dificultades que están por delante, y que algunos de sus hermanos ya están sufriendo.

Otra característica de la falsa profecía es que resta importancia al pecado en el pueblo de Dios, como si aquellos que son los "elegidos", los escogidos de Dios, estuvieran seguros eternamente sin importar su condición moral o espiritual y no se les exigirá enfrentar el sufrimiento personal. El cliché "una vez salvo, siempre salvo", una expresión que nunca aparece en las escrituras, alienta este tipo de pensamiento. Jesús deja bien en claro que éste no es el caso. "El que se mantenga firme será salvo" (Mt 10:22; 24:13). La apostasía, la negación pública de Cristo en palabra o en acción, nos hace perder la salvación futura. "Pero a cualquiera que me desconozca delante de los demás, yo también lo desconoceré delante de mi Padre que está en el cielo" (Mt 10:33). El libro de Apocalipsis sigue la misma línea. Los "vencedores" heredarán el cielo nuevo y la tierra nueva, pero los "cobardes" serán arrojados al lago de fuego (Ap 21:7-8).

¿Qué proporción no se mantendrá firme hasta el fin? Nos mueve a la reflexión leer la predicción de Jesús de que *"muchos"* se apartarán de la fe (Mt 24:10) y que el amor de *"muchos"* (Mt 24:12, "la mayoría", DHH) se enfriará. La deserción no será despreciable.

Pero hay una crisis todavía mayor por delante que podría eliminar aun al remanente fiel, si no fuera por el hecho de que Dios, en su poder soberano, limitará estrictamente su duración.

Señal 3: Dictador en Oriente Medio (Mt 24:15-28)
Los problemas que han afligido siempre al pueblo de Dios llegarán a un clímax durante una crisis breve y aguda conocida como "la gran tribulación" (Ap 7:14) o "la gran aflicción".

Jesús dijo más acerca de esta penúltima señal que de las otras tres, pero de una manera menos directa. Sus palabras necesitan ser examinadas con cuidado.

Él basó su advertencia en una frase usada tres veces por el profeta Daniel en el siglo seis antes de Cristo: "el desolador" (Dn 9:27; 11:31; 12:11, RVR60). Un estudio cuidadoso revela que Daniel se estaba refiriendo a un conquistador humano que, en la mismísima ciudad donde Dios había sido honrado, pronunciaría palabras blasfemas y cometería acciones obscenas provocando una gran aflicción mental y física entre el pueblo de Dios.

Esta profecía fue cumplida parcialmente por el rey seléucida de Siria, Antíoco IV Epífanes (= "Glorioso," aunque a sus espaldas lo llamaban Epímanes = "Loco"). Durante un reinado de terror sobre Jerusalén de tres años y medio, en el siglo dos antes de Cristo, ordenó a los judíos que abandonaran las leyes de Dios, construyó un altar griego al dios Zeus en el templo, sacrificó cerdos sobre él y llenó de prostitutas las habitaciones de los sacerdotes. Su tiranía finalizó en una revuelta liderada por la familia de los Macabeos y él murió demente.

Aun Daniel se dio cuenta de que habría otro personaje igual, y todavía peor, en "el tiempo determinado" (Dn 11:35, 40; 12:4, 9, 12, 13). Claramente Jesús, hablando después de Antíoco, respaldó este segundo cumplimiento como algo futuro aún. Y hay notables similitudes.

Será por el *mismo período*. Mientras que Jesús simplemente dijo que los días de este déspota serían *"acortados"*, el libro de Apocalipsis es más específico: 1260 días, cuarenta y dos meses, o tres años y medio ("un tiempo y tiempos y medio tiempo", Ap 12:14).

Será en el *mismo lugar*. Jesús aconseja a todos los que vivan en Judea en ese tiempo que se vayan lo más pronto posible, sin siquiera esperar para empacar. No deben permanecer en las cercanías de este hombre. Que estos eran consejos sensatos fue demostrado por el hecho que no murió ningún cristiano cuando fue destruida Jerusalén en 70 d.C., aun cuando un millón de judíos perecieron; habían huido cruzando el Jordán hacia Pella en el momento en que llegó el emperador Tito y sus tropas. Tito no era Antíoco, sin embargo. Esperemos que los creyentes que estén cerca de Jerusalén y sus alrededores al final de los tiempos estén dispuestos a actuar con la misma rapidez. Deben orar para que no ocurra el día de reposo, cuando no habrá transporte disponible, o en el frío del invierno, ya que tendrán que dormir a la intemperie.

A las mujeres embarazadas y que estén amamantando les costará mucho mantener el paso durante la huida.

Hay otros pasajes en el Nuevo Testamento que hablan de este último dictador. Solo Juan lo llama "el anticristo" (1Jn 2:22; note que en griego "anti" significa "en vez de", un sustituto más que un adversario), aunque éste es el título por el cual la mayoría de los cristianos lo identifican. Pablo habla de este "hombre de maldad", que "se opone y se levanta contra todo lo que lleva el nombre de Dios o es objeto de culto, hasta el punto de adueñarse del templo de Dios y pretender ser Dios", pero "está destinado a la destrucción" (2Ts 2:3-4, NVI, nota al pie). ¡La blasfemia final!

Nuevamente, el libro de Apocalipsis nos da la mayor información, especialmente en el capítulo 13. Aquí es descrito como una "bestia", al igual que su colega religioso y compañero conspirador, "el falso profeta". Juntos, establecen un régimen totalitario en el cual solo se les permite comprar y vender alimentos y bienes a los que se someten a esta autoridad y son sellados con su marca. La marca será un número (666); el significado completo será obvio cuando llegue el momento, pero 6 es el número humano, que siempre se queda corto respecto de la perfección divina del 7.

Dado que la autoridad de esta tiranía será universal y no solamente local (Ap 13:7), la "aflicción" será sin precedentes. No se habrá experimentado nada igual antes ni habrá algo así después, dijo Jesús. Será la presión más grande que sus seguidores hayan conocido jamás, terriblemente feroz pero misericordiosamente breve.

Sin embargo, el peligro mayor será el mismo: el engaño. Estas condiciones producirán una profusión de falsos profetas *y también* falsos mesías, tan ansiosos por sacar provecho de los restos como los buitres cuando se juntan alrededor de un animal que ha sido atacado. Con demostraciones sobrenaturales de poder ocultista, tratarán de engañar "aun a los elegidos", remedando el ejemplo del anticristo y del falso profeta (Ap 13:3, 14-15).

Habrá muchos rumores de que Cristo ha vuelto, y a los creyentes se les dirá dónde lo pueden encontrar. No deben escuchar estos rumores. Verán la señal de que ha venido, no importa dónde estén en ese momento (ver Señal 4, abajo). Solo los que están en Judea deben viajar, no para encontrarse con Cristo sino para escapar del anticristo. El resto debe quedarse donde está, manteniendo sus oídos cerrados y su ojos abiertos. Deben velar y orar.

Todo este escenario extraordinario puede ser difícil de imaginar o de creer. Pero tenemos las palabras de Jesús al respecto: "Fíjense que se lo he dicho a ustedes de antemano" (Mt 24:25). Es cuestión de confiar en su conocimiento del futuro y en su veracidad. ¡Qué atento y considerado de su parte prepararnos con información tan detallada! Aquellos que la acepten y actúen en consecuencia serán mantenidos a salvo cuando se desate la tormenta.

Antes de considerar la señal final, hay dos puntos muy importantes que hay que destacar al final de la "gran aflicción" o "gran tribulación". Primero, *Cristo no ha venido aún*. Hay muchos rumores que dicen que ha venido, pero lo cierto es que no lo ha hecho. Segundo, *los cristianos no se han ido aún*. Todavía están sobre la tierra, experimentando la aflicción general (note las palabras "su" y "sus" a lo largo de estos versículos). Los únicos que escaparán son los que son martirizados, aunque ésta será una "gran multitud" (Ap 6:9-11; 7:9-17; 11:7; 13:15; 20:4). Otros estarán escondidos a salvo en lugares desérticos (Ap 12:6, 14). La advertencia de que todos los que adoren a la bestia y acepten su marca serán "atormentados con fuego y azufre . . . por los siglos de los siglos" (Ap 14:9-12) es vista como un llamado a la "perseverancia y la fidelidad de los santos" (Ap 13:10), para que no compartan este destino.

Pero esta crisis puede ser medida en días, y pronto pasará. Solo habrá una "señal" más antes que vuelva el Señor.

Señal 4: Oscuridad en el cielo (Mt 24:29-31)
Esto sucederá "inmediatamente después de la tribulación de aquellos días". No habrá más demoras. Esto significa que aquellos que vivan para ver la tercera señal tendrán una muy buena idea de cuándo volverá Jesús. Este conocimiento debe alentarlos a mantenerse firmes durante esos meses terribles.

La señal final será inconfundible. Todas las fuentes naturales de luz se extinguirán, dejando todo el cielo negro como la tinta. No importa cuál sea la hora del día, será como la noche más oscura. El sol, la luna y las estrellas serán sacudidos fuera de sus órbitas, ya sin poder brillar sobre el planeta Tierra. Los profetas hebreos lo predijeron (Is 13:10; 34:4; Jl 2:31, citado en Hch 2:20).

El cielo ya ha reflejado anteriormente los acontecimientos cruciales en la vida de Cristo. La estrella brillante cuando nació y el sol eclipsado cuando murió son anticipos de la bienvenida cósmica en su retorno.

La ausencia de luz natural hará que el "relámpago" sobrenatural sea mucho más notable. El cielo, que estaba completamente oscuro, será llenado con una luz brillante, la gloria del unigénito Hijo de Dios, atisbada tan brevemente por los tres discípulos en el monte Hermón (Mr 9:3; Jn 1:14; 2P 1:16-17), y ahora resplandeciente en todo el globo, para ser vista por todos.

Cuando se apagan las luces de la sala de un teatro, es una señal de que la obra está por empezar. El público entusiasmado sabe que no tendrá que esperar mucho antes que se levante la cortina en un escenario brillantemente iluminado, a menudo con el actor principal frente a una multitud. Así será en "aquellos días".

Las naciones verán "el relámpago que sale del oriente (y) se ve hasta el occidente" y verán a Jesús montado en las nubes (no se explica exactamente cómo; ¿será tomado por las cámaras de televisión?). A medida que los incrédulos se vayan dando cuenta del significado de lo que está pasando, se verán abrumados por la tristeza. ¡Qué equivocados han estado!

¡Qué oportunidades han perdido! Ahora serán ellos los que experimenten una aflicción sin precedentes.

No así los creyentes que han esperado tanto tiempo para que llegue este momento. Ellos también verán el relámpago, pero también oirán el sonido de una trompeta, ¡lo suficientemente fuerte como para despertar a los muertos! El antiguo cuerno de carnero ("shofar" en hebreo) era un llamado al pueblo de Dios a reunirse; esto será lo mismo. Los ángeles escoltarán a los creyentes desde los cuatro rincones de la tierra; para muchos, su primer viaje a Tierra Santa, ¡para casi todos, su primer viaje gratis! Ya tendrán sus nuevos cuerpos, al igual que los creyentes muertos que los precederán en esta reunión de reuniones.

Se lo conoce generalmente como el "rapto" (o "arrebatamiento"). En el inglés-español moderno la palabra tiene fuertes connotaciones emocionales, que no son inapropiadas. Pero la palabra en realidad está tomada del latín *rapto, raptere* (que significa "tomar rápidamente" y es usada en la traducción latina de 1Ts 4:17: "arrebatados junto con ellos en las nubes para encontrarnos con el Señor en el aire"). Podemos encontrar el mismo significado doble en el sinónimo "transportado".

Por supuesto, mientras los creyentes son transportados a Israel los incrédulos serán dejados atrás. Como dijo Jesús, habrá dos hombres trabajando juntos en el mismo campo y uno será tomado y el otro dejado; lo mismo puede ocurrir con dos mujeres que están trabajando juntas en la misma cocina (Mt 24:40-41). Aun habrá familias que quedarán divididas para siempre (Lc 12:51-53).

Pero los creyentes fieles de Jesús estarán unidos para siempre, tanto entre sí como con su Señor (1Ts 4:17). Dondequiera que esté, ahora o entonces, ha vuelto para que puedan estar con él y puedan ver su gloria (Jn 14:3; 17:24).

* * * * *

Estas son las "señales de su venida" que Jesús dio a sus discípulos y, a través de ellos, a nosotros. Su contenido y secuencia son claros, al igual que la velocidad creciente y la duración decreciente de su aparición.

Jesús nos alentó a buscar estas señales de la historia y a interpretarlas correctamente, así como otros interpretan las señales de la naturaleza. Cuando sube la savia en la higuera y los brotes se convierten en hojas, está indicando el comienzo del verano (Jesús está tomando una simple analogía del mundo natural; no hay ningún indicio de que esté hablando metafóricamente de la restauración nacional de Israel a su propia tierra y de independencia política, aun cuando el Antiguo Testamento a veces compara a la nación con la higuera, y más frecuentemente con una vid). La analogía es entre las hojas que están brotando y las cuatro "señales" de las que ha estado hablando. "Igualmente, cuando vean todas estas cosas [es decir, hasta el cielo oscurecido inclusive], sepan que el tiempo está cerca, a las puertas" (Mt 24:33).

Es vital entender que el propósito de Jesús al dar esta predicción detallada no era discutir sobre fechas, sino evitar peligros. Su intención era la aplicación práctica más que la especulación intelectual. Lamentablemente, la historia está llena de ejemplos de quienes han "adivinestimado" la fecha real de su retorno. Martín Lutero calculó que sería en 1636, John Wesley pensó que ocurriría en 1874; ¡ambos fueron lo suficientemente sabios como para escoger una fecha bien distante y no tener que convivir con sus errores! No así William Miller, el fundador de los Adventistas del Séptimo Día, que escogió el año 1844, o Charles Russell, el fundador de los Testigos de Jehová, que escogió el año 1914; ambos murieron poco tiempo después de la expiración de sus fechas.

De todo lo que se ha dicho hasta ahora, es obvio que no conocemos el año ni podemos conocerlo a esta altura, cuando solo están claramente visibles las "señales" más generales. Está también claro que no puede ser este año, el próximo año o aun dentro de unos pocos años. La esperanza de que sea en el transcurso de nuestras vidas depende de la aceleración extraordinaria de los sucesos mundiales. El fin podría venir más rápidamente de lo que pensamos.

Sin embargo, hay una cosa más que podemos decir acerca del momento de su venida. Tal vez no conozcamos en qué año será, ¡pero sí sabemos en qué período del año ocurrirá! Dios escribió dentro del ritual judío anticipos de su obra de redención posterior mediante Cristo, especialmente en su calendario de fiestas anuales. Las tres festividades principales, cuando el pueblo se reunía en Jerusalén, eran "señales" del Mesías. La primera era la *Pascua* (marzo/abril en nuestros almanaques), en la que el cordero era muerto a las 3 p.m., seguido unos días más tarde por la presentación de las "primicias" de la cosecha, claramente cumplido en la muerte y la resurrección de Jesús. La segunda era *Pentecostés* (mayo/junio), para dar gracias por la ley dada en Sinaí cincuenta días después de la primera Pascua, aunque significó la muerte de 3000 rebeldes (Ex 32:28), claramente cumplido en el don del Espíritu siete semanas después del Calvario, trayendo vida a 3000 penitentes (Hch 2:41; cf. 2Co 3:6).

La tercera, *Tabernáculos* (septiembre/octubre), es la "gran" festividad, en la que los judíos rememoraban la provisión del maná en el desierto viviendo en refugios precarios, y celebraban la recolección final de la cosecha. Los cristianos celebran la Pascua y Pentecostés, aunque ahora en fechas calculadas de otra forma. Pero, consciente o inconscientemente, pasan por alto Tabernáculos, porque no ven que tenga ninguna relación con Cristo. Hay mucho más de lo que ellos se dan cuenta.

Jesús probablemente nació durante esta festividad. Puede haber sido concebido el 25 de diciembre, pero la mayoría sabe que no nació en esa celebración pagana del sol en el hemisferio norte, en pleno invierno. Un poco de investigación en las escrituras revela que nació quince meses después de que Zacarías estuviera de turno en el templo, en el cuarto mes (1Cr 24:10; Lc 1:5, 26, 36). Tabernáculos caía en el séptimo mes. ¿Será por esto que Juan dice: "Y el Verbo se hizo hombre y habitó [la palabra griega es "tabernaculó"] entre nosotros" (Jn 1:14)?

Ciertamente Jesús concurrió a la festividad. Sus hermanos escépticos lo instaron a aprovechar la ocasión, sabiendo que éste era el tiempo del año en que los judíos esperaban que apareciera su Mesías. Su respuesta es muy reveladora: "Para ustedes cualquier tiempo es bueno, pero el tiempo mío aún no ha llegado" (Jn 7:6). Pero al final fue a la festividad, de manera privada. E hizo una aparición pública en el último día, el más importante, en el que se llevaba agua desde el estanque de Siloé para derramarla sobre el altar, con oraciones para que las lluvias tempranas y tardías pudieran venir de nuevo (no hay ninguna lluvia durante los seis meses del verano, sino solo rocío), las cuales garantizaban la próxima cosecha. En este contexto, el mensaje gritado de Jesús adquiere un significado profundo: "¡Si alguno tiene sed, que venga a mí y beba! De aquel que cree en mí, como dice la Escritura, brotarán ríos de agua viva" (Jn 7:37-38). Esto provocó una animada discusión acerca de su identidad. Irónicamente, ¡la posibilidad de que fuera el Mesías fue descartada porque venía de Nazaret y no de Belén! ¡Qué autodominio mostró Jesús al permanecer en silencio!

Sin embargo, el verdadero cumplimiento de esta festividad en Cristo será en su segunda venida y no en su primera. Así como murió en Pascua y envió su Espíritu en Pentecostés, volverá en Tabernáculos. Justo a tiempo. El tiempo de Dios.

Todo judío sabe esto. Sus propios profetas lo anticiparon. Zacarías predijo que todas las naciones, en lo sucesivo, "subirán de año tras año para adorar al Rey, al Señor Todopoderoso, y para celebrar la fiesta de las Enramadas" ("tabernáculos", RVR60, Zac 14:16). Cada año, durante este tiempo, los judíos oran para que los gentiles puedan asistir a la fiesta para recibir al Mesías. Si fuera necesaria alguna confirmación adicional, el hecho de que está precedida inmediatamente por la Fiesta de las Trompetas debería definir el asunto (Lv 23:23-25; cf. Mt 24:31; 1Co 15:52; 1Ts 4:16; Ap 11:15).

En el octavo día de la fiesta, los judíos celebran una ceremonia de bodas y se "casan" con la Ley (un rollo sostenido por un rabino bajo un toldo). En ese día comienzan su lectura anual del Pentateuco, los cinco libros de Moisés. Un día serán "las bodas del Cordero" (Ap 19:7). Ésa es solo una de las razones por las que vuelve Jesús: por su esposa.

* * * * *

Hemos comenzado esta sección analizando lo que quieren decir las escrituras cuando describen la segunda venida como "repentina". Debemos terminar considerando la palabra "pronto", aplicada al mismo suceso. "Sí, vengo pronto" (Ap 22:20). La pregunta simple es: ¿qué tan pronto es "pronto"?

A primera vista, la palabra deja la impresión de que podría ser "en cualquier momento". Pero las palabras deben ser consideradas en el contexto de toda la enseñanza del Nuevo Testamento sobre cualquier tema.

Algunos de sus escritores claramente contemplaban la posibilidad de que Jesús pudiera volver en el transcurso de sus vidas. "Luego los que estemos vivos, los que hayamos quedado, seremos arrebatados junto con ellos . . ." (1Ts 4:17; note que dice "los que estemos" y no "los que estén"). Pablo ciertamente lo esperaba (2Co 5:2-3). No le atraía el estado sin cuerpo entre la muerte y la resurrección, aunque lo prefería a estar en su cuerpo actual.

Por otra parte, hay indicaciones claras de que no esperaban que volviera en cualquier momento, sino que habría un lapso considerable. Los discípulos debían llevar su testimonio "hasta los confines de la tierra" (Hch 1:8). Jesús predijo la crucifixión de Pedro cuando fuera viejo (Jn 21:18), si bien en el mismo contexto dio pie al rumor de que Juan seguiría vivo hasta que él volviera; Juan mismo corrige este malentendido (Jn 21:23).

Esa generación, y la siguiente, quedaron desilusionadas. Habían creído y habían predicado que Jesús volvería "pronto" como rey. Pero no lo había hecho. Se había convertido en un tema para la burla, aun antes que se escribiera la última página del Nuevo Testamento. Los provocadores se burlaban de los maestros: "¿Qué hubo de esa promesa de su venida? Nuestros padres murieron, y nada ha cambiado desde el principio de la creación" (2P 3:4).

El problema es todavía más agudo para nosotros, cuando ya han pasado cincuenta o más generaciones. Tal vez estemos mucho *más cerca* del suceso, pero una demora tan larga nos hace preguntarnos si estamos de alguna forma *cerca* de él. ¿Tiene algún sentido la palabra "pronto" para nosotros hoy? ¿Nos animamos a usarla con confianza en nuestra predicación? ¿Cómo lo manejamos?

Algunos estudiosos simplemente descartan la palabra como un "error". Afirman que Pablo, y aun Jesús mismo, se equivocaron al usarla, por más que lo creyeran sinceramente. Si bien esta explicación es aceptada ampliamente en círculos liberales, es insostenible para quienes creen que la Biblia es la palabra inspirada de Dios, quien no permitiría que quede un error tan desconcertante para que la leamos nosotros.

La Biblia es un libro que se interpreta a sí mismo, y una parte explica a la otra. De hecho, el mismo capítulo en donde se menciona la pulla burlona acerca de la demora incluye una respuesta en dos partes a ella.

Primero, *el tiempo es relativo*. Para los griegos, Dios estaba fuera del tiempo. Para los hebreos, el tiempo estaba dentro de Dios. El tiempo es real para él (aun él no puede cambiar el pasado), pero también es relativo para él. Es también relativo para nosotros. (Cuando Einstein fue desafiado a dar una presentación simple de su teoría de la relatividad del tiempo, contestó: ¡"Un minuto sentado sobre una estufa caliente parece más largo que una hora hablando con un chica bonita"!) Es todavía más relativo para Dios. "Pero no olviden, queridos hermanos, que para el Señor un día es como mil años, y mil años como un día" (2P 3:8; citando Sal 90:4). El día que Dios dejó a su Hijo bien amado solo en la cruz le debe haber parecido un milenio, pero debe parecerle solo un par de días desde que lo ha vuelto a tener a su lado.

Así que deberíamos tomar la palabra "pronto" con el sentido de tiempo de Dios antes que el nuestro. La segunda venida es el próximo gran acontecimiento en su calendario, aun cuando no lo sea en el nuestro. Solo un día o dos más, o tal vez solo unas pocas "horas", desde el punto de vista del cielo. Note el uso constante de la palabra "día" y "hora" en relación con este suceso (Mt 24:36; Jn 5:28; Ap 14:7); esto tal vez explique el "silencio en el cielo como por media hora" (Ap 8:1).

Así que "el Señor no tarda en cumplir su promesa, según entienden algunos la tardanza" (2P 3:9). Solo nos parece lenta a nosotros, quienes operamos en una escala de tiempo diferente y, en una era de productos "instantáneos", buscamos soluciones inmediatas a las tensiones. Hemos perdido el arte de esperar por algo, y mucho menos esperar al Señor. Y, sin embargo, hasta los santos pueden cansarse de esperar. Uno de estos leyó el versículo: "Pues dentro de muy poco tiempo, 'el que ha de venir vendrá, y no tardará'" (Heb 10:37) y exclamó: "Pero, Señor, ¡es un muy poco tiempo muy largo!".

Entonces, ¿por qué dejó el Señor la palabra *"pronto"* en las escrituras, sabiendo que podría ser malinterpretada (dándole un significado humano antes que divino), y que produciría desilusión e impaciencia? En realidad, hace más bien que mal. De alguna forma, la palabra estimula un recuerdo frecuente de esta crisis futura. La vida debe ser vista desde esta perspectiva. En un sentido muy real, su retorno es el próximo gran suceso en nuestro calendario así como en el de Dios. La palabra *"pronto"* nos recuerda que debemos comenzar a prepararnos ahora. Porque, como veremos en la segunda parte de esta sección, a Jesús no le importa tanto lo que estemos haciendo cuando vuelva como lo que hemos estado haciendo todo el tiempo que ha estado ausente. Necesitamos tener en mente constantemente que tendremos que responder ante él en aquel Día. La palabrita *"pronto"* lo logra de manera muy efectiva.

Segundo, *la demora es beneficiosa.* En vez de quejarnos por ella, deberíamos estar contentos. Significa que el juicio también ha sido postergado. Es una expresión de la renuencia de Dios a cerrar la puerta de la salvación rápidamente. "Él tiene paciencia con ustedes, porque no quiere que nadie perezca sino que todos se arrepientan" (2P 3:9). Este mismo Dios esperó más de un siglo antes de enviar el diluvio (Gn 6:3 no se refiere a una reducción del largo de vida, ya que no fue la edad promedio después); por cierto, esperó casi un milenio, el tiempo de vida de Matusalén, desde su primer anuncio de ese juicio a Enoc (Jud 14-15). Hoy, este mismo Dios nos está ofreciendo pacientemente la oportunidad de cambiar nuestra forma de vida antes que sea demasiado tarde. Note la frecuencia con la que Jesús trazó un paralelo entre los días de Noé y el día de su retorno (Mt 24:37), al igual que sus discípulos después de él (2P 3:5-6).

En otras palabras, si la demora hace que los cristianos se sientan desilusionados, ¡deberían estar contentos por los demás! Y podrían reflexionar sobre la idea de que si no hubiera habido una larga demora ellos mismos nunca habrían conocido el amor de Dios y las cosas "que Dios ha preparado para quienes lo aman" (1Co 2:9).

Pero somos humanos. Habiendo "experimentado la buena palabra de Dios y los poderes del mundo venidero", naturalmente queremos el resto cuanto antes. Ante la promesa de Jesús: "Sí, vengo pronto", nuestra reacción instintiva y comprensible es exclamar: "¡Ven, Señor Jesús!" (Ap 22:20).

¿PARA QUÉ?

Esta es, sin ninguna duda, la pregunta más importante que hay que hacer sobre la segunda venida. Curiosamente, ¡es la más ignorada!

Muchos cristianos que se regocijan en el hecho de su retorno rara vez piensan en su propósito. Para ellos, al parecer es suficiente anhelar tenerlo a él con ellos otra vez.

Pero, ¿por qué debería esto traer una expectativa agradable cuando cada creyente puede esperar estar con él en el cielo inmediatamente después de morir ("preferiríamos ausentarnos de este cuerpo y vivir junto al Señor", 2Co 5:8)? ¿No será la comunión con él más dulce fuera del contexto de este mundo triste, enfermo y pecaminoso?

¿Acaso esperan que su retorno ocurra antes que mueran, evitando de esta forma la muerte (y el entierro o la cremación) por completo? Por cierto, ¡a nadie le gusta ser medido y metido en una caja de madera! ¿O es que de alguna forma sienten que la comunión con su presencia física es de algún modo más real y deseable que su presencia "espiritual" en el cielo?

Supongamos que él no volviera a la tierra, que se quedara en el cielo hasta que todo su pueblo se uniera a él allá, donde vivirá con él para siempre (lo cual es una idea bastante común, tanto dentro como fuera de la iglesia). Pregúntese si esto afectaría realmente su creencia o, lo que es aún más pertinente, su comportamiento. ¿Cuál es su respuesta sincera?

Hasta ahora hemos estado pensando subjetivamente, considerando el efecto sobre nosotros. Pensemos en esto más objetivamente, y consideremos cuáles son los resultados para el mundo.

¿Por qué necesita él volver? ¿Por qué necesita el mundo tenerlo de vuelta? ¿Qué fue lo que hizo en su primera visita que requiere una segunda visita? ¿Acaso no completó su misión? ¿Qué hará todavía acá en la tierra que no puede hacer desde su posición de autoridad suprema en el cielo?

Para algunos, este tipo de preguntas son inapropiadas, hasta insolentes. Consideran que esta incursión en los misterios de la soberanía divina es mera especulación. Se conforman con el hecho revelado de su venida, y con "ver que hará cuando venga". Sin embargo, hay dos razones para avanzar más allá de esto.

Primero, las escrituras mismas dan varias razones para su retorno y sugieren otras. Tenemos la libertad de seguir todas las pistas. Segundo, cuanto más comprendamos el propósito de su retorno, más podremos apreciar su importancia central con relación a nuestra esperanza para el futuro, y más afectará la forma en que vivamos el presente (este último aspecto será explorado en el próximo capítulo).

A fin de estimular sus pensamientos, déjeme plantear dos preguntas adicionales que los cristianos no parecen considerar demasiado a menudo.

¿Cuánto tiempo se quedará? Su primera visita duró un tercio de siglo. ¿Será su segunda visita más corta o más larga? Lo que él tiene que hacer ¿puede hacerse rápidamente o llevará mucho tiempo? ¿Habrá otra "ascensión" o se quedará acá para siempre?

¿Por qué debemos regresar nosotros? No solo Cristo está volviendo al planeta Tierra; todos los creyentes que están ahora en el cielo también van a volver. "Así también Dios resucitará con Jesús a los que han muerto en unión con él" (1Ts 4:14). ¡Los cristianos esperan vivir sobre esta tierra una segunda vez! ¿Cuándo fue la última vez que oyó predicar sobre esto en un funeral?

Ahora estamos listos para preguntar por qué Cristo, y los cristianos, necesitan volver acá. ¿Qué objetivos tiene en mente el Señor? Hay por lo menos cinco:

Para completar a los santos

La primera cosa que hay que entender es que la salvación es un proceso continuo, y no un cambio instantáneo que ocurre en la conversión. Todavía no está completa en ningún cristiano, si bien está más desarrollada en algunos que en otros.

Por eso el Nuevo Testamento usa el verbo "salvar" en tres tiempos verbales: hemos sido salvados, estamos siendo salvados y seremos salvados. Esto corresponde a las tres fases que se conocen como la justificación, la santificación y la glorificación que, en conjunto, constituyen la salvación.

El proceso alcanzará su meta cuando cada parte de nuestro ser sea restaurada a su condición original, cuando Dios nos creó a su propia imagen. Sabemos cómo será eso, porque su

Hijo es "la fiel imagen de lo que él es" (Heb 1:3).

La transformación será completa cuando él vuelva. "Sabemos, sin embargo, que cuando Cristo venga seremos semejantes a él, porque lo veremos tal como él es" (1Jn 3:2). Así como él refleja de manera perfecta a su Padre, nosotros lo reflejaremos perfectamente a él.

Por eso las escrituras pueden decir: "Aparecerá por segunda vez, ya no para cargar con pecado alguno, sino para traer salvación a quienes lo esperan" (Heb 9:28). Por fin, los cristianos será plenamente "salvos", (¡y solo entonces podrán decir con confianza: "una vez salvo, siempre salvo"!). Su Salvador habrá completado su obra *en* ellos, así como en su primera visita completó su obra *por* ellos, sobre la cruz ("Todo se ha cumplido", Jn 19:30). Él verá los resultados de todo su sufrimiento y quedará satisfecho (Is 53:11).

Debemos cuidarnos de no ser demasiado "espirituales" cuando pensamos en la "salvación completa". Los cristianos occidentales son susceptibles a esta distorsión en una cultura más influida por el pensamiento griego que el hebreo, donde lo físico y lo espiritual está muy separados, tanto moralmente como mentalmente. La perfección se define en términos de un alma en el cielo más que un cuerpo en la tierra. El misticismo oriental tiene un desprecio similar por el mundo material.

Pero la creación es básicamente buena, porque provino de la mano del Creador bueno. Él quería un universo físico y quería que los seres humanos tuvieran cuerpos físicos. Si bien la rebelión pecaminosa (angélica y humana) ha arruinado su creación, Dios tiene la intención de redimirla, restaurándola a su estado original.

La salvación, por lo tanto, significa transformar cada parte de nosotros, tanto lo físico como lo espiritual. Es frustrante ser "medio salvos", tratando de vivir la nueva vida espiritual en nuestros viejos cuerpos (y cerebros) físicos programados a lo largo de los años con hábitos incorrectos. La tensión fue bien expresada por Pablo: "Porque en lo íntimo de mi ser me deleito en la ley de Dios; pero me doy cuenta de que en los miembros de mi cuerpo hay otra ley" (Ro 7:22-23).

Por supuesto, la muerte del cuerpo trae algún alivio. Pero es solo una solución parcial del problema, porque la persona que Dios quería está incompleta, "desvestida", "ausente del cuerpo" (2Co 5:4, 8). Eso podría ser suficiente para los filósofos griegos y los místicos orientales, pero nunca será satisfactorio para quienes saben cómo es Dios en la realidad y lo que él realmente quiere para ellos. "También nosotros mismos, que tenemos las primicias del Espíritu, gemimos interiormente, mientras aguardamos nuestra adopción como hijos, es decir, la redención de nuestro cuerpo" (Ro 8:23).

¡Qué paradoja! ¡Porque tenemos el Espíritu, añoramos tener nuevos cuerpos! Al igual que la salvación, nuestra "adopción" como hijos de Dios es futura además de pasada (cf. Ro 8:15). El clímax total de nuestra restauración será el regalo de un cuerpo flamante, incontaminado por nuestro pasado pecaminoso, no limitado en su expresión del espíritu que está dentro, no afectado por la enfermedad, la descomposición o la muerte. A diferencia del cuerpo viejo, el nuevo se desarrollará instantáneamente, "en un instante, en un abrir y cerrar de ojos" (1Co 15:52). ¿Cómo explicará esto un evolucionista?
Ocurrirá en el momento en que la trompeta final suene anunciando la venida de Cristo. Su retorno y nuestra resurrección serán simultáneos. La promesa de que "seremos semejantes a él, porque lo veremos tal como él es" (1Jn 3:2) abarca todo lo que somos: cuerpo, alma y espíritu. Nuestros nuevos cuerpos serán "como su cuerpo glorioso" (Fil 3:21). ¿Significa eso que no seremos ni muy jóvenes ni muy viejos, sino como él, en la flor de la vida?

Pero, ¿por qué tenemos que volver a la tierra para experimentar esta metamorfosis de nuestra carne? ¿Por qué no podríamos recibir nuestros nuevos cuerpos en el cielo? Para el caso, ¿por qué tenemos que esperar hasta recibir nuestros nuevos cuerpos juntos, todos a la vez? ¿Por qué no en el instante en que cada uno de nosotros muere?

La respuesta en realidad es bastante simple: no necesitamos

cuerpos en el cielo, pero sí en la tierra. El cielo es un lugar para seres espirituales. "Dios es espíritu" (Jn 4:24). Los ángeles que rodean su trono son "espíritus dedicados al servicio divino" (Heb 1:14). La "Jerusalén celeste" está llena de "los espíritus de los justos" (Heb 12:23).

Sin embargo, cuando los seres celestiales vienen a la tierra necesitan cuerpos. El Hijo de Dios tuvo que ser encarnado ("me preparaste cuerpo", Heb 10:5). Los ángeles tienen que asumir una forma humana (Gn 18:2; 19:1; cf. Heb 13:2). Hasta los ángeles caídos que llamamos demonios habitan los cuerpos de otros, humanos o animales (Mr 5:12-13). Para operar en este mundo físico, se requiere un cuerpo físico.

Las implicaciones son profundas. Si los "santos" de todas las edades reciben nuevos cuerpos aquí abajo, eso seguramente indica que están siendo preparados para una vida continua sobre la tierra más que en el cielo. Empieza a parecer como si tanto Cristo como los cristianos vuelven para quedarse, para permanecer en este planeta. ¡Eso significaría que los creyentes que todavía vivan en la tierra cuando vuelva Jesús nunca irán al cielo! ¡Aun aquellos que fueron al cielo cuando murieron estaban en un alojamiento provisional!

La Biblia claramente describe a la "tierra" como el destino final de todos los que han sido salvados. Pero no es esta vieja tierra, sino una tierra nueva. El mismo poder supremo de Dios que rescata nuestros cuerpos también rescatará nuestro medio ambiente. Habrá una nueva tierra para que vivan nuestros nuevos cuerpos (consideraremos esto más tarde, además de la cuestión de cuán rápidamente ocurrirá esto después del retorno de Jesús).

Sabemos que nuestra salvación será completa cuando vuelva Jesús, pero el propósito salvador de Dios no se cumplirá hasta que el universo entero haya sido restaurado a su condición original.

Además de los aspectos individuales y universales de los planes de Dios para nuestro mundo, habrá una restauración nacional.

Para convertir a los judíos

Jesús fue y es judío. Nació y murió como "rey de los judíos" (Mt 2:2; 27:37). No fue enviado "sino a las ovejas perdidas del pueblo de Israel" (Mt 15:24). Casi todo su ministerio se desarrolló en su propia tierra y entre su propio pueblo. Es cierto que la mayoría de ellos no lo recibieron (Jn 1:11), pero de aquellos que lo hicieron hemos recibido la Biblia (todos excepto uno de los cuarenta autores fueron judíos) y la iglesia (cada uno de los doce apóstoles y la mayoría de los miembros iniciales fueron judíos).

Muchos cristianos parecen haber olvidado que su Salvador es un judío y que "la salvación proviene de los judíos" (Jn 4:22). La iglesia parece haber arrancado sus raíces judías (por ejemplo, desplazando Pascua, Pentecostés y Navidad de las fechas para Pascua, Pentecostés y Tabernáculos correspondientes). Peor aún, los cristianos han marcado el paso del antisemitismo a lo largo de la historia de la iglesia, notoriamente en las Cruzadas. Los judíos han sufrido más en países "cristianos" que en ningún otro país, llegando hasta el mismo "holocausto" en Alemania. Detrás de esta actitud hay dos errores groseros.

Primero, *que los judíos mataron a Jesús*. Toda la nación, pasada y presente, es considerada culpable de deicidio (el homicidio de Dios). ¿Cómo pueden los judíos de hoy ser considerados responsables, aun cuando todavía se rehúsen a reconocer a Jesús como el Hijo de Dios? Hay aún más gentiles que hacen lo propio. ¿Están dispuestos los cristianos contemporáneos a ser considerados culpables por las Cruzadas? Aun en el tiempo de Jesús, no estuvo toda la nación involucrada en la crucifixión. "Los judíos" en el Evangelio de Juan son los habitantes de Judea, los sureños, y no los galileos. Jesús dejó en claro que los gentiles serían sus verdaderos verdugos (Mt 20:19; Mr 10:33; Lc 18:32). Y, en un sentido, todos somos responsables de su muerte, ya que él estaba sufriendo por los pecados de toda la raza humana.

Segundo, *que la iglesia reemplazó a Israel*. Como los

judíos rechazaron a su Mesías, los gentiles que lo aceptan dicen que constituyen la "nueva Israel". Los propósitos del pacto de Dios han sido transferidos completamente de un pueblo a otro. Los judíos se han convertido virtualmente en gentiles, solo una entre las muchas naciones del mundo, extranjeros del reino de Dios. Los planes de Dios para el futuro no incluyen al pueblo judío como tal. Esto es lo que dicen.

Por cierto, esto parece estar implicado en algunas afirmaciones de Jesús (Mt 21:43) y Pablo (Hch 13:46; 15:17; 28:28; Ro 9:24-26). Muchas de las descripciones de Israel en el Antiguo Testamento son dadas a la iglesia en el Nuevo (1P 2:9-10); lo mismo sucede con algunas promesas hechas a los judíos (Heb 13:5-6). Pero ésa no es toda la historia.

El pacto de Dios con Abraham y sus descendientes fue "perpetuo" y, por lo tanto, incondicional (Gn 17:7). Para quitar toda duda, Dios luego explicó lo que significaría esto: "No los rechazaré ni los aborreceré hasta el punto de exterminarlos, ni romperé tampoco mi pacto con ellos. Yo soy el Señor su Dios" (Lv 26:44; cf. Dt 4:31; 9:5-6; 2S 7:15; Sal 89:34; 94:14; 105:8-9; 106:45; 111:5; Am 9:8; Jer 30:11; 14:21; Ez 16:60; 20:44; Mal 3:6). Si bien los iba a dispersar entre las naciones cuando quebrantaran su parte del pacto (Dt 32:26), Dios nunca quebrantaría su parte, y los traería de vuelta "de los cuatro puntos cardinales" (Is 11:12). Una dispersión y un retorno mundial semejante no ocurrieron en el exilio babilónico, pero está ocurriendo hoy. Fue a un pueblo restaurado a su tierra que prometió un liberador desde Sión, un nuevo pacto y su Espíritu derramado (Is 59:20-21; Jer 31:1-40; Jl 2:28-32). A pesar de todos los intentos por aniquilarlos, este pueblo ha sobrevivido físicamente, y un "remanente" de ellos ha permanecido espiritualmente fiel a su Dios (1R 19:18).

El Nuevo Testamento respalda todo esto. Dios sigue siendo el "Dios de Abraham, de Isaac y de Jacob" porque ellos siguen estando vivos (Lc 20:37-38). El nombre "Israel" es mencionado más de setenta veces. Es aplicado siempre a los descendientes físicos de Abraham, con una excepción dudosa (Gá 6:16, si la palabra griega *kai* es traducida como "aun", en vez de su significado normal, "y", como aparece en varias versiones).

Jesús anticipó tanto el rechazo inmediato de parte de sus compatriotas como su restauración final. Aun mientras lloraba por el rechazo de Israel a aceptar su protección, predijo: "Y les advierto que ya no volverán a verme *hasta que* digan: '¡Bendito el que viene en el nombre del Señor!'" (Mt 23:39; significativamente, éste es uno de los salmos "Hallel", o "de Alabanza", 113-118, que se cantaban en la fiesta de Tabernáculos). Él anticipó la caída de Jerusalén en 70 d.C., pero dijo que solo "los gentiles pisotearán a Jerusalén, *hasta que* se cumplan los tiempos señalados para ellos" (Lc 21:24). La última pregunta que le hicieron los discípulos antes de su ascensión tenía que ver con el momento de la restauración de la monarquía en Israel. En vez de reprender la improcedencia de su pensamiento (como harían muchos cristianos hoy), les dijo que la fecha ya fijada por su Padre no era de su incumbencia inmediata; ellos tenían una misión, la de ser testigos suyos hasta lo último de la tierra, las naciones gentiles (Hch 1:6-8). Él ya les había dicho que un día gobernarían los tribunales de las doce tribus (Mt 19:28; Lc 22:30), pero esto tendría que esperar. Lo que sí era cierto era que "no pasará esta generación hasta que todas estas cosas sucedan" (Mt 24:34, el margen de la versión NTV dice: "no pasará esta nación"; "todas estas cosas" son las señales de su venida).

En un pasaje que trata específicamente con el futuro de la raza judía (Ro 9-11), Pablo enseña claramente que Dios no los ha rechazado, aun cuando ellos lo hayan rechazado a él (11:1). Él reconoce que no todos los descendientes físicos de Abraham son sus hijos espirituales que comparten su fe (9:6-7; cf. 2:28-29). Así que muchos judíos no son "salvos" y necesitan creer en Jesús (10:1). Pablo, con una angustia por su pueblo similar a la de Moisés, con gusto iría al infierno si eso los llevara al cielo (Ro 9:3; cf. Ex 32:32).

No obstante, Israel no puede "tropezar para no volver a

levantarse", porque "las dádivas de Dios son irrevocables, como lo es también su llamamiento [a los patriarcas]" (Ro 11:29). Siempre ha habido un "remanente" y siempre lo habrá (11:5). Solo "algunas" de las ramas del "olivo," Israel, han sido desgajadas y reemplazadas por gentiles del olivo silvestre, injertados "contra su condición natural" (11:17, 24). Estos creyentes híbridos (es decir, los cristianos) necesitan recordar que ellos también corren peligro de ser "desgajados" si no siguen confiando en la bondad divina (11:22). Y ellos (es decir, los judíos) pueden ser injertados nuevamente en nuestro lugar, si y cuando crean en Jesús, su Mesías, encajando en sus propias raíces mucho más naturalmente (11:23-24). Por cierto, ha habido una minoría judía en la iglesia de Jesús durante dos milenios, y en la actualidad está creciendo.

Pero hay más. Pablo hizo una predicción sorprendente, que él llamó un "misterio" (11:25). El significado bíblico es el siguiente: Dios ha revelado lo que antes era un secreto. El endurecimiento de los corazones judíos en contra del evangelio, que es el castigo de Dios por rechazar su iniciativa redentora (como lo fue para el faraón, 9:17-18), es solo parcial y temporario *hasta que* (¡de nuevo esa expresión!) haya "entrado" la totalidad de los gentiles. Entonces será quitado, y el velo será levantado de sus corazones (2Co 3:15-16), y así "*todo Israel* será salvo". Esta frase no incluye a todos los judíos que hayan vivido alguna vez, ni tampoco necesariamente a todos los judíos que estén vivos en el fin. La frase "todo Israel" se usa frecuentemente en el Antiguo Testamento con relación a una reunión nacional representativa de todas las tribus de Israel, por lo general en Jerusalén (1Cr 11:1; cf. Dt 1:1); tal vez la mejor traducción sea "Israel como un todo".

Dado que "salvo" debe tener el mismo significado aquí que en otras partes (cf. 10:1), ¡esta predicción habla nada menos que de una conversión en masa a la fe en Jesús del pueblo más resistente sobre la tierra! ¿Cómo podría ocurrir una cosa así? La respuesta es obvia: de la misma forma que le pasó, camino a Damasco, a Saulo, el perseguidor de los cristianos, quien se convirtió en Pablo, el predicador del evangelio. La aparición póstuma de Jesús de Nazaret es prueba suficiente para cualquier judío de que él es el Mesías.

Esto es precisamente lo que ocurrirá cuando Jesús vuelva a Jerusalén. El mismo profeta que predijo su primera venida sobre un asno, y su segunda venida en la fiesta de Tabernáculos, proclamó esta palabra del Señor: "Sobre la casa real de David y los habitantes de Jerusalén derramaré un espíritu de gracia y de súplica, y entonces pondrán sus ojos en mí. Harán lamentación por el que *traspasaron*, como quien hace lamentación por su hijo único; llorarán amargamente, como quien llora por su primogénito" (Zac 12:10; cf. Sal 22:16: "Me han *traspasado* las manos y los pies"). La misma palabra se retoma en el libro de Apocalipsis: "¡Miren que viene en las nubes! Y todos lo verán con sus propios ojos, incluso quienes lo *traspasaron*" (Ap 1:7). Uno apenas puede imaginarse la angustia de los judíos ante el sufrimiento innecesario y la oportunidad desperdiciada durante dos mil años, pero esto no los dejará en una desesperación sin consuelo. Así como sus padres miraron la serpiente de bronce montada sobre un asta para su sanidad, ellos ahora mirarán al Hijo del Hombre para ser salvados (Nm 21:8; Jn 3:14-15). ¡Qué bienvenida le darán cuando él entre nuevamente en la ciudad (Mt 23:39)!

Hay dos consecuencias importantes de este resultado asombroso del retorno de Jesús.

La primera, es que los judíos habrán sido preservados como pueblo y habrán sido restaurados a su tierra y a su capital. Esto ya ha ocurrido. Muchos cristianos ven esto, correctamente, como un preludio necesario de la venida del Señor, pero lo usan incorrectamente como un indicador de un retorno inminente. Como hemos visto, esta inmigración no fue incluida de manera específica por Jesús entre "las señales de los tiempos".

Además, significa que Jerusalén permanecerá en manos judías a pesar de los ataques internacionales predichos (ej:

Zac 12:1-3) y que una porción representativa del pueblo será protegida sobrenaturalmente a través de todas sus dificultades, incluyendo la "gran tribulación". Éste es, seguramente, el significado del "sellado" de los 144.000 de todas las tribus de Israel (Ap 7:1-8).

La segunda consecuencia es que el destino futuro de los judíos y de los gentiles que creen en Jesús es idéntico. Ambos llegan a la misma salvación a través del mismo Salvador. Jesús, hablando a los judíos acerca de los gentiles, dijo: "Tengo otras ovejas que no son de este redil, y también a ellas debo traerlas. Así ellas escucharán mi voz, y habrá un solo rebaño y un solo pastor" (Jn 10:16).

Hay un equívoco frecuente que dice que los judíos tienen un destino terrenal y los cristianos, uno celestial. La Biblia enseña claramente que vivirán juntos en el nuevo cielo y la nueva tierra, en una nueva Jerusalén que tendrá los nombres de las doce tribus de Israel en sus puertas y los nombres de los doce apóstoles de Jesús en los cimientos de sus muros. Serán un pueblo viviendo bajo un (nuevo) pacto.

Para conquistar al diablo
El mal no es un objeto abstracto con una existencia independiente. Eso significa que la pregunta "¿por qué creó Dios el mal?" en realidad no tiene sentido. No existe tal cosa como "el mal".

El mal no es algo impersonal, sino personal, y corresponde usar el adjetivo (algo o alguien *malo*) más que el sustantivo (el *mal*). Describe a criaturas que se rebelan contra su Creador y hacen las cosas a su manera en vez de hacer lo que él quiere. Dios ciertamente creó seres, tanto en la tierra como en el cielo, que eran capaces de volverse "malos" por su propia elección libre. Esto dio como resultado ángeles malos y humanos malos, aparentemente en ese orden (Gn 3:1). Entre ambos, son responsables de todos los "males" de la naturaleza y de la historia. Este es el diagnóstico bíblico.

El líder de la rebelión celestial fue un ángel caído que

llamamos el diablo, y que es conocido por varios nombres y títulos: Satanás, Beelzebú, serpiente, dragón, león, homicida, mentiroso, destructor. Él persuadió a muchos ángeles compañeros a unirse a su intento de erigir un reino rival al de Dios (Ap 12:4 indica un tercio de los ángeles). Los conocemos como demonios.

Tanto el diablo como sus demonios reciben títulos de autoridad y de influencia en las escrituras. Él es el gobernante, el príncipe y aun el "dios" de este mundo. Hay principados y poderes. Con la fuerza, inteligencia y capacidad superior que tienen los ángeles pueden hacer estragos en los asuntos de los hombres. Pueden manipularnos mediante la enfermedad en el cuerpo y el engaño en la mente. Su arma más poderosa es la muerte y el temor que trae aparejado (Heb 2:15). Pueden separarnos de Dios y entre nosotros, y lo han hecho desde el jardín del Edén. Su búsqueda exitosa de poder ha sido aún mayor en la tierra que en el cielo: "Sabemos que . . . el mundo entero está bajo el control del maligno" (1Jn 5:19).

Sin embargo, el diablo no es Dios, aunque le gustaría serlo y tal vez piense que lo es. No es omnisciente (no sabe todas las cosas, y puede cometer errores, uno de los cuales fue persuadir a Judas que traicionara a Jesús, Jn 13:27). No es omnipresente (solo puede estar en un lugar a la vez, lo cual parecen olvidar muchos cristianos, Job 1:7; Lc 4:13). No es omnipotente; su poder está limitado estrictamente, de dos formas.

Primero, no es ningún rival para Dios. Desde el principio hasta ahora, solo puede actuar con su permiso (Job 1:12). Dios todavía está completamente en control. Satanás no es ningún problema para él, aunque lo sea para nosotros. Esto significa, por supuesto, que Dios le permitió tomar el control de nuestro mundo. Podemos ver tanto la justicia como la misericordia divina en esto; justicia, porque aquellos que se rehúsan a vivir bajo el dominio de un buen rey merecen uno malo; y misericordia, porque eso aumenta el incentivo para desear el régimen original.

Segundo, no fue ningún rival para Cristo. Jesús comenzó y

finalizó su misión pública confrontando al diablo en su propio territorio, y resistiendo exitosamente sus tentaciones sutiles y seductoras. Por primera vez en la historia, toda una vida fue vivida libre de sus garras, quebrando su poder monopólico sobre la raza humana (Jn 12:31; 14:30). La cruz fue un golpe fatal a su poder, un triunfo sobre los principados y poderes (Col 2:15). Mediante la muerte expiatoria de Jesús y su vida intercesora, ahora es posible que los hombres y mujeres vivan libres de la fuerza del mal y de su temor a la muerte (Lc 22:31; Heb 2:14-15).

Pero la victoria final aún no está completa. Hay ahora dos reinos en la tierra: el de Dios y el de Satanás, lo bueno y lo malo, la luz y la oscuridad. Ambos están creciendo, cuantitativa y cualitativamente, lado a lado (Mt 13:30).

¿Por qué la superposición? ¿Por qué no finalizó el reino de Satanás cuando fue restablecido el reino de Dios? Un segundo de reflexión nos dará la explicación. Si Cristo hubiera destruido al diablo y a sus seguidores, ¡además de haberlos derrotado, la tierra hubiera quedado deshabitada! Dios amó tanto a las víctimas de Satanás que quiso darles todas las oportunidades para trasladarlas de nuevo a su gobierno, una liberación hecha posible mediante su Hijo (Col 1:13). Hay millones de personas hoy que han hecho uso de esta oportunidad. Lamentablemente, hay una cantidad mucho mayor que no se ha dado cuenta de que la puerta está abierta o no ha querido atravesarla.

Un día se cerrará. Los reinos no seguirán estando juntos. El trigo y la mala hierba serán separados en el tiempo de la cosecha (¿recuerda la fiesta de Tabernáculos?). Las malezas venenosas serán quemadas. Un buen Dios no puede permitir que el mal siga arruinando las cosas para siempre. Él debe ponerle un punto final en algún momento.

Así que los días de Satanás están contados. Su condenación está decidida y fechada. Cuando vuelva Jesús, el diablo deberá irse. El mundo finalmente se librará de él, habiendo sufrido su tiranía malvada desde que los primeros humanos caminaron por la tierra. La historia humana es prueba de su existencia y testimonio de su carácter.

Como sabe que su suerte está echada, podemos esperar que su frustración se vuelva más aparente a medida que se acerque el fin (Ap 12:12). Usará todos sus recursos en un intento final por recuperar su dominio. Afortunadamente, "no ignoramos sus artimañas" (2Co 2:11). Con la promesa de "paz y seguridad" (1Ts 5:3), establecerá un gobierno mundial y una sola religión. A cargo de cada uno estarán dos hombres que aceptarán su oferta de prestigio y poder (¡rehusados en su momento por Jesús!, Lc 4:6-8). Serán títeres bajo la autoridad del diablo.

Ya hemos mencionado esta "trinidad impía" (Satanás, el anticristo y el falso profeta son una espantosa contraparte de Dios, Cristo y el Espíritu Santo). Juntos, gobernarán el mundo como nunca antes en los pocos años antes que vuelva Jesús. No es de extrañarse que este período sea llamado la "gran aflicción" o la "gran tribulación".

Pero esta aventura final del diablo seguirá estando bajo el control predominante de Dios, y su misericordia hará que sea breve.

Su acción conjunta de desafío final será reunir una fuerza militar internacional con la intención de masacrar al pueblo aparentemente indefenso de Dios, reunido ahora en Jerusalén con Jesús, su Señor que ha vuelto. Esta será la batalla final en una historia de guerras constantes. Las escrituras la localizan en la llanura de Esdrelón, el valle de Jezreel, cerca de la antigua ciudad fortificada de Salomón, sobre el pequeño "monte Meguido" (en hebreo, "Armagedón"); Winston Churchill llamó a este lugar, escenario de tantas acciones feroces, "el campo de batalla de Oriente Medio". Los caminos que van de Europa a Arabia y de Asia a África se cruzan aquí.

Será un error garrafal del diablo. El error táctico más fundamental es subestimar la fuerza del oponente. Jesús vendrá plenamente preparado para el conflicto. Ya no entrará en Jerusalén montado sobre un asno como símbolo de paz sino que vendrá sobre un caballo como símbolo de guerra (Zac 9:9-10; Ap 19:11).

Jesús solo usará, y solo necesitará usar, un arma: la espada de su boca (Ap 19:15-21). Será la misma voz que ordenó al viento y a las olas que se calmaran (Mr 4:39; el verbo "se calmó" proviene de la misma raíz que significa aniquilar, cortar). Ahora todo un ejército será muerto, ¡con una palabra! Quedará un campo de cadáveres sin enterrar que proveerá un festín para los buitres (Ap 19:17, 21), la humillación final para esta fuerza rebelde.

Pero las dos "bestias" humanas que están detrás de este ejército no serán muertas. Serán apresadas e inmediatamente serán "arrojadas vivas al lago de fuego y azufre" (Ap 19:20). Serán los dos primeros seres humanos en ser enviados al infierno, aun antes del día de juicio, ya que son demasiado depravados como para comparecer en juicio.

Sorprendentemente, el diablo no es enviado con ellos, aún. Lo será más tarde. Pero Dios tiene planes para usarlo una sola vez más antes que sea enviado a unirse a sus secuaces en el tormento eterno (Ap 20:10). Entretanto, será proscripto de la tierra durante mil años, mantenido en confinamiento solitario en los calabozos más bajos del inframundo para que ya no pueda comunicarse con los pueblos de la tierra y engañarlos (Ap 20:3).

Así que el mundo finalmente será liberado del diablo y de sus fuerzas opresoras de maldad. Es difícil imaginar lo que significará eso porque nunca hemos conocido una situación similar. Tendremos que esperar para ver cómo es.

Pero ¿habrá un mundo para ver? ¿Seguirá durante un tiempo o finalizará en ese instante? Si continúa, ¿quién llenará el vacío político dejado por el colapso del gobierno mundial?

La Biblia tiene todavía una sorpresa más para nosotros.

Para dominar al mundo
Jesús dijo a sus seguidores que oraran cada día para que el reino de Dios, su gobierno, viniera "en la tierra como en el cielo" (Mt 6:10).

¿Cómo y cuándo será contestada esta oración? Por

desgracia, los cristianos están divididos profundamente con relación a este tema. La gran cantidad de diferentes opiniones pueden ser agrupadas en tres categorías:

Primero, los *pesimistas*. Creen que este mundo está demasiado perdido como para ser recuperado. Podemos traer individuos al reino (es decir, bajo el gobierno de Dios). Podemos establecer colonias del reino (es decir, iglesias). Pero este mundo permanecerá bajo el control del diablo y ambos serán destruidos al mismo tiempo. Solo en la "nueva" tierra será establecido el reino de manera universal. Así que esta "vieja" tierra "morirá" inmediatamente después de que vuelva el Señor. Nunca conocerá las bendiciones de estar bajo el gobierno de Dios.

Segundo, los *optimistas*. En el extremo opuesto del espectro, estas personas creen que el mundo será "cristianizado" antes que vuelva Cristo. Esto no significa que todo el mundo será cristiano, sino que la iglesia crecerá y se extenderá hasta ser lo suficientemente grande y poderosa como para apoderarse del gobierno mundial. Este punto de vista también cree que esta tierra finalizará cuando él venga, ya que el reino ya habrá sido establecido. Al pasar, debe notarse que, a decir por el estado y las estadísticas de nuestro mundo, ¡la segunda venida debe estar bastante lejos!

Tercero, los *realistas*. Aceptan la expectativa de Jesús de que los reinos de Dios y de Satanás "crecerán juntamente" (Mt 13:30), y anticipan un conflicto cada vez mayor entre ambos hasta la confrontación final entre el Cristo que vuelve y el anticristo que gobierna. En cuanto al resultado, no tienen ninguna duda. La victoria de Cristo sobre las fuerzas del mal despejará el terreno para que su gobierno sea extendido sobre todas las naciones del mundo. Según esta perspectiva, la tierra "vieja" sobrevivirá más allá de su retorno, por lo menos el tiempo suficiente para que su reino sea demostrado y apreciado.

Para resumir el debate en sus términos más sencillos, podemos proponer la siguiente moción: Jesús vuelve a esta tierra para reinar sobre ella. No solo para completar a los santos, para convertir a los judíos y para conquistar al diablo, sino para gobernar el mundo durante un período largo.

¿Qué dice el Nuevo Testamento acerca de esto? El libro de Apocalipsis contiene más información acerca de la segunda venida que cualquier otro, así que no es sorprendente que las indicaciones más claras de un reinado de Cristo después de su retorno a esta tierra puedan encontrarse aquí. La primera parte incluye una predicción de que cuando suene la trompeta final los ángeles cantarán y gritarán celebrando un cambio de gobierno. "El reino del mundo [note el singular] ha pasado a ser de nuestro Señor y de su Cristo" (Ap 11:15).

Sin embargo, encontramos la declaración más completa y clara acerca de un reinado de Cristo al final del libro, donde el orden cronológico es mucho más aparente (20:1-10). Debemos tomar este pasaje dentro de su contexto (capítulos 19 al 21); las divisiones de capítulos, como los números de versículos, son bastante recientes y han sido hechas por humanos, que a menudo han separado lo que Dios ha unido.

En su marco adecuado, este reino de Cristo viene después de su retorno pero antes del día del juicio y la creación de un nuevo cielo y una nueva tierra. Su ubicación en el tiempo es, por lo tanto, evidente, así como su ubicación en el espacio. La acción transcurre en la tierra, y no en el cielo (20:1-9).

La duración de su reinado sobre la tierra es todavía más clara. La frase "mil años" es repetida enfáticamente seis veces en este breve pasaje, tres veces con el artículo definido: "los mil años". La palabra griega es *chilioi* (del cual derivamos el rótulo de "quiliasta", usado para los que creen en este reino terrenal de Cristo); la palabra latina es *millennium* (origen del rótulo más conocido, "mileniarista"). Aquellos que he denominado "pesimistas", que no creen que Cristo tome el gobierno de este mundo *jamás*, suelen ser conocidos como "amileniaristas" ("no mileniaristas" sería más fácil de entender). Los "optimistas" son conocidos como "posmileniaristas", porque creen que Cristo volverá *después* de que los cristianos hayan establecido un reino milenario en su nombre. Los "realistas" son conocidos como "premileniaristas", porque esperan que Cristo vuelva *antes* que se materialice su gobierno mundial.

Sea que se tomen los "mil años" de manera literal o simbólica, obviamente es un período considerable. Hay mucho que puede pasar durante su transcurso. ¿Cómo será el mundo cuando el diablo esté fuera de él y Jesús esté en pleno control de los sucesos políticos y naturales? La imaginación se ve limitada por la ausencia de alguna otra experiencia de tales condiciones; ¡solo Adán podría decirnos, y su conocimiento estaba restringido severamente en el tiempo y el espacio! La revelación también es limitada. Las escrituras arrojan muchos indicios atrayentes, pero debemos llegar a la conclusión de que el Señor sabe que sería perturbador para nosotros conocer más.

Por ejemplo, los profetas hebreos anhelaban el tiempo cuando "rebosará la tierra con el conocimiento del Señor como rebosa el mar con las aguas" (Is 11:9; cf. Hab 2:14), cuando toda rodilla se doblará ante el Señor y toda lengua confesará su nombre (Is 45:23, una predicción aplicada a Jesús en Fil 2:10-11), cuando "el Señor reinará sobre toda la tierra" (Zac 14:9).

También anticiparon algunos de los resultados de este reino justo y benévolo: un tiempo de paz y prosperidad incomparables resultarían del arreglo de las disputas internacionales por el arbitraje divino y el desarme multilateral. Es en este contexto que encontramos la frase memorable: "Convertirán sus espadas en arados, y sus lanzas en hoces" (Is 2:4; Mi 4:3), palabras grabadas en granito afuera de la oficina central de las Naciones Unidas en Nueva York, ¡pero sin ninguna referencia a la palabra del Señor que sale de Sión!

Una abundancia de alimentos será una fuente de salud, que contribuirá a su vez a la longevidad. La muerte a los cien años parecerá una tragedia prematura (Is 65:20). Hay un antiguo concepto judío de que la duración de vida ideal sobre este planeta sería de mil años, basado en parte en las edades de sus padres antediluvianos (ninguno de los cuales pudo alcanzar esta edad, ni siquiera Matusalén) y en parte en la afirmación de que "mil años son como un día" para Dios (Sal 90:4; 2P 3:8).

Aun la naturaleza reflejará el cambio de gobierno, con fertilidad en el mundo vegetal y armonía en el mundo animal: "El lobo vivirá con el cordero, el leopardo se echará con el cabrito, y juntos andarán el ternero y el cachorro de león, y un niño pequeño los guiará. La vaca pastará con la osa, sus crías se echarán juntas, y el león comerá paja como el buey" (Is 11:6-7). Los carnívoros se volverán herbívoros, según la intención original de Dios (Gn 1:30). La naturaleza "roja en dientes y garras" no fue hechura suya. Nunca fue su intención que los animales fueran "salvajes". Algún día, los niños jugarán entre ellos sin sufrir ningún daño (Is 11:8).

Es fácil descartar todo esto como un "mito", una fábula metafísica más que un hecho material. A menudo, esto esconde nuestra incapacidad de imaginar y, por lo tanto, de creer en una transformación de este tipo. Significa cuestionar ya sea la capacidad o la intención del Creador. Si él una vez hizo un universo que era "bueno" en todo sentido, ciertamente *puede hacerlo* de nuevo. Y si el propósito de la redención es restaurar la creación, ciertamente *lo hará* de nuevo.

Volvamos al Nuevo Testamento. Hay dos aspectos concretos del "milenio" que se mencionan específicamente; unas son buenas noticias, las otras son malas.

Las buenas noticias son que los creyentes, tanto judíos como gentiles, "reinarán sobre la tierra" con Cristo (Ap 5:10). Personas "de toda raza, lengua, pueblo y nación" (Ap 5:9) administrarán el gobierno entre sus compatriotas. Serán seleccionados para una honra especial quienes hayan resistido exitosamente las presiones del último y peor régimen totalitario, aun al punto del martirio (Ap 20:4; note que este grupo es solo una sección de la compañía de los que están sentados en "tronos"). ¡Qué cambio de situación! "Dichosos los humildes, porque recibirán la tierra como herencia" (Mt 5:5).

Este gobierno de los santos es mencionado frecuentemente

en las escrituras, no solo en Apocalipsis (2:26 es otro ejemplo) sino en Daniel (7:18), en los Evangelios (Mt 19:28; 20:21-23; Lc 19:15-19) y en las epístolas (1Co 6:2; 2Ti 2:12). La principal calificación para la responsabilidad entonces será la fidelidad hoy, la confiabilidad en contraposición a la deshonestidad, especialmente en temas tan prácticos como el dinero y la propiedad (Lc 16:10-12). Jesús necesitará tener muchos delegados a quienes pueda confiar posiciones claves de su administración.

Las malas noticias son que, a pesar de tener el mejor gobierno que este mundo haya conocido jamás y de disfrutar condiciones tan ideales, todavía habrá muchas personas que escogerán no pertenecer a este reino de Cristo. Es mentira que un entorno perfecto producirá personas perfectas, que la prosperidad trae contentamiento, que bien en el fondo todos prefieren la paz a la guerra. La naturaleza humana solo puede ser cambiada desde adentro y no desde afuera.

Esta triste realidad será comprobada ampliamente al final del milenio, en un acontecimiento extraordinario. El diablo será soltado de su reclusión para tener una oportunidad final de engañar a las naciones. Encontrará personas que quieren su "libertad" de Dios y de su pueblo en cada parte del globo. Los engañará para que piensen que un ataque militar a la sede del gobierno en Jerusalén les dará autonomía política (¿no ha aprendido la lección en Armagedón o es éste un acto suicida de desafío con la intención de llevarse la mayor cantidad de gente posible con él?). Reunirá un ejército enorme, tal vez el más grande de todos los tiempos, que marchará bajo el estandarte de "Gog y Magog" (Ap 20:8). Hay una profecía muy detallada acerca de esto en Ezequiel 38-39 que coloca el suceso *después* de la restauración de la monarquía davídica en Israel (los nombres cobrarán significado a la luz del suceso).

El intento será totalmente vano. El fuego del cielo le pondrá fin junto con todos los que están involucrados. ¿Qué sentido tiene haber permitido que ocurra siquiera?

El milenio puede ser considerado desde dos perspectivas:

como un final de la historia mundial y como un preludio del día de juicio. Habrá demostrado de manera concluyente la soberanía de Dios y el pecado del hombre, su bondad y nuestra maldad, los dos lados de la realidad histórica que finalmente deben juntarse para ser separados eternamente.

Por una parte, el mundo habrá visto cómo puede ser la vida bajo el gobierno divino, cuando Dios actúa como el hombre ha querido que actuara y es criticado constantemente por no hacerlo, quitando por la fuerza todos los poderes malignos de la tierra. Pero ¿qué ocurrirá cuando se haga caso al grito humano clamando por la liberación del sufrimiento?

Por otra parte, quedará expuesto que el mundo no tiene ningún deseo de ser liberado del pecado que ha causado el sufrimiento. Todavía hay una raza de rebeldes, todavía un deseo sedicioso de independencia moral, todavía una ambición de ser como Dios (Gn 3:5), de ser dueños de la tierra en vez de ser sus inquilinos.

La raza humana no tiene excusas. Dadas las mejores oportunidades e incentivos, los seres humanos todavía escogen una existencia impía que no puede permanecer neutral hacia Dios o su pueblo sino que debe volverse hostil a ambos. La necesidad de un día de juicio se ha hecho sobradamente evidente. Los veredictos han sido justificados aun antes de ser anunciados. El escenario está preparado.

Para condenar a los impíos
Aquellos cuyas creencias están moldeadas en gran parte por la recitación de credos en la iglesia están muy familiarizados con esta razón para su retorno. Tanto el Credo Apostólico como el Credo de Nicea nos recuerdan que Cristo vendrá para juzgar a los vivos (los que aún están vivos) y a los muertos (los que ya están muertos). Lamentablemente, dan la impresión de que éste es el principal, o el único, objetivo de su segunda venida. Como ya hemos visto, es uno entre varios. No obstante, es fundamental dentro de la conclusión que hará de este "mundo malvado", como lo llamaban los judíos.

Es necesario que la historia concluya con un día de juicio. Un poco de reflexión revelará por qué.

La injusticia de la vida lo exige. Es muy injusto que los malvados prosperen y que sufran los inocentes. La mayoría de los crímenes no son detectados ni castigados. Parece haber poca correlación entre el carácter personal y las circunstancias, entre la integridad y la prosperidad, entre la santidad y la felicidad. El universo parece estar basado en el azar ciego, a menos que haya mucho más en nuestra existencia que lo que está entre la cuna y la tumba. El instinto exige un tiempo cuando el bien sea recompensado y el mal, castigado.

La justicia de Dios lo exige. Si él nunca corrigiera los males que ha permitido, su bondad estaría en duda. Si él es verdaderamente el "Rey del universo", esa posición trae aparejada la responsabilidad de Juez también. Si es cierto que "de Dios nadie se burla. Cada uno cosecha lo que siembra" (Gá 6:7), *tiene que haber* una hora de la verdad, cuando todas las cuentas sean saldadas completamente.

Pero, ¿por qué un "día" de juicio? Dado que la muerte pone fin a toda oportunidad y fija un abismo entre los buenos y los malos (Lc 16:26), ¿por qué en vez de ser juzgada cada persona en ese momento debe esperar hasta que toda la raza humana esté en el banquillo de los acusados?

Porque Dios tiene que ser reivindicado públicamente, debe ser visto como justo en sus decisiones acerca de nuestro destino. Él ha sido acusado demasiado a menudo de ser injusto. Estas críticas deben ser silenciadas, de modo que todos dirán, como Abraham: "Tú, que eres el Juez de toda la tierra, ¿no harás justicia?" (Gn 18:25).

Porque Jesús tiene que ser reivindicado públicamente. Su ejecución fue la mayor de todas las injusticias, el día más oscuro (literalmente) de la historia humana. La última visión que tuvo el mundo de él fue de un criminal en desgracia. Todos deben ser testigos de la revocación de ese veredicto.

Porque el pueblo del Señor tiene que ser reivindicado públicamente. Han hecho la elección correcta, tomaron el lado de Dios y el bien y, sin embargo, en un mundo malvado pagaron el precio por tomar una postura, a menudo con sus vidas. Estos, a quienes Jesús no se avergüenza de llamar sus "hermanos" (Heb 2:11; cf. Mt 25:40), deben ser honrados en la presencia de aquellos que los han tratado con desprecio y odio.

Habrá, entonces, un "día" cuando se hará justicia. Todo ser humano tiene dos compromisos futuros, ninguno de los cuales pueden ser marcados en una agenda o en un calendario. "Está establecido que los seres humanos mueran una sola vez, y después venga el juicio" (Heb 9:27). La primera fecha es distinta para cada uno; la segunda, será igual para todos.

¿Dónde se llevará a cabo la gran sesión judicial? Hay una impresión generalizada de que será arriba en el cielo, tal vez debido al concepto común pero erróneo de que todos "van al cielo" cuando mueren. Entre los cristianos, puede haber alguna confusión entre "el trono" (Ap 4-5) y "un gran trono blanco" (Ap 20:11; note el artículo indefinido), que son dos tronos diferentes, en dos lugares diferentes, ocupados por dos personas diferentes. Uno es el trono de Dios en el cielo y el otro es el trono de Cristo en la tierra.

Los seres humanos serán juzgados en la tierra. Es aquí donde han vivido y donde han pecado. Aquí es donde se decidirá su destino. ¿Cómo podría un Dios santo permitir a los pecadores entrar en el cielo, siquiera por un día? De hecho, aun la tierra habrá "huido" (Ap 20:11).

Por supuesto, muchos ya habrán muerto y tendrán que ser traídos de vuelta a la vida a fin de ser sometidos a juicio. La Biblia anticipa la resurrección de los malos así como de los justos (Dn 12:2; Jn 5:29; Hch 24:15). El Hades, la morada de los espíritus que han partido, entregará sus habitantes para que vuelvan a tener cuerpos. Todos, sea que estén enterrados, cremados o perdidos en el mar, comparecerán ante su juez (Ap 20:12-13).

Los lectores perspicaces ya habrán llegado a la conclusión de que tendrá que haber *dos* días de resurrección, separados por el milenio. Esto es precisamente lo que enseña el Nuevo

Testamento (Ap 20:4-6). De hecho, hay *tres*, si se cuenta el primer domingo de Pascua (1Co 15:23-24; note las palabras "después", "entonces" y "luego", indicando una secuencia).

Los seres humanos serán juzgados, ¡por un ser humano! Esto es una verdadera sorpresa para quienes esperan que Dios mismo sea el juez. Pero él ha delegado esa función a uno de nosotros: "Él ha fijado un día en que juzgará al mundo con justicia, por medio del hombre que ha designado" (Hch 17:31). Es Jesús quien se sentará sobre el "gran trono blanco" (Ap 20:11; note la persona sin identificar, "alguien"). "Porque es necesario que todos comparezcamos ante el tribunal de Cristo" (2Co 5:10).

Durante su vida sobre la tierra, Jesús frecuentemente dijo tener la autoridad para decidir el destino eterno de las naciones y de los individuos (Mt 7:21-23; 13:41-43; 25:30-33). Tal afirmación solo puede ser explicada en una de tres formas: era loco, era malo o era Dios; lunático, mentiroso o Señor. Solo si él es el Dios-hombre, divino a la vez que humano, está perfectamente calificado para ser el Juez de todos. Y él ya ha hecho todo lo posible para salvarnos del juicio.

Su naturaleza doble le permite aplicar justicia perfecta. Su humanidad le da la comprensión. Él ha vivido en nuestras circunstancias, bajo nuestras presiones, con nuestras tentaciones, sin ninguna ventaja, pero sin pecado. Su divinidad le da el conocimiento. Él nos conoce de pies a cabeza: nuestros pecados secretos, nuestras palabras descuidadas, nuestros motivos ocultos, nuestras emociones más profundas. Su juicio será completamente justo.

Por una parte, tomará en cuenta nuestro conocimiento o ignorancia de lo que está bien y lo que está mal a los ojos de Dios. La Biblia deja en claro que seremos juzgados según la luz que hayamos recibido, sea la luz completa del evangelio, la media luz de los diez mandamientos o la luz menor que brilla a través de la creación afuera y la conciencia adentro (Ro 1:20; 2:12-16).

Por otra parte, toda nuestra vida será expuesta: cada

pensamiento, palabra y acción (Ro 2:16). Todo lo que hemos hecho mientras estuvimos "en el cuerpo" (2Co 5:10). Todo ha sido registrado en "libros", de manera similar al programa de televisión, *Esta es su vida*, ¡con la diferencia de que el registro de Dios es exhaustivo y no una selección de las partes encomiables! Estos libros serán abiertos en ese día (Ap 20:12).

¿Qué veredicto puede haber que no fuera "culpable"? ¿Quién, al ser confrontado con estas evidencias condenatorias, podría discutir ese veredicto? ¿Quién ha hecho siempre lo correcto, aun cuando su única guía fuera su propia conciencia? ¿Quién ha evitado todo lo que ha criticado y condenado en otros (Mt 7:1)? Verdaderamente, "No hay nadie que haga lo bueno [consistentemente], ¡no hay uno solo!" (Ro 3:12); "todos han pecado y están privados de la gloria de Dios" (Ro 3:23). Ninguno de nosotros ha sido lo que Dios ha querido que fuésemos, ni tampoco lo que en nuestros mejores momentos sabemos que podríamos y deberíamos haber sido.

La sentencia es una muerte con vida en el lugar llamado infierno, separados de Dios, la fuente de todo lo bueno, excluidos del nuevo cielo y la nueva tierra, encerrados con el diablo, los demonios y todos los que comparten su ira hacia su Creador, atormentados, en cuerpo y alma, día y noche, por siempre jamás en un "lago de fuego" (Ap 14:11; 20:10), con la angustia y la frustración de saber que las oportunidades desperdiciadas nunca se repetirán . . . Con razón Jesús habló del horror de un destino así, advirtió a sus discípulos del peligro y estuvo dispuesto a sacrificarse para salvarlos de él. (Dado que este tema sobrecogedor va más allá de este libro, se les recomienda a los lectores el libro del autor, *The Road to Hell*,[5] Hodder & Stoughton, 1992).

Entonces, ¿hay alguna esperanza para alguien? ¿Será condenada toda la raza humana en ese tribunal? Contemple la escena de nuevo. Además de los millones de volúmenes biográficos, "se abrieron unos libros, y luego otro, que es el libro de la vida" (Ap 20:12). Todos los que estén listados en

---

5 En español, *El camino al infierno.*

este libro serán absueltos y escaparán del veredicto y de la pena. ¿De quiénes son los nombres que están en ese lugar y cómo llegaron a estar ahí?

Es un libro que ha existido desde el principio del tiempo. Se lo menciona tanto en el Antiguo como en el Nuevo Testamento (Ex 32:32-33; Fil 4:3), pero más frecuentemente en Apocalipsis (3:5; 13:8; 17:8; 20:12, 15; 21:27; 22:19). Dios mismo escribe los nombres en él. Es una lista de las personas que él ha dado a su Hijo (Jn 17:6); por lo tanto, se llama "el libro de la vida, el libro del Cordero" (Ap 21:27).

¿Qué requisitos cumplieron para ser incluidos? Confiaron en Cristo como su Salvador. Vivieron por fe. Confiaron en las palabras de Dios y las obedecieron. Sus acciones fueron evidencia de su fe. Algunos nombres datan aún de antes de Cristo (Heb 11). Abraham es el ejemplo clásico; su fe, probada por sus acciones, "le fue contada por justicia" (Gn 15:6; Sal 106:31; Ro 4:3; Heb 11:8-12; Stg 2:21-24). La mayoría de los nombres vienen después de Cristo, ya que muchos más obedecieron y confiaron en "la Palabra" que Dios había enviado.

Debe decirse que la fe verdadera no es un único paso sino una larga caminata. Está en la esencia del hecho de creer en una persona seguir creyendo en ella pase lo que pase. Las palabras "fe" y "fidelidad" son exactamente las mismas, tanto en el idioma hebreo como el griego. "El justo por su fe vivirá" (Hab 2:4) significa "los que Dios considera justos sobrevivirán mediante la fidelidad" (note como se subraya esta continuidad de la fe en Ro 1:17 y Heb 10:38-39). Los héroes de la fe del Antiguo Testamento "murieron aún creyendo lo que Dios les había prometido" (NTV, Heb 11:13).

Es posible apartarse de la fe ("han naufragado en la fe", 1Ti 1:19-20). Es posible que los nombres en el libro de la vida sean "borrados", como dijo Dios claramente a Moisés (Ex 32:33). Solo aquellos que permanezcan fieles, que "venzan" todas las presiones para descreer y desconfiar, mantendrán sus nombres en el libro hasta el día en que sea finalmente abierto (Ap 3:5).

Estos serán absueltos —o, para usar el término de

los tribunales romanos, "justificados"—, no porque sean inocentes, sino porque han confiado *consistentemente* en Jesús, quien ya ha pagado el castigo por sus pecados. Solo gracias a la cruz puede Dios ser "justo y, a la vez, el que justifica" (Ro 3:26). Tanto su justicia como su misericordia fueron expresadas plenamente en el Calvario.

* * * * *

Con el día del juicio por detrás, el escenario está finalmente listo para la redención de la creación. Al retornar al planeta Tierra, el Señor Jesucristo habrá hecho todo lo necesario para que esto sea posible. Habrá completado a los santos, convertido a los judíos, conquistado al diablo, dominado al mundo y condenado a los impíos.

Ha sido creada una nueva humanidad a partir de la vieja raza. El "Homo Sapiens" ha sido reemplazado por el "Homo Novus". Son nuevas criaturas que forman parte de la nueva creación. No han evolucionado por su cuenta hacia esta nueva especie; han sido cambiados por el poder del evangelio de Dios. "Es una nueva creación. ¡Lo viejo ha pasado, ha llegado ya lo nuevo!" (2Co 5:17).

Lo mismo ocurrirá ahora con el universo entero. Las nuevas criaturas necesitan un nuevo entorno. El "primer" cielo y la "primera" tierra, todavía llevando el daño residual del pecado angélico y humano, pasarán (Ap 21:1). Serán "destruidos por el fuego" (2P 3:10). Desde el descubrimiento de que cada átomo está lleno de energía que puede ser liberada como fuego, este escenario se vuelve enteramente creíble. De las cenizas, como la mítica ave fénix, emergerá un nuevo cielo y una nueva tierra, hermosos más allá de la imaginación.

Que el carpintero de Nazaret participará en esta reconstrucción está fuera de duda. Él estuvo involucrado en la primera creación. Antes que hiciera mesas y sillas, marcos de puertas y de ventanas, hizo los árboles de los cuales obtendría más adelante la madera. Antes que predicara el Sermón del Monte, hizo el monte para que fuera su púlpito. El viento y las olas lo obedecieron porque eran hechura suya. "Por medio de él todas las cosas fueron creadas; sin él, nada de lo creado llegó a existir" (Jn 1:3).

Dónde estará él (y los suyos) durante esta transformación del universo, no se nos dice. Así que solo podemos especular. Tal vez en esa nueva ciudad metropolitana de Jerusalén que Dios ha diseñado y construido en el espacio, conocida desde tan atrás como en el tiempo de Abraham (Heb 11:10).

Una cosa es cierta. Esta vasta construcción urbana, si bien ha sido erigida en el cielo, será plantada en la nueva tierra (Ap 21:2, 10). Será el hogar permanente de todo el pueblo de Dios, judíos y gentiles.

¡También será la residencia eterna para el Dios del pueblo! El Padre, el Hijo y el Espíritu Santo vivirán *aquí* con los seres humanos (Ap 21:3, 23). Estamos acostumbrados a pensar en el Hijo y en el Espíritu Santo con nosotros, pero siempre hemos orado al "Padre nuestro que estás en el cielo" (Mt 6:9). Hemos imaginado que iremos al cielo y viviremos con él allá por siempre jamás. ¡Pero él viene a la tierra para vivir con nosotros! Como en el principio, sus pasos serán oídos aquí abajo (Gn 3:8). Aun su rostro será visto (Ap 22:4).

Todo esto puede parecer algo irrelevante con relación a la segunda venida. Sin embargo, es muy significativo. Hay demasiados cristianos que han fijado su atención en el cielo. Es la tierra la que está en el centro del propósito de Dios en la creación y en la re-creación. Será una tierra renovada su hogar eterno y el nuestro.

La tierra es el foco de nuestras expectativas para el futuro. Esa es la razón básica por la que Jesús está volviendo aquí para poner punto final a la historia como la conocemos. Su retorno a la tierra es la bisagra misma de nuestra esperanza, alrededor de la cual gira todo lo demás.

Tal vez más que cualquier otro pueblo, los cristianos están completamente "con los pies en la tierra" en su pensamiento; o deberían estarlo. En el próximo capítulo consideraremos cómo esta creencia acerca del futuro afecta la conducta en el presente.

CAPÍTULO DOS

La seguridad de estar listos

¿Por qué se nos dice tanto acerca de la segunda venida? Sabemos más acerca de este suceso que cualquier otro acontecimiento futuro predicho en las escrituras. Debe haber una razón.

Por otro lado, ¿por qué no se nos dice más? Hay indicios fascinantes que nos dejan llenos de preguntas sin respuesta. Quisiéramos saber mucho más que lo que sabemos.

Debe haber alguna explicación que satisfaga nuestro conocimiento así como nuestra ignorancia, algún propósito para el cual conozcamos todo lo que necesitamos conocer, ni más ni menos.

El propósito es práctico. En una palabra, es estar *listos* para su retorno.

La revelación acerca del futuro se da para afectar el presente; no para satisfacer la curiosidad mental, sino para estimular la consistencia moral; no para información, sino para motivación.

Vivimos por esperanza. Por eso "mana eterna del pecho humano" (citando a Alexander Pope). En cada uno de nosotros, el futuro influye en el presente. Lo que creemos que pasará en el futuro afecta profundamente cómo nos comportamos ahora.

Esto es especialmente cierto en los cristianos, para quienes la esperanza es una certeza confiada antes que buenos deseos (la palabra griega *elpis* contiene precisamente esta certeza muy definida). Los pecadores están más influidos por su pasado, por los hábitos de la mente y del cuerpo. Pero los santos están más influidos por su futuro, por la esperanza estimulada por el Espíritu (Ro 8:23-25). Este es un factor estabilizador en un mundo cambiante, una "firme y segura ancla del alma" (Heb 6:19).

Los cristianos son personas del mañana. Son los hijos de una nueva era que ya ha amanecido para ellos y que un día vendrá para todo el mundo. Ellos esperan, anhelan y viven para este rescate cósmico. Se los puede describir como aquellos que "se convirtieron a Dios dejando los ídolos para servir al Dios vivo y verdadero, y esperar del cielo a Jesús, su Hijo a quien resucitó, que nos libra del castigo venidero" (1Ts 1:9-10).

Dios ha hecho muchas promesas de volver a enviar a su Hijo para completar la liberación. Pero las promesas siempre van acompañadas de preceptos. Su pueblo debe estar listo para el retorno de su rescatador.

En el Nuevo Testamento, la esperanza de la venida de Cristo es un motivo fundamental para la vida piadosa en este "mundo malvado". Aun el libro de Apocalipsis, que contiene más predicciones que cualquier otro, tiene este propósito práctico: no tanto que sus lectores puedan saber lo que va a ocurrir sino que puedan estar listos cuando ocurra.

La única oportunidad que tenemos para prepararnos para el futuro es el presente. Demorarse significa correr el riesgo de llegar demasiado tarde.

¿Cómo, entonces, podemos estar listos para su retorno? Hay siete formas.

FE INDIVIDUAL

"Esto sucederá cuando el Señor Jesús se manifieste desde el cielo entre llamas de fuego, con sus poderosos ángeles, para castigar a los que no conocen a Dios ni obedecen el evangelio de nuestro Señor Jesús" (2Ts 1:7-8). No es antojadizo encontrar aquí dos grupos entre los culpables: aquellos que no han respondido correctamente a Dios y aquellos que no han respondido correctamente al evangelio.

Dios colocó a los hombres sobre la tierra "para que todos lo busquen [a Dios] y, aunque sea a tientas, lo encuentren. En verdad, él no está lejos de ninguno de nosotros" (Hch 17:27). "Buscar" significa "inquirir, hacer diligencias para hallar o encontrar alguna persona o cosa" *(Gran Diccionario Salvat).*

Jesús mismo exhortó a la gente: "Sigan pidiendo, y se les dará . . . porque todo aquel que sigue pidiendo, recibe" (Lc 11:9-10; he traducido los tiempos verbales de manera literal).

Como ya hemos visto, Dios ha puesto suficientes evidencias de su poder y de su divinidad en la creación, la obra de sus manos, como para dejar sin excusa (Ro 1:20) a los ateos y a los agnósticos. Si bien esto es una prueba adecuada de su existencia, hay dos requisitos adicionales para descubrir su presencia.

Un requisito es la fe. "Sin fe es imposible agradar a Dios, ya que cualquiera que se acerca a Dios tiene que creer que él existe y que recompensa a quienes lo buscan" (Heb 11:6).

El otro requisito es el arrepentimiento. "Busquen al Señor mientras se deje encontrar, llámenlo mientras esté cercano. Que abandone el malvado su camino, y el perverso sus pensamientos. Que se vuelva al Señor, a nuestro Dios, que es generoso para perdonar, y de él recibirá misericordia" (Is 55:6-7).

Si habrá muchos, o siquiera alguno, que busquen a Dios seriamente de esta forma, sin ningún conocimiento del evangelio, no tenemos forma de saber. Dios mismo será el juez de esto.

La observación parece indicar que el patrón general es que la ambición humana busca el placer, la riqueza, la fama, el poder; todo menos Dios. La sed de conocimiento humano abarca desde la cocina a las computadoras, desde el ADN a los dinosaurios, desde la psicología a la sociología; todo menos Dios.

Es poco probable que este libro caiga en manos de alguien que nunca haya oído acerca de Jesús, aunque si éste fuera el caso debería comenzar a buscar a Dios de inmediato. Si no lo encuentra antes que él lo encuentre, sería mejor que nunca hubiera nacido.

¿Y qué de aquellos que nunca han oído el evangelio? Éste es un privilegio y una responsabilidad adicional, ya que somos juzgados según la luz que hayamos recibido. Pero no es suficiente haberlo oído o ni siquiera haber creído que es verdadero. El versículo con el cual comenzamos esta sección habla de *obedecer* el evangelio. Tenemos que *hacer* algo con él.

En primer lugar, necesitamos arrepentirnos y creer, expresando esto de manera activa al ser bautizados en agua y recibir el Espíritu Santo (ver mi librito *Explaining Water Baptism*[6], de la serie de Sovereign World, o mi libro *El nacimiento cristiano normal* (Anchor Recordings, Ltd., 2014). Pero ése no es el final, sino solo el principio. Por desgracia, muchos tienen la impresión de que, habiendo comenzado la vida cristiana, están ahora listos para el retorno de Jesús. Ése sería el caso solo si su venida ocurriera inmediatamente después de su conversión (¡lo cual obviamente no le ha pasado a nadie aún!).

El primer nombre para la religión cristiana fue "el Camino" (Hch 18:25-26; 19:9, 23). El evangelio es el camino a la vida y un camino de vida. No puede conseguirse a través del trabajo, pero debe ser trabajado (Ef 2:9-10; Fil 2:12-13). Después de entrar en este camino "angosto" (Mt 7:14), es necesario seguir andando por él (Is 30:21; 35:8-10; Ef 4:1; 5:2, 8). Quienes están caminando con Dios son quienes están listos para encontrarse con él. Enoc es un ejemplo clásico (Gn 5:24).

Así que no alcanza con haberse convertido en un "creyente" en Dios y en Cristo. Esto es, por cierto, un requerimiento básico, pero Jesús mismo dejó en claro que algunos creyentes estarán listos para su retorno y algunos no.

¿Qué más es necesario?

SERVICIO CONTINUO

Después de dar las señales de su venida a sus discípulos (en Mt 24, ya explicado) Jesús, muy significativamente, pasó a hablar acerca de estar listos para ella (en Mt 25). Contó varias parábolas, todas ellas variaciones sobre un único tema: "Por eso también ustedes deben estar preparados" (24:44). Este

---

6 En español, *Explicando el bautismo en agua*.

imperativo urgente se ilustra desde distintos ámbitos: una casa, una boda y un negocio.

Las historias tienen la misma trama, además del mismo tema central. En cada una alguien ha partido pero se espera que vuelva, aunque no se conoce exactamente cuándo. Está claro que en el personaje del señor de la casa, el esposo y el comerciante, Jesús se estaba retratando a sí mismo. Aplicando el mismo razonamiento, los que quedaron atrás son sus seguidores.

Tenemos la misma división de estas últimas personas en dos tipos o grupos: los sabios —los que están listos para el retorno— y los necios, que no lo están. Note que "sabio" significa sensato más que astuto, y "necio" significa insensato más que tonto.

Tenemos la misma prueba de la medida en que están listos. En cada parábola hay una indicación de que el retorno del personaje central ocurre *más tarde* de lo esperado: el esposo "tardaba en llegar", y el amo vino "después de mucho tiempo". Éste es un punto clave para entender y aplicar estas historias. La verdadera prueba no es lo que las personas hacen si piensan que el retorno será pronto sino lo que hacen si creen que no será pronto (Mt 24:48). Lo que nace de la persistencia tiene mucho más valor que lo que surge del pánico. El estar listo de verdad está motivado por el hecho del retorno del Señor y no por cuándo ocurre.

Tenemos la misma virtud entre los "sabios": la fidelidad. Se comportaron de la misma forma ante la ausencia del personaje central que si estuviera presente. Aun una ausencia prolongada no hizo ninguna diferencia; estaban completamente preparados para eso. Demostraron su confiabilidad. Por lo tanto, causaron gozo en aquél ante quien debían responder. Su recompensa fue doble: compartir esa satisfacción y ser promovidos a una responsabilidad mayor. "Vivieron felices para siempre".

Tenemos el mismo defecto en los "necios": la negligencia. En un solo caso se hace algo realmente malo (el siervo que se dedica a maltratar a sus compañeros y a disfrutar). En los otros casos, es una cuestión de cosas buenas que no se hicieron: pecados de omisión antes que pecados de comisión, como se los ha llamado, o deberes descuidados. La Biblia tiene mucho que decir acerca del pecado de desidia, o pereza, especialmente en el libro de Proverbios (6:6; 10:26; 12:24; 15:19; 19:24; 21:25; 26:15; etc.). Es una ofensa seria.

Jesús usa palabras muy fuertes para describir el castigo asignado a estos holgazanes. "Lo castigará severamente y le impondrá la condena que reciben los hipócritas. Y habrá llanto y rechinar de dientes" (Mt 24:51). "Y a ese siervo inútil échenlo afuera, a la oscuridad, donde habrá llanto y rechinar de dientes" (Mt 25:30). Esta es la terminología del infierno, y habla del remordimiento y el pesar eternos en ese lugar espantoso.

¿Quiénes son estas personas perezosas que han desaprovechado sus oportunidades? Los cristianos complacientes los han identificado demasiado fácilmente con los incrédulos. Pero son siervos de la casa, damas de honor invitadas al casamiento, empleados a los que se les confían los bienes del empleador. Este tipo de descripciones se ajustan mucho más a los creyentes. Y necesitamos recordar que estas parábolas no fueron dirigidas al público en general sino a los doce discípulos, de los cuales uno (Judas) ya había demostrado ser poco confiable, aun cuando hubiera predicado y sanado en el nombre de Jesús.

Pero hay más de un indicio de que detrás de esta falta de confiabilidad hay una falla en la relación, un conocimiento inadecuado de la persona que vuelve. La afirmación del siervo malo, "Yo sabía que usted es un hombre duro . . ." (25:24) fue reprendido con, "Así que creías que me conocías; si así hubiera sido, también habrías sabido lo que quería que hicieras y lo que yo hubiera hecho en tu lugar . . . pero no lo hiciste". A las damas de honor que no estaban listas para su demora, el novio les dice: "¡No, no las conozco!" (25:12; y no, esta vez: "No me conocen", lo cual no era el caso obviamente; ni siquiera: "Jamás las conocí", como en Mt 7:23, sino simplemente, "No las reconozco ahora como que tienen algo que ver conmigo".).

El servicio fiel, por lo tanto, es un ingrediente esencial si queremos estar listos para el retorno del Señor. Se ha dicho a menudo que el Señor elogiará a los que han sido *fieles*, más que a los exitosos. Esta es una dicotomía falsa, y ha sido usada para racionalizar la persistencia en la actividad inútil. El Señor quiere siervos que sean tanto fieles como fructíferos, dándole algún retorno a su inversión, aun cuando sigamos siendo, con nuestros mejores esfuerzos, "inútiles" (Lc 17:10).

La calidad de nuestro servicio es también importante, y no solo la cantidad. "Si alguien construye sobre este fundamento [Jesucristo], ya sea con oro, plata y piedras preciosas, o con madera, heno y paja, su obra se mostrará tal cual es, pues el día del juicio la dejará al descubierto. El fuego la dará a conocer, y pondrá a prueba la calidad del trabajo de cada uno" (1Co 3:12-13). No es siempre el más activo quien produce los mejores resultados.

Hay que abordar un equívoco más. El servicio fiel al Señor no está limitado a las actividades "espirituales" en nuestro tiempo libre, ni a lo que hacemos para la iglesia y el evangelio. Nuestro trabajo diario puede y debe ser hecho para el Señor. Adán era un jardinero. La Biblia evalúa el trabajo manual mucho más elevadamente que el mundo. Apacentar ovejas, pescar, hacer carpas y la carpintería aparecen de manera destacada. El hombre fue hecho para trabajar con sus manos (Sal 90:17; 1Ts 4:11).

El Señor está más interesado en *cómo* hacemos el trabajo que tenemos que en *cuál* trabajo tenemos. El prefiere tener un conductor de taxi esmerado que un misionero descuidado. Está más interesado en nuestro carácter que en nuestra carrera. Debe sentirse frustrado cuando recibe pedidos de orientación solo cuando la persona considera un cambio de empleo.

Todo trabajo tiene el mismo valor para Dios, como dijo Martín Lutero. Todo cristiano está en servicio de tiempo completo para su Señor. Toda forma de empleo, siempre que no sea ilegal o inmoral, es una vocación sagrada. La forma en que hacemos nuestra tarea diaria indica lo que estamos escribiendo en nuestro CV ("curriculum vitae", expresión latina que significa "un breve relato de la carrera anterior de una persona"). De él dependerá nuestro papel y nuestra responsabilidad en el reino que establecerá Cristo cuando vuelva.

Él buscará confiabilidad, y no solo capacidad. Empleará a aquellos a quienes pueda decir: "¡Hiciste bien, siervo bueno y fiel! En lo poco has sido fiel; te pondré a cargo de mucho más. ¡Ven a compartir la felicidad de tu señor!" (Mt 25:21, 23).

SANTIDAD PERSONAL

El evangelio es una buena noticia acerca de la santidad, además del perdón. No es solo una oferta de perdón y una exigencia de santidad, una impresión generalizada, a menudo alentada por los predicadores. Ambos están en oferta. Ahora es posible tener los pecados conquistados además de perdonados. Podemos tener la capacidad además del apetito para vivir correctamente, para ser justos.

Los dones deben ser recibidos. Tanto el perdón como la santidad están disponibles, pero ambos deben ser apropiados. Hay demasiadas personas que reclaman el uno sin la otra. ¡Quieren ser justificadas ahora y santificadas después!

Por supuesto que esto ocurrirá. "Sabemos, sin embargo, que cuando Cristo venga seremos semejantes a él" (1Jn 3:2). Cuando nos encontremos con él en nuestros nuevos cuerpos gloriosos, seremos perfectos, completos, totalmente transformados en cada parte de nuestro ser. Por fin estaremos a la altura del título que él nos dio cuando comenzamos a seguirlo: "santos" (Ro 1:7; 2Co 1:1; Ef 1:1; etc.). La palabra significa "personas santas".

Pero Juan saca una conclusión muy práctica de esta expectativa futura. "Todo aquel que tiene esta esperanza en Cristo, se purifica a sí mismo, así como él es puro" (1Jn 3:3). En otras palabras, si realmente estamos convencidos de que nuestro destino futuro es ser santos, esta creencia será puesta en evidencia en nuestro comportamiento presente.

Sería bastante antinatural que alguien que espera heredar una gran fortuna no quisiera tener lo más posible, lo antes posible. Si pudiera conseguir una parte antes, sin duda la reclamaría, especialmente si tuviera una verdadera necesidad de ella.

En otras palabras, es cuestión de tener un verdadero deseo. Si realmente abrigamos la esperanza de ser en todo como Cristo algún día, proseguiremos esa meta ahora mismo. No tendremos ningún deseo de "disfrutar de los efímeros placeres del pecado" (Heb 11:25).

Vamos a querer ser santos aquí y ahora, si eso fuera posible. Y es posible, aunque este logro no será ni fácil ni rápido. Involucrará "esfuerzo", esa combinación de energía, entusiasmo y resistencia.

Los pensamientos frecuentes acerca del "día" en que contemplaremos su rostro y sus ojos mirarán los nuestros proveen el incentivo. Aquellos que han hecho pocos esfuerzos para ser santos, revelando no tener ningún verdadero deseo de serlo, se sentirán profundamente avergonzados, incapaces de sostener su mirada penetrante. Qué terrible que él nos tenga que decir: "Podría haber hecho tanto más contigo, pero no quisiste que lo hiciera."

De nuevo, debemos enfatizar que aquellos que perseveren serán aprobados. "Y ahora, queridos hijos, permanezcamos en él para que, cuando se manifieste, podamos presentarnos ante él confiadamente, seguros de no ser avergonzados en su venida" (1Jn 2:28).

El Nuevo Testamento basa su llamado a muchas de las características de la santidad en el hecho del retorno de Jesús: sobriedad, fidelidad, moderación, paciencia, sinceridad, obediencia, diligencia, pureza, piedad, amor fraternal. Todos estos atributos, y más, son estimulados por el pensamiento de ver a Jesús nuevamente. Este pedido se vuelve particularmente efectivo cuando los creyentes son representados de manera colectiva como una esposa (o una novia) para quien está viniendo el esposo (o el novio).

Jesús no se casó en su primera visita a la tierra, ¡pero lo hará en la segunda! En un sentido muy real, los creyentes solo están "comprometidos" con Cristo actualmente. Cuando él vuelva, la relación será consumada y celebrada en "la cena de las bodas del Cordero" (Ap 19:9; cf. Mt 22:2).

Esta metáfora recorre toda la Biblia. Se aplica tanto al Israel del Antiguo Testamento como a la iglesia del Nuevo. El pacto de Dios con su pueblo es visto en términos de un voto matrimonial. La metáfora de la novia y el novio se aplica de dos maneras diferentes.

En un sentido negativo, la infidelidad es considerada como adulterio, aun como prostitución. Si se cometía durante el compromiso, era motivo de divorcio, algo que casi ocurrió con la madre de Jesús (Mt 1:19). Prepararse para el matrimonio es preservar la propia virginidad. Una futura esposa se guardará solo para su futuro esposo. "Los tengo prometidos a un solo esposo, que es Cristo, para presentárselos como una virgen pura" (2Co 11:2).

En un sentido positivo, una novia estará preocupada por su apariencia durante el casamiento además de su abstinencia antes de él. La iglesia querrá ser lo que Cristo quiere para ella en aquel día: "para presentársela a sí mismo como una iglesia radiante, sin mancha ni arruga ni ninguna otra imperfección, sino santa e intachable" (Ef 5:27).

Esto incluirá sus vestiduras tanto como su semblante. La vestimenta aparece en varias declaraciones referidas a la segunda venida. "¡Cuidado! ¡Vengo como un ladrón! Dichoso el que se mantenga despierto, con su ropa a la mano, no sea que ande desnudo y sufra vergüenza por su desnudez" (Ap 16:15). Aun el deseo de casarse de blanco, el símbolo de la pureza, tiene su contraparte moral: "¡Alegrémonos y regocijémonos y démosle gloria! Ya ha llegado el día de las bodas del Cordero. Su novia se ha preparado, y se le ha concedido vestirse de lino fino, limpio y resplandeciente" (Ap 19:7-8). Note el equilibrio entre "se le ha concedido" y "se ha preparado". La vestidura puede ser un regalo, pero es necesario ponérsela y usarla en la boda. Jesús contó una parábola para advertir a quienes son invitados a participar pero no se toman el trabajo de cambiarse de ropa que el infierno es el destino de tal arrogancia (Mt 22:11-13).

Es esencial, por lo tanto, "buscar la paz con todos, y la santidad, sin la cual nadie verá al Señor" (Heb 12:14). Solo al hacerlo será conservado "todo nuestro ser —espíritu, alma y cuerpo— irreprochable para la venida de nuestro Señor Jesucristo" (1Ts 5:23).

FRATERNIDAD COMUNITARIA

La santidad, o integridad, tiene una aplicación colectiva además de individual. La "esposa" es una persona, y son muchas. "Cristo amó a la iglesia y se entregó por ella para hacerla santa" (Ef 5:25-26).

Los creyentes son llamados a ser "linaje escogido, real sacerdocio, nación santa, pueblo que pertenece a Dios" (1P 2:9). Ellos deben demostrar una identidad colectiva en un mundo decadente, una unidad convincente en un mundo dividido. Jesús quiere encontrar este tipo de pueblo cuando vuelva. ¿Cuáles son las implicaciones?

Como mínimo, significa que los cristianos no deben aislarse de otros creyentes. "No dejemos de congregarnos, como acostumbran hacerlo algunos, sino animémonos unos a otros, y con mayor razón ahora que vemos que aquel día se acerca" (Heb 10:25). Hay seguridad en la cantidad y, a medida que se incrementen las presiones sobre el pueblo de Dios hacia el final, será vital mantenernos juntos.

Hay una responsabilidad por el servicio mutuo, además del apoyo moral. Los siervos tienen obligaciones entre sí, además de tenerlas con su amo. Jesús habló de un siervo al que se le encomendó la tarea de alimentar a sus consiervos durante la ausencia de su amo. No solo descuidó esta tarea sino que fue culpable de atacarlos y emborracharse. Cuando volvió el amo, fue arrojado al infierno por abusar de su posición de esta forma (Mt 24:45-51).

En la misma oportunidad, Jesús contó la "parábola" de las ovejas y las cabras (en realidad, no es una parábola sino una profecía que predice el futuro y que contiene una analogía). "Cuando el Hijo del hombre venga en su gloria, con todos sus ángeles, se sentará en su trono glorioso. Todas las naciones se reunirán delante de él, y él separará a unos de otros, *como* separa el pastor las ovejas de las cabras" (Mt 25:31-32).

El principio detrás de la sentencia es si fueron cuidados "uno de estos mis hermanos, aun el más pequeño" de una manera práctica, si fueron cubiertas sus necesidades y fueron compartidas sus pruebas. Por supuesto, la aplicación depende de la interpretación de "mis hermanos". ¿Quiénes son ellos? Decir que son los compatriotas de Jesús, los judíos, es demasiado estrecho. Decir que son sus prójimos humanos, toda la raza, es demasiado amplio. El título es aplicado consistentemente a sus discípulos, tomados de entre todas las naciones (Mt 12:49; 28:10; cf. Heb 2:11). Es la desatención de sus discípulos lo que califica a las "cabras" rechazadas a su mano izquierda.

Que este grupo podría incluir a algunos de los mismos discípulos está indicado por el hecho que llaman a Jesús "Señor" (Mt 25:44; cf. 7:21) y por el hecho de que esta "parábola" no fue dicha al público en general sino al círculo íntimo de los doce. El tema de la desatención entre sus propios seguidores aparece en todas las parábolas de este capítulo, así como el castigo tremendo que hay que pagar por ello.

Del lado positivo, las "ovejas" son quienes han ministrado a sus hermanos, aun a los "más pequeños", cuando estuvieron necesitados. Ellos han sido motivados por el amor a los hermanos, sin siquiera pensar que equivalía a hacerlo a Jesús mismo (Mt 25:37-38). Sus acciones fueron obras de espontaneidad compasiva y no de interés personal calculado.

La necesidad de estar listos cubre a la iglesia como un todo además de sus miembros individuales. Aquellos que verdaderamente tienen puesta su esperanza en su retorno querrán la mayor santidad alcanzable para su pueblo, así como para ellos mismos.

Estarán preocupados por la *unidad* de la iglesia. Cuando todos estén reunidos para encontrarse con el Señor en el aire, todas las diferencias se esfumarán volviéndose insignificantes. Los rótulos denominacionales, los estilos litúrgicos, las estructuras eclesiásticas, las discusiones teológicas, todos desaparecerán cuando veamos su rostro. Habrá una atmósfera de armonía total en ese día, que se verá reflejada en la adoración unida.

Todo aquel que tenga esta esperanza querrá un anticipo de esto aquí y ahora, y además trabajará en su favor. Tomará en serio la oración que hizo Jesús en la última noche antes de su muerte, que era precisamente por este tipo de demostración de lo que vendría después (Jn 17:20-24).

Por supuesto, la unidad debe ser definida según las condiciones de Jesús. No se trata ni de la unión ni de la uniformidad, sino de la unanimidad de corazón, mente y voluntad, como la que él tenía con su Padre. Está basada en la verdad más que en la tolerancia. Aquellos que la busquen no serán indiferentes a las cosas que están mal.

Estarán preocupados por la *pureza* de la iglesia. En cuestiones de creencia y de comportamiento, buscarán purificar a las iglesias contaminadas y hacer que se mantengan consistentes con el evangelio que predican. Esto involucrará confrontación y conflicto (1Co 11:19).

Qué significativo es que el libro de Apocalipsis, cuyo mensaje entero se centra en la segunda venida, comience con mandatos a iglesias locales para que enfrenten la herejía y la inmoralidad en su medio. La amenaza de castigo está equilibrada por la promesa de recompensas cuando él vuelva (Ap 2:7, 10, 17, 26; 3:5, 12, 21). Sin embargo, si bien hay iglesias enteras que pueden ser "quitadas" por no arreglar las cosas, las recompensas son ofrecidas a los miembros individuales que intentan hacer algo al respecto. Cualquiera puede abrir la puerta de la iglesia para dejar entrar a Jesús de nuevo (Ap 3:20, un versículo que no tiene nada que ver con la regeneración personal y todo que ver con la restauración comunitaria).

Esta preocupación conjunta por la unidad y la pureza del pueblo de Dios como un todo es un ingrediente esencial si queremos estar listos para su retorno. La esposa, que es la iglesia, necesita "prepararse" (Ap 19:7).

EVANGELIZACIÓN GLOBAL

¡Se ha dicho correctamente que la iglesia es la única sociedad de la tierra que existe principalmente por el bien de quienes no son sus miembros! Tiene una tarea a completar antes que vuelva Jesús; de hecho, antes que él *pueda* volver. "Este evangelio del reino se predicará en todo el mundo como testimonio a todas las naciones, y entonces vendrá el fin" (Mt 24:14). Hasta existe la posibilidad de que enfrentar esta tarea con urgencia y entusiasmo pueda "apresurar" su venida ("esperando y apresurando", 2P 3:12, lectura alternativa, aunque puede traducirse "esperando ansiosamente" y contexto no es el de la misión).

Cada uno de los cuatro Evangelios concluye con esta "gran comisión" a los apóstoles (Mt 28:18-20; Mr 16:15-18; Lc 24:47-48; Jn 20:21-23) y, a través de ellos, a la iglesia a lo largo del tiempo y el espacio, ya que era imposible que solo los doce pudieran completar la tarea. El evangelio tiene que ser predicado a toda criatura y tienen que hacerse discípulos a todas las "naciones" (esto significa grupos étnicos y no estados políticos).

Es el deseo y la intención de Dios tener dentro de su familia a la nueva humanidad que vivirá en la nueva tierra, hombres y mujeres "de toda raza, lengua, pueblo y nación"

(Ap 5:9; 7:9). Él los hizo a todos "de un solo hombre" (Hch 17:26) y fusionará su diversidad en una unidad nuevamente al traer a todos "bajo el mando de Cristo" (Ef 1:10, DHH). No se nos alienta a pensar que serán salvadas naciones enteras; el objetivo es "salvar" a algunos de cada nación.

Así que la misión es mundial, "hasta los confines de la tierra" (Hch 1:8; cf. Is 45:22; 49:6; 52:10). No habrá concluido la tarea hasta que cada rincón de nuestro planeta haya oído las buenas noticias en su propio idioma.

La llegada del siglo veintiuno, el tercer milenio desde que Jesús estuvo aquí, ha estimulado un interés renovado en la evangelización, recordándonos cuánto tiempo nos está llevando completar la tarea que nos encomendó, y cuán poco tiempo puede quedar para hacerla.

Sin embargo, el paso del tiempo no debería ser nuestro principal motivo. Debería ser suficiente que nuestro Señor nos lo haya ordenado. La simple obligación de la obediencia siempre es pertinente. Pero la gratitud al Señor por nuestra propia salvación hará más que estimular una disposición a hacer lo que él nos dice que hagamos. También nos dará un deseo ardiente de compartir lo que hemos encontrado con aquellos que están "perdidos", sea que lo sepan o no. "El amor de Cristo nos obliga" (2Co 5:14). Esto lo dijo un hombre que se sentía él mismo bajo una maldición si guardaba para sí noticias tan buenas: "¡Ay de mí si no predico el evangelio!" (1Co 9:16).

Dicho con palabras sencillas, aquellos que están anhelando encontrarse con Cristo personalmente cuando vuelva no se conformarán con aparecer solos. Querrán llevar la mayor cantidad posible de personas con ellos.

¡Aquellos que estén más listos harán más para hacer que otros estén listos! Estarán inspirados por la idea de hacer posible que más personas compartan el puro gozo de vivir con Dios en una tierra flamante. También estarán influidos por el horror de su destino si no oyen ni responden. Esta urgencia no los llevará a usar métodos ofensivos que son contraproducentes para comunicar el mensaje, sino que los alertará ante cada oportunidad de hacerlo con un amor que es sabio y sensible.

El gozo de presentar a otros la fe en Cristo ahora es solo un adelanto de lo que sentiremos cuando los veamos encontrándose con él cara a cara. Y si lo ángeles celebran ahora cuando un solo pecador se arrepiente (Lc 15:7, 10), ¿qué harán "cuando los santos marchen ya"?

ACCIÓN SOCIAL

Hoy se acepta en general que la evangelización y la acción social van de la mano en la misión de la iglesia, aunque muchos le darían prioridad, correctamente, a lo primero.

Hay una clara base bíblica para el servicio al mundo incrédulo. Jesús respaldó el segundo "gran" mandamiento de amar a nuestros prójimos como a nosotros mismos (Mr 12:31) e interpretó que "prójimo" era cualquiera que estuviera necesitado a quien pudiéramos ayudar (Lc 10:29-37). Pablo nos exhorta: "Por lo tanto, siempre que tengamos la oportunidad, hagamos bien a todos" (Gá 6:10); y agrega: "y en especial a los de la familia de la fe". Si bien es la escritura que más frecuentemente se cita con relación a este tema, ya hemos notado que la llamada "parábola" de las ovejas y las cabras no es pertinente en sentido estricto, ya que "hermanos" y "prójimos" no son términos equivalentes, pero el argumento no debería descansar sobre este único pasaje.

Que quede bien en claro que no somos salvados *por* hacer buenas obras (una idea muy difundida, pero errónea) sino que somos salvados *para* hacer buenas obras (Ef 2:9-10). Somos salvados para servir, y para servir indiscriminadamente a quienquiera que nos necesite, no importa cuál sea su relación o su respuesta a nosotros. Este tipo de amor incondicional tiene una palabra griega especial: *agape*. Usada muy poco en el mundo antiguo, tomó un peso propio al describir el amor de Dios por el mundo expresado en Cristo y el amor resultante ejercido por los cristianos, un amor que en ambos casos incluía aun a los enemigos.

El amor al prójimo puede ser aplicado en tres niveles de actividad social.

Primero, en el *trabajo*. Siempre y cuando cubra una verdadera necesidad de la sociedad, nuestro trabajo diario puede y debe ser visto como una expresión práctica del amor al prójimo. Demasiado a menudo es considerado un medio para nuestros propios objetivos, para conseguir dinero, una posición o satisfacción para nosotros mismos. En realidad, es mucho más probable que sea satisfactorio, como fue la intención de Dios, si lo consideramos principalmente como una forma de ayudar a otros. Obviamente, esto es más fácil en algunos trabajos (enfermería, por ejemplo) que en otros (operaciones repetitivas en una fábrica), pero todos pueden ser hechos para satisfacer una necesidad, para beneficiar a personas.

Segundo, en la *asistencia social*. Los cristianos tienen un buen historial en el servicio voluntario a los afligidos. Han sido pioneros en el cuidado de los enfermos, los ancianos, los discapacitados y aquellos que han sido abandonados a su suerte por una sociedad egoísta. Santiago, hermano de Jesús, ha estimulado mucho de esto por su definición: "La religión pura y sin mancha delante de Dios nuestro Padre es ésta: *atender a los huérfanos y a las viudas en sus aflicciones, y conservarse limpio de la corrupción del mundo*" (Stg 1:27; note que la filantropía activa no es ningún sustituto para la integridad moral).

Tercero, en la *reforma*. Es en este punto donde los cristianos tienen verdaderas diferencias. Hay unanimidad acerca de aliviar el sufrimiento, pero no acerca de reformar los sistemas. Porque esto involucra la actividad política, a un nivel local o nacional. Esto es muy frecuentemente una cuestión de hacer concesiones, en particular bajo la democracia, buscando siempre un punto medio entre los absolutos morales y las necesidades materiales, entre lo que es aplicable idealmente y lo que es aceptable socialmente (reducir el tiempo de embarazo en el que pueda tener lugar el aborto es un ejemplo típico).

Si bien reconocemos que la legislación no puede imponer el bien, puede restringir el mal y, por lo tanto, reducir el sufrimiento. Aliviar a las víctimas explotadas u oprimidas de un sistema malvado es una cosa. Buscar cambiar el sistema mismo es otra. Es una forma menos directa y más impersonal de enfrentar el problema. Pero si logra el mismo objetivo — aliviar el sufrimiento— y tal vez en una escala mayor, ¿no puede expresar esto también el amor a nuestro prójimo?

Pablo nos exhorta a hacer bien a *todos*, "siempre que tengamos la oportunidad" (Gá 6:10). Los cristianos que están en una posición de responsabilidad hacia otros, en el comercio y en la industria, en el servicio civil y en la política, tiene esta "oportunidad" de cambiar el sistema para mejor.

Estarán conscientes del peligro de imponer un comportamiento característicamente "piadoso" mediante sanciones legales (por ejemplo, guardar el domingo como un día sagrado o día de descanso). Pero tratarán de buscar leyes justas para contrarrestar la inhumanidad. Fue por cosas como éstas que los profetas hebreos denunciaron a las naciones fuera de Israel, y no por quebrantar las leyes dadas al pueblo redimido de Dios (ej: Am 1:3-2:3).

Aquellos que creen en un reino milenario de Cristo sobre la tierra después de su retorno están altamente motivados hacia la reforma social. Así como ocurre con la esperanza de individuos perfeccionados y una iglesia perfeccionada, la expectativa de una sociedad perfeccionada estimula el deseo de reclamar lo más posible de esto en el aquí y ahora. La certeza de que un día habrá un orden mundial perfecto los impulsa a hacer mayores esfuerzos para trabajar por la paz y la justicia ahora.

No es que esperen lograr esto, en una escala universal o nacional, antes que el Rey vuelva para establecer su reino. Pero pueden al menos demostrar la naturaleza de ese reino aplicando sus principios a situaciones contemporáneas. Esto habla bien en sí mismo del "evangelio del reino" (Mt 24:14).

Es aún más personal y práctico que esto. Si el mundo ha de ser gobernado por cristianos "reinando con Cristo" y los puestos públicos han de estar en sus manos (por ejemplo, los tribunales, 1Co 6:2), entonces cuanta mayor experiencia puedan adquirir en estas posiciones de responsabilidad, mejor.

Cerremos esta sección con un ejemplo de un creyente de este tipo del siglo diecinueve.

En el extremo oeste de Londres —en Piccadilly Circus, para ser más preciso— hay una estatua de aluminio. Su parecido a Cupido, el agente del amor, le ha dado el apodo popular de "Eros" (la palabra griega para el atractivo sexual, de donde derivamos la palabra "erótico"). Esto es un grave error. Debería llamarse "Agape". Representa al ángel de la misericordia, y es un monumento a Anthony Ashley Cooper, mejor conocido como Lord Shaftesbury.

Hizo tal vez más que ninguna otra persona en su tiempo para aliviar el sufrimiento causado por la "revolución industrial", que transfirió a una gran población desde áreas rurales a urbanas, poniéndola a trabajar en fábricas y minas en condiciones insalubres y aun inhumanas. Eran simplemente "brazos" para ser explotados por empleadores inescrupulosos. Las tácticas que usaba consistían en despertar la suficiente culpa entre la opinión pública como para lograr la aprobación de la legislación que limitara el abuso potencial.

Pocas personas saben que detrás de estos esfuerzos públicos había una expectativa constante y consciente del retorno de Cristo para gobernar, para lo cual él quería estar listo. En la parte superior de cada carta que él escribía siempre aparecían estas palabras: "Amén. ¡Ven, Señor Jesús!", una oración que aparece en la última página de la Biblia (Ap 22:20).

RESISTENCIA LEAL

¿Es probable que el mundo se ponga mejor o peor? Al comienzo del siglo veinte, la opinión general era optimista; la palabra clave era "progreso". Ahora, al comienzo del siglo veintiuno, la perspectiva es pesimista; la palabra clave es "supervivencia".

Los cristianos y los comunistas comparten una perspectiva "apocalíptica" de la historia. Ambos la obtuvieron de fuentes judías, donde se originó; unos, a través de Jesucristo y los otros, a través de Karl Marx.

Para decirlo sencillamente, se prevén dos fases futuras de la historia. Primero, las cosas se pondrán mucho peor antes que se pongan mejor. Segundo, las cosas se pondrán mucho mejor después que se pongan peor. Ésta es la estructura básica del libro de Apocalipsis (en los capítulos 4-17 la situación empeora; en los capítulos 18-22, mejora).

A medida que las cosas se pongan mal en el mundo, se pondrán todavía peor para el pueblo de Dios en el mundo. Indirectamente, ellos sufren los problemas generales, pero en la "gran tribulación" en el final, sufrirán ataques específicos dirigidos a ellos, principalmente por su rechazo a someterse a un régimen totalitario con pretensiones divinas.

Muchos pagarán el precio con su propia sangre. La cantidad de mártires crecerá rápidamente a medida que se acerque el clímax. De hecho, hay veces que Apocalipsis parece suponer que casi todos los creyentes morirán por su fe, de manera que las palabras "vencedores" y "mártires" son prácticamente sinónimos. Es significativo que la palabra griega *martus* o *martur* significaba originalmente "testigo", pero ahora indica alguien que mantiene un testimonio fiel aun a costa de la vida misma.

Pero ha habido un "noble ejército de mártires" por casi dos mil años, desde tan atrás como el apedreamiento de Esteban (Hch 7:54-60). No ha pasado una sola década sin que muera gente por su fe en Jesús. La próxima "gran aflicción" o "gran tribulación" tal vez sea de una escala mayor que nunca antes, pero ya ha sido experimentada a niveles locales y aun nacionales.

En un mundo impío, el sufrimiento es una de las señales seguras de un auténtico discípulo. "Asimismo serán perseguidos todos los que quieran llevar una vida piadosa en Cristo Jesús" (2Ti 3:12). La iglesia primitiva enseñaba a sus convertidos que debían esperar tener problemas (Hch 14:22). Hasta lo consideraban un honor (Hch 5:41). Después de todo, Jesús lo había prometido: "En el mundo afrontarán aflicciones" (Jn 16:33).

¿Qué les permite a los creyentes sobrevivir a tantas presiones, y aun vencerlas y ser "más que vencedores" (Ro 8:37)? Es la esperanza segura que tienen de su venida, cuando recibirán su recompensa y compartirán su reino. No será menos importante su reivindicación pública a los ojos del mundo que los expulsó.

El Nuevo Testamento está repleto de este tipo de aliento. Uno de los dichos favoritos de la iglesia primitiva era: "Si morimos con él, también viviremos con él" (2Ti 2:11). Los mártires se sentarán sobre tronos (Ap 20:4). Usarán coronas otorgadas a los que han sido "fieles hasta la muerte" (Ap 2:10). Pablo, mientras esperaba su ejecución, sabía que le correspondía una: "He peleado la buena batalla, he terminado la carrera, me he mantenido en la fe. Por lo demás me espera la corona de justicia que el Señor, el juez justo, me otorgará en aquel día; y no sólo a mí, sino también a todos los que con amor hayan esperado su venida" (2Ti 4:7-8).

Los vencedores serán llenados de recompensas: el derecho de comer del árbol de la vida, el maná escondido, la piedrecita blanca, un nombre nuevo, autoridad sobre las naciones, la estrella de la mañana, vestiduras blancas, una posición permanente en el templo de Dios, y muchas más (Ap 2:7, 17, 26, 28; 3: 5, 12).

Todo esto será de ellos cuando él venga. En esa perspectiva, el sufrimiento queda reducido en su tamaño y pierde su poder para intimidar. "Pues los sufrimientos ligeros y efímeros que ahora padecemos producen una gloria eterna que vale muchísimo más que todo sufrimiento" (2Co 4:17).

Además de estos incentivos positivos, hay también un elemento disuasivo negativo asociado con su venida. El "mensaje digno de crédito" ya citado sigue: "Si le negamos, también él nos negará" (2Ti 2:12). Esta advertencia está basada en las propias palabras de Jesús: "Pero a cualquiera que me desconozca delante de los demás, yo también lo desconoceré delante de mi Padre que está en el cielo" (Mt 10:33).

Éste es precisamente el peligro que es tratado en la carta a los Hebreos. Los judíos creyentes estaban tentados a dejar la iglesia para volver a la sinagoga a fin de evitar la persecución creciente de los cristianos. Para ser aceptados de nuevo se les exigía que renunciaran a la creencia de que Jesús era su Mesías. Se les advierte que es imposible arrepentirse de este tipo de apostasía (Heb 6:4-6; cf. 2:1; 3:12-14; 10:26). Cuando él vuelva, Jesús "no se agradará" de aquellos que se han apartado (literalmente, "han arriado sus velas") para perdición (Heb 10:37-39).

El libro de Apocalipsis está lleno de advertencias de este tipo. Los "cobardes" verán borrados sus nombres del libro de la vida del Cordero y serán arrojados al lago de fuego (Ap 3:5; 21:8). El tormento eterno que espera a los que ceden a las presiones de las autoridades hostiles requiere de perseverancia de parte de los santos que obedecen los mandamientos de Dios y permanecen fieles a Jesús (Ap 14:12). Todo el libro está dirigido a creyentes a punto de enfrentar una prueba de fe de este tipo y tiene la intención de permitirles atravesarla triunfalmente. ¡Tal vez sea ésta la razón por la cual los creyentes que no están pasando por una crisis semejante encuentran que el libro es tan difícil de entender!

Cuando estalla la persecución, hay pocas cosas que permiten a los creyentes soportarla mejor que la convicción de que Jesús vendrá para vencer al opresor y reivindicar a los oprimidos. Ellos saben que "el que se mantenga firme hasta el fin será salvo" (Mt 24:13).

* * * * *

Estas son, entonces, las formas de estar listos para su retorno: fe individual, servicio continuo, santidad personal, fraternidad comunitaria, evangelización global, acción social y resistencia leal.

Ante un programa así, muchos pueden sentirse amedrentados y aun descorazonados. Recordemos que la cuestión no es si habremos alcanzado o no estas metas cuando él venga, sino si todavía estaremos prosiguiendo hacia ellas (Fil 3:14).

¿Podemos llegar alguna vez al punto en que sabemos que estamos listos? Hay una medida muy simple de esto: a saber, ¡cuán pronto queremos que él venga!

Los verdaderos creyentes no solo "esperan del cielo a Jesús" (1Ts 1:10). Anhelan su venida (lit. "habiendo amado su venida", 2Ti 4:8). No solo tienen pensamientos acerca de ella. Tienen sentimientos al respecto. Ansían, y aun suspiran por ese día. Desearían que fuera mañana, a más tardar; hoy, de ser posible.

Así como una novia, preparándose para su casamiento, anhela el día de su boda, esperando que pudiera adelantarse, así también la iglesia debe anhelar el retorno del novio. "El Espíritu y la novia dicen: ¡Ven!" (Ap 22:17). Cuántas novelas románticas han concluido con las palabras: "y se casaron y vivieron felices para siempre". ¡La Biblia no es ninguna excepción!

La oración más corta en la iglesia primitiva estaba compuesta por dos palabras en el idioma arameo: "*marana tha*". Significa simplemente: "¡Señor, ven!". Tal vez la mejor indicación de que estemos listos para encontrarnos con él es la frecuencia con que esta frase, en el idioma que sea, viene espontáneamente a nuestras mentes y sale de nuestras bocas.

Parece apropiado concluir este capítulo con algunas sabias palabras de Agustín, hace muchos siglos: "Quien ama la venida del Señor no es quien afirma que está lejana, ni quien dice que está cercana; sino más bien quien, sea que esté lejana o cercana, la aguarda con fe sincera, esperanza firme y amor ferviente".

B. EL ENIGMA DE APOCALIPSIS

CAPÍTULO TRES

Diferencias de opinión

Las opiniones acerca del libro de Apocalipsis cubren un amplio espectro. Cuando se juntan, parece imposible que se refieran todas a la misma pieza literaria.

HUMANAS

Las opiniones humanas varían enormemente. La reacción de los incrédulos es comprensible, ya que no está dirigido a ellos. Es posible que sea el peor libro para usar como una introducción a las escrituras cristianas. El mundo supone que es el resultado de "una indigestión, en el mejor de los casos, o de la locura, en el peor de los casos", para citar un comentario típico.

Pero aun entre los cristianos hay distintas actitudes, ¡que van desde los temerosos que no pueden entrar en el libro a los fanáticos que no pueden salir! Los estudiosos de la Biblia han hecho muchos comentarios negativos: "tantos enigmas como palabras", "una acumulación al azar de símbolos estrafalarios", "encuentra a un hombre loco o lo deja loco".

Sorprende que la mayoría de los reformadores protestantes (los "magisteriales", así llamados porque usaban a las autoridades civiles para lograr sus objetivos) tenían una opinión muy pobre:

Lutero: "ni apostólico ni profético . . . cada uno piensa del libro lo que su espíritu le sugiere. . . hay muchos libros más nobles para ser retenidos . . . mi espíritu no puede estar de acuerdo con este libro".

Calvino: ¡lo omitió de su Comentario del Nuevo Testamento!

Zuinglio: dijo que su testimonio puede ser rechazado porque "no es un libro de la Biblia".

Esta degradación del libro ha influido en muchas denominaciones que surgieron de la Reforma.

Existió, según sabemos, alguna discusión en la iglesia primitiva acerca de su inclusión en el "canon" (norma o patrón) de las escrituras, pero para el siglo quinto había sido incluido firmemente y universalmente.

Algunos comentaristas son muy positivos en su evaluación: "la única obra maestra de arte puro en el Nuevo Testamento", "hermoso más allá de la descripción". Aun William Barclay, que reunió estos comentarios variados pero que estaba él mismo inclinado hacia un punto de vista "liberal" de las escrituras, dijo a sus lectores que "valía la pena infinitamente luchar con él hasta que entregue sus bendiciones y abra sus riquezas".

SATÁNICAS

La opinión es consistentemente negativa. El diablo odia las primeras páginas de la Biblia (que revelan cómo consiguió el control del planeta) y las últimas (que revelan cómo perderá ese control). Si él logra convencer a los humanos de que Génesis está compuesto por mitos imposibles y Apocalipsis por misterios impenetrables, estará satisfecho.

Este autor tiene pruebas asombrosas del odio especial de Satanás hacia Apocalipsis 20. Muchas grabaciones en cintas de un estudio de este capítulo han sido dañadas entre su envío y su recepción. En algunos casos, la sección que trata de la condenación del diablo ha sido borrada completamente antes de llegar a su destino; en otros casos, ¡se ha superpuesto una voz estridente en un idioma extranjero, haciendo que las palabras originales se vuelvan incomprensibles!

El libro lo expone tal como es. Él es solo el príncipe y gobernador de este mundo con el permiso de Dios. Y esto le ha sido dado solo temporalmente.

DIVINAS

La opinión es consistentemente positiva. Es el único libro de la Biblia al que se le han adjuntado sanciones divinas de recompensa y de castigo. Por un lado, caerá una bendición especial sobre aquellos que lo lean en voz alta, tanto para sí mismos como para otros (1:3) y que "cumplan las palabras", mediante la meditación y la aplicación (22:7). Por otro lado, caerá una maldición especial sobre los que alteren su texto. Si esto se hace mediante agregados o inserciones, las plagas descritas en el libro serán agregadas a la experiencia del culpable. Si se hace mediante sustracciones o supresiones, la parte del culpable le será quitada de la vida eterna en la nueva Jerusalén.

Esta bendición y maldición nos dicen cuán seriamente considera Dios los hechos y las verdades reveladas aquí. Difícilmente podría haber dejado más en claro su importancia.

Después de estas opiniones acerca del libro, nos dedicamos a considerar el texto mismo.

Considere primero su posición en la Biblia. Así como Génesis no podría estar en otro lugar que no fuera al principio, Apocalipsis solo podría estar al final. En muchas formas, completa la "historia".

Si la Biblia es considerada simplemente como la historia de nuestro mundo, Apocalipsis es necesario para rematarla. Por supuesto, la historia bíblica es diferente de todas las demás publicaciones similares. Comienza antes que hubiera ningún observador para registrar los sucesos. Termina más tarde, prediciendo sucesos que aún no pueden ser observados ni registrados.

Esto, por supuesto, plantea la pregunta de si estamos tratando con el fruto de la imaginación humana o de la inspiración divina. La respuesta depende de la fe. Es una elección simple: creer o no creer. Si bien va más allá de la razón, la fe no es contraria a la razón. Se puede demostrar que los relatos bíblicos acerca del origen y el destino de nuestro universo son la mejor explicación de su estado actual. Saber cómo terminará tiene un profundo significado para la forma en que vivimos ahora.

Pero el interés de la Biblia está en la raza humana más que en el medio ambiente, y en el pueblo de Dios en particular. Con ellos él tiene una relación de "pacto", análogo al matrimonio. Desde un punto de vista, la Biblia es la historia de un romance: un Padre celestial que busca una esposa terrenal para su Hijo. Como todo buen romance, "se casan y viven felices para siempre". Pero esta culminación solo se alcanza en el libro de Apocalipsis, ¡sin el cual nunca sabríamos si el compromiso matrimonial (2Co 11:2) alguna vez se concretó o si fue interrumpido!

Por cierto, es bastante difícil imaginar cómo sería tener la Biblia sin Apocalipsis, aun cuando no lo usemos demasiado. Imagine un Nuevo Testamento que finalizara con el libro de Judas, dirigido a una iglesia de segunda generación que estaba corrompida en su credo, conducta, carácter y conversación. ¿Conque así va a terminar todo? ¡Que anticlímax deprimente!

Así que la mayoría de los cristianos están contentos porque el libro de Apocalipsis está ahí, aun cuando no estén demasiado familiarizados con él. En general, pueden manejar los primeros capítulos y los últimos, pero se sienten abrumados por su cuerpo central (capítulos 6-18). Esto es mayormente porque esta porción es tan diferente de toda otra cosa. Es difícil porque es diferente. ¿Qué es lo que lo hace así, precisamente?

CAPÍTULO CUATRO

La naturaleza de lo apocalíptico

Apocalipsis no solo difiere de los demás libros del Nuevo Testamento en su contenido. Es también único en su origen.

Todos los demás libros fueron escritos intencionalmente. Cada autor decidió tomar pluma y papel, ya sea por sí mismo o a través de un "amanuense" (es decir, un secretario; ej: Ro 16:22). Consideró lo que quería decir antes de ponerlo por escrito. El resultado llevaba las marcas de su propio temperamento, carácter, punto de vista y experiencia, aun cuando fuera "inspirado" por el Espíritu Santo, que impulsaba sus pensamientos y sentimientos.

Los eruditos han notado muchas diferencias entre Apocalipsis y los demás escritos del apóstol Juan (un Evangelio y tres epístolas). El estilo, la gramática y el vocabulario son tan inusuales para él que han concluido que debe venir de otro "Juan". De hecho, han encontrado una referencia algo vaga a un anciano oscuro de ese nombre en Éfeso para llenar este papel. Pero el hombre que escribió Apocalipsis se presenta simplemente como "Yo, Juan" (Ap 1:9), indicando que era muy conocido.

Hay una explicación más simple para el contraste, aun sin tomar en cuenta la obvia diferencia de temática. Él jamás tuvo la intención de escribir el libro de Apocalipsis. Nunca lo pensó siquiera. Le vino a él como una "revelación" totalmente inesperada de manera verbal y visual. A medida que "oía" y "veía" esta serie sorprendente de voces y de visiones, se le ordenó repetidamente que lo "escribiera" todo (1:11; 19; 2:1, 8, 12, 18; 3:1; 7:14; 14:13; 19:9; 21:5). El mandato reiterado sugiere que estaba tan absorto por lo que le estaba pasando que se olvidaba de registrarlo de tanto en tanto

Esto explica el "griego inferior", comparado con la fluidez normal que tenía el autor. Fue escrito apresuradamente, en circunstancias muy perturbadoras. Imagínese que usted está mirando una película y se le dice: "póngalo todo por escrito", mientras está siendo exhibida. Los universitarios entenderán el estilo "borrador" mirando sus notas de apuntes de clase. ¿Por qué, entonces, no lo volvió a escribir Juan después, a partir de su bosquejo garabateado, para que su forma permanente fuera algo más pulida? ¡Difícilmente estaría dispuesto a hacerlo cuando las últimas palabras dictadas contenían una maldición para todo aquel que alterara lo que él había escrito!

Todo esto significa que Juan no fue el autor de Apocalipsis. Él fue solo el "amanuense" que lo puso por escrito. Entonces, ¿quién fue el "autor"? El mensaje le fue comunicado muchas veces por ángeles. Pero era también lo que el Espíritu estaba diciendo a las iglesias; y era la revelación de Jesucristo, quien lo recibió de Dios. Así que estuvo involucrada una compleja cadena de comunicación: Dios, Jesús, Espíritu, ángeles, Juan. Más de una vez, el pobre Juan estaba confundido acerca de quién debía recibir la gloria por lo que él estaba experimentando (19:10; 22:8-9). Solo los primeros dos eslabones de la cadena son adorados en este libro.

Más claramente que cualquier otro libro en el Nuevo Testamento, éste merece el nombre de "revelación". La palabra griega que se traduce así en la primera oración es *apokalypsis*, de donde surgieron el sustantivo "Apocalipsis" y el adjetivo "apocalíptico", que es ahora usado de manera más general para toda otra literatura de estilo y contenido similares. La palabra raíz significa "quitar el velo".

Significa correr una cortina para revelar lo que ha estado oculto (como cuando se descubre un cuadro o una placa).

En el contexto de las escrituras, significa correr el velo de lo que está oculto del hombre, pero es conocido por Dios. Hay algunas cosas que el hombre no puede conocer, a menos que Dios decida informarle. En particular, no puede saber lo que está ocurriendo en el cielo y no puede saber lo que ocurrirá en el futuro. Su registro y su interpretación de los sucesos están, por lo tanto, limitados estrictamente, tanto en el tiempo como en el espacio. Solo pueden ser, cuando mucho, un relato parcial del flujo de la historia.

Cuando Dios escribe la historia, él da un cuadro completo, aunque más no fuera porque él ordena los sucesos además de observarlos. La historia es su historia. Él "anuncia el fin desde el principio; desde los tiempos antiguos lo que está por venir" (Is 46:10). El pasado, el presente y el futuro están interrelacionados en él.

Lo mismo ocurre con el cielo y la tierra. Hay una interacción entre lo que sucede allá arriba y lo que sucede acá abajo. Uno de los rasgos perturbadores en Apocalipsis es el desplazamiento constante de escenario desde la tierra al cielo y de nuevo a la tierra. Esto se debe a la conexión entre los sucesos de arriba y abajo (por ejemplo, la guerra en el cielo conduce a la guerra en la tierra, 12:7; 13:7).

Lo "apocalíptico" es la historia escrita desde el punto de vista de Dios. Da el cuadro completo. Amplía nuestro entendimiento de los sucesos mundiales viéndolos a la luz de lo que está más arriba y más allá de nuestra percepción limitada. Esto nos brinda tanto percepción como premonición, ampliando nuestro entendimiento de lo que está ocurriendo alrededor de nosotros mucho más allá del que tiene el historiador común.

Surgen patrones y propósitos a los que está ciego. La historia no es solo una acumulación fortuita de acontecimientos. La coincidencia deja paso a la providencia. La historia se dirige a alguna parte.

El tiempo es significativo eternamente. El tiempo y la eternidad están interrelacionados. Dios no está fuera del tiempo, como lo imaginaba la filosofía griega. Él está dentro del tiempo; o, más bien, el tiempo está dentro de Dios. Él es el Dios que era, que es y que vendrá. ¡Aun Dios mismo no puede cambiar el pasado una vez que ha ocurrido! La muerte y la resurrección de Jesús nunca pueden ser cambiadas o anuladas.

Dios está obrando sus planes y propósitos dentro del tiempo (el libro clásico sobre esto es *Christ and Time*,[7] de Oscar Cullman, SCM Press, 1950). Él es el Señor de la historia. El patrón es suyo, y solo puede ser discernido cuando él ha revelado las piezas faltantes del rompecabezas. Las cosas ocultas de la observación humana y que Dios revela son llamadas "misterios" en el Nuevo Testamento.

La dirección de los sucesos en el pasado y el presente se vuelve aparente a la luz del futuro. La forma de la historia no puede verse en el corto plazo, sino solo en el largo plazo. Porque el tiempo es relativo, además de real, para Dios. "Para el Señor un día es como mil años, y mil años como un día" (2P 3:8, citando Sal 90:4). Su paciencia asombrosa para con nosotros hace que nos parezca una "tardanza" (2P 3:9).

La Biblia contiene una "filosofía de la historia" bastante diferente de aquellas que ha adoptado la razón desnuda del hombre. El contraste es claro cuando la comparamos con las cuatro ideas más comúnmente sostenidas:

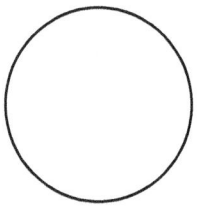

i. *Cíclica* "La historia se repite." Simplemente gira en círculos, o ciclos, interminables. A veces el mundo mejora, luego empeora, luego mejora, luego empeora nuevamente . . . etc. Éste era el concepto griego.

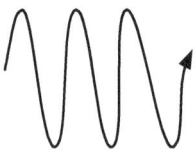

ii. *Rítmica* Esta es una variación de la cíclica. El mundo sigue mejorando y empeorando en forma alternada, pero nunca se repite exactamente igual. Siempre avanza, ¡pero nadie puede saber si terminará en una "subida" o en una "bajada"!

---

7 En español, *Cristo y el tiempo.*

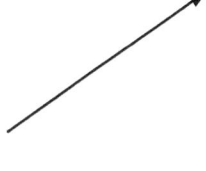

iii. *Optimista* El mundo está mejorando constantemente. Como dijo un primer ministro británico, a principios del siglo veinte: "arriba y arriba y arriba, y adelante y adelante y adelante". La palabra que estaba en los labios de todos entonces era "progreso". La historia era un ascensor que subía.

iv. *Pesimista* La palabra que está en los labios de todos al comenzar el siglo veintiuno es "supervivencia". Los expertos de la "destrucción y desesperación" creen que estamos en un ascensor que baja. Podrá ser retardado, pero no detenido. El mundo se pondrá peor hasta que la vida se vuelva imposible (¡las estimaciones actuales están alrededor del año 2040!)

El patrón bíblico es bastante diferente de todos estos, combinando tanto el pesimismo como el optimismo en un realismo basado en todos los hechos.

v. *Apocalíptico* El mundo se pondrá cada vez peor, y luego mejor que nunca antes, y seguirá así.

Esta última creencia es compartida por los judíos, los cristianos y los comunistas. Todos la obtuvieron de la misma fuente: los profetas hebreos (Karl Marx tenía una madre judía y un padre luterano). La diferencia básica está en lo que ellos creen que provocará el cambio brusco de dirección. Los comunistas creen que será por medio de la revolución humana. Los judíos, por la intervención divina. Los cristianos, por el retorno del Dios-hombre, Jesús, al planeta Tierra.

Quienes hayan leído todo el libro de Apocalipsis se darán

cuenta ahora que, de hecho, está estructurado según esta misma base. Después de tratar con el presente en sus primeros capítulos, se dedica al curso futuro de la historia, que se vuelve cada vez peor (en los capítulos 6-18) y luego repentinamente mejor (en los capítulos 20-22). El cambio coincide con la segunda venida de Cristo (en el capítulo 19).

Hay dos características adicionales de la historia "apocalíptica" de las que debemos hablar antes de seguir adelante.

El primer aspecto es que el patrón es básicamente *moral*. Dado que la historia está ordenada por Dios y él es perfectamente bueno y todopoderoso, esperaríamos ver que su justicia sea administrada para alentar el bien y castigar el mal.

Pero esto no parece ser el caso, tanto en la experiencia internacional como en la individual. La vida parece ser terriblemente injusta. La historia parece ser indiferente a la moralidad. Los justos sufren y los malos prosperan. El clamor constante es: "¿Por qué permite un Dios bueno que ocurra este tipo de cosas?" La Biblia es lo suficientemente sincera como para registrar la perplejidad de Job, de David (Sal 73:1-4), de Jesús mismo (Mr 15:34, las palabras de Sal 22:1) y de los cristianos que fueron martirizados a causa de él (Ap 6:10).

Toda esta clase de dudas surge de una perspectiva de corto plazo, enfocada principalmente en el presente y parcialmente en el pasado. Una visión de largo plazo toma en cuenta el futuro, el desenlace final. Esto puede cambiar por completo el entendimiento (Job 42; Sal 73:15-28; Heb 12:2; Ap 20:4; Pablo lo resume en Ro 8:18).

Todas las porciones "apocalípticas" de la Biblia alientan esta perspectiva de largo plazo, que revela que la historia sin duda respalda la moralidad (Dn 7-12, con el que Apocalipsis tiene mucho en común, es un excelente ejemplo) Ciertamente vivimos en un universo moral. El buen Dios todavía está en el trono. Él hará que todo concluya bien. Castigará a los malos y recompensará a los justos. Él arreglará el mundo y se lo dará a quienes han estado dispuestos a ser corregidos ellos mismos.

Habrá un "final feliz" de la historia.

La literatura "apocalíptica", incluyendo Apocalipsis, se concentra por lo tanto en temas tales como la recompensa, la retribución y la restauración. Sobre todo, retrata a Dios reinando en el trono, en control perfecto de los asuntos del mundo. Note esa palabra, "retrata", que presenta la otra cualidad.

El segundo rasgo es que la presentación es a menudo *simbólica*. Tiene que serlo, ya que se está comunicando lo desconocido. Como sabe todo maestro, lo desconocido tiene que ser relacionado de alguna forma con lo conocido, generalmente mediante una analogía ("bueno, es como esto"). La mayoría de las parábolas de Jesús acerca del reino de los cielos usa situaciones terrenales para ayudar al entendimiento ("el reino de los cielos es como . . .").

Ayudar a las personas a entender algo involucra la imaginación tanto como la información. Si pueden "retratarlo" en su mente, será mucho más fácil de entender. Significativamente, la respuesta suele ser: "Ahora veo."

Apocalipsis está repleto de lenguaje gráfico. Mediante el uso constante de "símbolos", podemos visualizar lo que de otra forma sería incomprensible. No puede hacerse demasiado énfasis en que la intención es ayudar a nuestro entendimiento y no dificultarlo. Hay demasiadas personas que han usado la naturaleza "altamente simbólica" del libro para ignorar o aun descartar su enseñanza, como si los símbolos fueran demasiado oscuros como para transmitir un mensaje claro. Éste sencillamente no es el caso, como resulta aparente cuando son agrupados en cuatro categorías:

Algunos son *obvios* en su significado. El "dragón" o la "serpiente" es el diablo. El "lago de fuego" es el infierno. El "gran trono blanco" es el tribunal del Señor.

Algunos son *explicados* en el contexto. Las "estrellas" son ángeles. Los "candelabros" son iglesias. Los "sellos", las "trompetas" y las "copas" son desastres. El "incienso" representa las oraciones que ascienden. Los "diez cuernos" son reyes.

Algunos tienen *paralelos* en otras partes de las escrituras. En el Antiguo Testamento podemos encontrar el libro de la vida, el arco iris, la estrella de la mañana, la vara de hierro, los jinetes, los regímenes tiránicos retratados como "bestias" salvajes. Podemos suponer, sin temor a equivocaciones, que estos emblemas han retenido su significado original.

Algunos son *oscuros*, pero muy pocos. Un ejemplo es la "piedrecita blanca", para la cual los estudiosos han ofrecido una cantidad asombrosa de interpretaciones. ¿Una declaración de inocencia? ¿Una señal de aprobación? ¿Una insignia de excelencia? ¡Tal vez no sepamos lo que significa hasta que recibamos una!

Los números también son usados como símbolos. Hay muchos "sietes" en Apocalipsis: estrellas, candelabros, sellos, trompetas, copas. Es el número "redondo" de la Biblia, la cifra completa y perfecta. El "doce" está asociado con el antiguo pueblo de Dios (sus tribus) y el nuevo (sus apóstoles); el número "veinticuatro" reúne a ambos. "Mil" es el número más grande. "Doce mil" de cada tribu de Israel lleva el total a "ciento cuarenta y cuatro mil."

El número "666" atrapa la atención. Está formado por varios seis, un número que siempre indica la imposibilidad humana de alcanzar el siete de la "perfección total". Se lo usa aquí como un indicio de la identidad del último dictador mundial antes que Jesús reine por mil años (en latín, "milenio"). ¿Es significativo que "666" es la suma de todos los numerales romanos ($I=1 + V=5 + X=10 + L=50 + C=100 + D=500$) menos uno ($M=1000$)? Pero todos los intentos por nombrar al dictador a partir de esta cifra fracasarán hasta que su aparición lo deje perfectamente claro.

Hay tanto en Apocalipsis que es suficientemente claro que podemos tolerar algunas pocas oscuridades ahora y creer que serán clarificadas por los sucesos futuros, cuando la información sea realmente necesaria. Entretanto, podemos agradecer a Dios por habernos dicho tantas cosas.

Por supuesto, él habla a través de voces humanas, a través

de las bocas de sus "profetas". Juan se dio cuenta de que el mensaje que estaba entregando no era suyo. Él llama a su escrito "este mensaje profético" (1:3; 22:7, 10, 18, 19). Es, por lo tanto, un profeta además de un apóstol. Éste es el único libro "profético" en el Nuevo Testamento.

Profetizar es tanto "decir" (una palabra de Dios acerca del presente) como "predecir" (una palabra de Dios acerca del futuro). Apocalipsis incluye a ambos, con la mayor parte dedicada a la predicción de sucesos que están aún por ocurrir.

¿Cuándo se cumplirán? ¿Ya han ocurrido? ¿Están ocurriendo ahora mismo? ¿O todavía tienen que suceder? Debemos considerar ahora las distintas respuestas que se dan a estas preguntas.

CAPÍTULO CINCO

Escuelas de interpretación

Casi una tercera parte de los versículos del libro de Apocalipsis contienen una predicción. En conjunto, predicen unos cincuenta y seis sucesos distintos. Exactamente la mitad de estos están en lenguaje corriente y la otra mitad en forma de cuadros simbólicos.

La mayoría de estos sucesos ocurren después del capítulo 4, que comienza con un marcado cambio de perspectiva: del cielo a la tierra, y del presente al futuro ("Sube acá: voy a mostrarte lo que tiene que suceder después de esto", 4:1).

Claramente, se refiere a acontecimientos que son futuros para el escritor y para los lectores originales del primer siglo d.C. Pero, ¿cuánto hacia adelante se extendía la predicción respecto de ellos? ¿Son los sucesos predichos pasados, presentes o futuros para nosotros, que vivimos veinte siglos después? ¿Debemos mirar hacia atrás, alrededor de nosotros o hacia adelante para su cumplimiento?

Aquí es donde comienzan las diferencias. A lo largo de los años que median entre entonces y ahora, han surgido cuatro opiniones importantes que han dado lugar a cuatro "escuelas de interpretación". La mayoría de los comentarios están escritos desde un solo punto de vista. Es importante considerar todas las opiniones antes de suponer que una sea la correcta. Es demasiado fácil y arriesgado seguir la primera que uno ha escuchado o leído.

Los cuatro puntos de vista están tan bien establecidos ahora que han recibido rótulos conocidos: preterista, historicista (de la que hay dos variedades distintas), futurista e idealista. No se desaliente por esta jerga algo técnica. Es importante poder identificar los enfoques muy distintos con los que uno puede encontrarse.

1. PRETERISTA

Esta escuela considera que las predicciones han sido cumplidas durante la declinación y caída del Imperio Romano, cuando la iglesia estuvo bajo las presiones de las persecuciones imperiales. El libro fue escrito para los cristianos del primer siglo, para prepararlos para lo que sucedería en el segundo y tercer siglo. La "gran ciudad" de Babilonia, sentada sobre las "siete colinas" (17:9) es identificada como Roma (Pedro parece hacer la misma comparación, 1P 5:13).

Si bien el grueso de Apocalipsis es, por lo tanto, "pasado" para nosotros, no significa que tenga un valor limitado. Podemos aprender lecciones de todos los relatos históricos en las escrituras. Por cierto, constituyen la mayor parte de la Biblia. Podemos sacar inspiración e instrucción de lo que ha sucedido anteriormente.

La fortaleza de este punto de vista es que todo estudio bíblico debe comenzar por el contexto original del escritor y los lectores. ¿Qué significaba esto para ellos? La intención del escritor y lo que entenderían los lectores en su situación son pasos vitales hacia una interpretación y aplicación verdaderas.

Pero hay varias debilidades. Por una parte, muy pocas predicciones específicas, si es que hay alguna, llegaron a cumplirse durante el Imperio Romano. Solo pueden identificarse unas pocas tendencias generales, pero no ninguna correspondencia en particular (hay quienes han tratado de destilar el número "666" a partir de las letras de "César Nerón", ¡a pesar de que Apocalipsis fue escrito probablemente treinta años después de su muerte!). También significa que después que cayó Roma la mayor parte del libro perdió su pertinencia directa y en realidad decía poco para la iglesia posterior. Dado que casi todos los estudiosos aceptan que los últimos capítulos cubren el fin del mundo, que aún es futuro para nosotros, queda un hueco enorme entre el principio y el fin de la historia de la iglesia, sin ninguna guía directa para los muchos siglos en el medio. Esta deficiencia es cubierta por el segundo enfoque.

ESCUELAS DE INTERPRETACIÓN

2. HISTORICISTA

Esta escuela cree que las predicciones cubren toda la "era de la iglesia", entre la primera y la segunda venida de Cristo. Es una historia en clave y en forma simbólica del "Anno Domini", que cubre las principales fases y crisis de todo el período. Así que el cumplimiento es pasado, presente y futuro para nosotros. Estamos inmersos en la historia, y a partir de lo que ya ha pasado podemos saber lo que sigue en el programa.

Un estudioso produjo un índice con referencias cruzadas entre cada sección de Apocalipsis y los muchos tomos de la obra *Cambridge Ancient and Modern History*[8]. ¡Se suele sostener que estamos viviendo en alguna parte que está entre el capítulo 16 y el 17!

Por lo menos esta teoría ha hecho que el libro fuera pertinente para cada generación de cristianos. También ha estimulado el interés. Pero esto ha sido más que contrarrestado por sus desventajas.

Una de éstas es que muchos detalles son forzados considerablemente para que encajen en sucesos conocidos, lo cual parece algo artificial. ¡Pero el problema principal es que no parece haber dos "historicistas" que concuerden en la correlación entre las escrituras y la historia! Si estuvieran usando el método correcto, seguramente habría un mayor grado de unanimidad en sus conclusiones. Además, terminan con muchos detalles inconclusos.

Hasta ahora, solo hemos considerado un tipo de "historicismo". Lo llamaremos *lineal*, porque considera que la parte central de Apocalipsis sigue una línea recta de sucesos desde la primera venida de Cristo hasta la segunda.

Hay otro tipo, que llamaremos *cíclico*, que considera que el libro cubre toda la historia de la iglesia más de una vez, volviendo constantemente al principio y "recapitulando" los sucesos desde otro ángulo. ¡Un libro popular (*More Than*

---

8 En español, *Historia antigua y moderna de Cambridge.*

Conquerors,[9] de William Hendriksen, Baker, 1960) dice haber descubierto siete de estos ciclos, cada uno de los cuales cubre toda la era de la iglesia (en los capítulos 1-3, 4-7, 8-11, 12-14, 15-16, 17-19, 20-22)! Esto le permite colocar el "milenio" (cap. 20) antes de la segunda venida (cap. 19) y, por lo tanto, sostener el punto de vista "posmilenario" (ver final del cap. 12, punto 7). Pero este "paralelismo progresivo", como se lo denomina, parece ser algo que se fuerza sobre el texto, en vez de ser algo que se encuentra dentro de él. En particular, la separación radical de los capítulos 19 y 20 es absolutamente injustificada.

La interpretación historicista es tal vez la menos satisfactoria y la menos convincente, ya sea en su forma lineal como cíclica.

3. FUTURISTA

Esta escuela cree que el bloque central de predicciones corresponde a los últimos años que conducen a la segunda venida. Es, por lo tanto, futuro para nosotros hoy, y de ahí el rótulo. Se ocupa del clímax del control maligno del mundo, que será la "gran tribulación" para el pueblo de Dios (Ap 7:14; también mencionado por Jesús en Mt 24:12-22).

Todos los eventos serán comprimidos en un tiempo bastante corto: tres años y medio, para ser precisos (referido explícitamente como "un tiempo y tiempos, y medio tiempo", 12:14: cf. 11:2-3; 12:6, citas de Dn 12:7).

Dado que los sucesos son todavía futuros, las predicciones tienden a ser tomadas de manera más literal, como una descripción exacta de lo que va a ocurrir. Ya no hay ninguna necesidad de acomodarlas para que encajen en la historia pasada. Por cierto, las series de desastres parecen conducir directamente al fin del mundo.

¿Cuál es, entonces, el mensaje para la iglesia a lo largo de las edades? La mayor parte del libro solo sería pertinente para la última de todas las generaciones, en este caso. Para nuestra

---

9 En español, *Más que conquistadores*.

sorpresa, muchos futuristas también creen que la iglesia será "arrebatada" al cielo antes que comiencen los problemas (ver página 126), ¡así que ni siquiera los últimos cristianos necesitan conocer estas cosas!

Una debilidad adicional es que los futuristas tienden a tratar a Apocalipsis como un "almanaque", lo cual conduce a un interés excesivo en los gráficos y cronogramas del futuro. El hecho de que no siempre concuerden sugiere que este libro no fue escrito principalmente para tales propósitos especulativos.

4. IDEALISTA

Este enfoque quita todas las referencias de tiempo específicas y desalienta la correlación con acontecimientos particulares. Apocalipsis retrata la lucha "eterna" entre el bien y el mal, y las "verdades" contenidas en sus relatos pueden ser aplicadas a cualquier siglo. La batalla entre Dios y Satanás es algo que está ocurriendo ahora, pero la victoria divina puede ser experimentada por una iglesia "vencedora" en cualquier momento. El "mensaje esencial" puede ser aplicado universalmente a lo largo del tiempo y el espacio.

El principal mérito, y tal vez el único, de este punto de vista es que el mensaje del libro adquiere una pertinencia directa para todos los que lo leen. Ellos están en la lucha que se describe y se les asegura que "el que está en ustedes es más poderoso que el que está en el mundo" (Ro 8:37).

Esto implica, sin embargo, tratar a Apocalipsis como un "mito". Es espiritualmente pero no históricamente verdadero. Son sucesos ficticios, pero las historias contienen verdades, como en las fábulas de Esopo, o *El progreso del peregrino*. Las verdades deben ser extraídas de las narraciones antes de ser aplicadas. El costo de este proceso de "desmitologización" es arrojar por la borda una gran cantidad de material, desechándolo como licencias poéticas que pertenecen al envoltorio más que al contenido.

Detrás de todo esto está la filosofía griega que separaba lo espiritual de lo físico, lo sagrado de lo secular, la eternidad del tiempo. Dios, decían, es eterno. Así que la verdad es eterna, aunque es también oportuna. Pero no está en "los tiempos". Su concepto cíclico de la historia eliminó el concepto del "fin de los tiempos", la idea de que el tiempo llegaría a un clímax o conclusión.

Esto tiene consecuencias serias para la "escatología" (el estudio de "las últimas cosas", de la palabra griega *eschatos* = "fin" o "último"). Los acontecimientos como la segunda venida y el día de juicio son transferidos del futuro al presente, del entonces al ahora. La escatología se vuelve "existencial" (es decir, preocupada por el momento presente de la existencia) o se dice que es "realizada" (como cuando se "realizan" inversiones: tener el dinero para gastar ahora).

Por supuesto, tienen que hacerse cambios radicales a las "predicciones" para que encajen en el presente, por lo general "espiritualizándolas" (una forma "platónica" de pensar). Por ejemplo, la "nueva Jerusalén" (en el cap. 21) se convierte en una descripción de un pueblo en vez de un lugar, un retrato "idealizado" (note la palabra) de la iglesia, ¡con los detalles arquitecturales olvidados convenientemente!

Es hora de resumir este bosquejo. Hay cuatro respuestas diferentes a la pregunta: ¿qué período cubre Apocalipsis?

El preterista responde: los primeros siglos d.C.

El historicista responde: todos los siglos d.C., desde la primera hasta la segunda venida.

El futurista responde: los últimos años del último siglo d.C.

El idealista responde: cualquier siglo d.C., ninguno es especial.

Entonces, ¿cuál es la correcta? Cada una tiene sus pros y sus contras. ¿Tenemos que escoger entre ellas? ¿Podrían ser todas correctas? ¿Podrían ser todas incorrectas?

Las siguientes observaciones pueden ayudar al lector a arribar a una conclusión.

ESCUELAS DE INTERPRETACIÓN

Primero, parece obvio que no hay una sola llave que abra todo el libro. Cada "escuela" ha visto algunas verdades, pero ninguna ha entregado todas. Cuando se usa un solo enfoque siempre existe alguna manipulación del texto.

Segundo, no hay ninguna razón por la que no pueda usarse más de una. Los textos tienen significados y aplicaciones diferentes. Pero se necesita algún control para evitar el uso arbitrario de los distintos enfoques para reforzar una opinión decidida de antemano antes de estudiar las escrituras. Esta restricción es provista por el contexto y por hacernos constantemente la siguiente pregunta: ¿era éste el significado que el autor divino y el escritor humano quisieron transmitir?

Tercero, hay partes de cada uno de los cuatro métodos que pueden ayudar al entendimiento. Algunos elementos de cada una de las cuatro escuelas pueden ser usados conjuntamente con los otros, aunque debe agregarse que otros elementos son bastante incompatibles y no pueden ser combinados.

Cuarto, el énfasis puede cambiar en diferentes secciones del libro. En cada etapa debe escogerse y utilizarse el o los métodos de interpretación más apropiados. En el resto de este capítulo vamos a ilustrar esto en términos prácticos considerando las tres divisiones principales del libro:

A. El principio (caps. 1-3)

Esta sección no es muy polémica, así que es expuesta con más frecuencia y confianza que las demás (ver, por ejemplo, *What Christ thinks of the Church*,[10] de John Stott, Lutterworth Press, 1958). La mayoría de las personas se siente cómoda con la interpretación tradicional (¡aunque incómoda con su aplicación!). El problema con esta sección es que la *entendemos*, y demasiado bien. Hay algunas cuestiones con ciertos detalles (los ángeles) y símbolos (las piedras blancas y el maná escondido). Pero las cartas a las siete iglesias de Asia no son diferentes de las otras epístolas del Nuevo Testamento. Así que, ¿cuál "escuela" es la más adecuada?

---

10 En español, *Lo que Cristo piensa de la iglesia.*

El "preterista" seguramente está en lo correcto al dirigir nuestra atención al primer siglo. Toda exégesis verdadera debe *comenzar* con lo que el texto significaba para ellos en ese tiempo. ¿Pero debe terminar ahí?

El "historicista" cree que las siete iglesias representan toda la iglesia en el *tiempo*, siete épocas consecutivas en la historia de la iglesia. Éfeso cubre la iglesia primitiva; Esmirna, las persecuciones romanas; Pérgamo, el tiempo de Constantino; Tiatira, la Edad Media; Sardis, la Reforma; Filadelfia, el movimiento misionero mundial; y Laodicea, el siglo veinte. Pero los paralelos son forzados (las iglesias occidentales pueden parecerse a Laodicea, ¡pero las del "tercer mundo" distan mucho de serlo!) El esquema simplemente no encaja.

El "futurista" es aún más extravagante, ya que cree que las siete iglesias serán restablecidas en exactamente las mismas ciudades de Asia Menor antes que vuelva Jesús, basándose en la suposición errónea de que la expresión "iré/caeré" (2:5, 16; 3:3) se refiere a la segunda venida. En realidad, estas iglesias han desaparecido hace mucho y sus "candelabros" han sido "quitados".

El "idealista" normalmente comparte el punto de vista "preterista" en esta sección, pero agrega la creencia que las siete iglesias históricas representan a toda la iglesia en el *espacio*. Éfeso representa las comunidades ortodoxas pero faltas de amor; Esmirna, las que sufren; Pérgamo, las que resisten; Tiatira, las corruptas; Sardis, las muertas; Filadelfia, las débiles pero evangelísticas; Laodicea, las tibias.

Si cubren toda la gama de caracteres de iglesias entre ellas es discutible. Pero la consolación y el desafío de sus ejemplos pueden ser aplicados en cualquier lugar y en cualquier tiempo.

Así que el preterista, con un toque del idealista, parece ser la mezcla correcta para la primera sección.

B. El medio (caps. 4-18)

Aquí es donde las diferencias son más marcadas. La visión inicial del trono de Dios presenta pocos problemas y ha inspirado la adoración a lo largo de las edades. Es cuando

ESCUELAS DE INTERPRETACIÓN

Jesús, el León/Cordero, desata desastres sobre el mundo y sufrimiento sobre la iglesia que comienza la discusión. ¿Cuándo ocurre esto? Debe ser en algún momento entre el segundo siglo (que era "después de esto" para las siete iglesias, 4:1) y la segunda venida (en el cap. 19).

El "preterista" limita esta sección a la "declinación y caída del Imperio Romano". Pero queda el hecho de que la mayoría de los sucesos predichos, especialmente las catástrofes "naturales", simplemente no ocurrieron durante ese período. Gran parte del texto tiene que ser tratado como una "licencia poética" que provee indicios algo vagos de lo que podría ocurrir.

El "historicista" se encuentra con un problema muy parecido cuando intenta encajar toda la historia de la iglesia en estos capítulos, ya sea como una narración continua o como varias "recapitulaciones" repetidas. Los detalles no encajan.

El "futurista", por supuesto, tiene libertad para creer en el cumplimiento literal de la predicción detallada, ya que nada ha ocurrido aún. Hay dos rasgos que parecen confirmar que esto está más cerca de la aplicación correcta. Primero, las "tribulaciones" son claramente peores que cualquier cosa que el mundo haya visto hasta ahora (como predijo Jesús en Mt 24:21). Segundo, parecen conducir directamente hacia los acontecimientos al final de la historia. Pero, ¿es eso todo? ¿Tiene esta sección alguna pertinencia antes de ese momento?

El "idealista" se equivoca al "desmitologizar" esta sección, divorciándola completamente del tiempo. Pero tiene razón al buscar un mensaje que pueda aplicarse a cualquier fase de la historia de la iglesia. La clave está en las escrituras mismas, que claramente enseñan que los sucesos futuros arrojan sus sombras sobre el tiempo por delante. Jesús es "anticipado" de muchas formas en el Antiguo Testamento (como lo explica la carta a los Hebreos). El anticristo venidero es precedido por "muchos anticristos" (1Jn 2:18); el falso profeta venidero, por muchos falsos profetas (Mt 24:11). La persecución universal venidera ya está siendo experimentada en muchas regiones locales. La "gran tribulación" solo difiere en escala de las "muchas tribulaciones" que son normales en todo tiempo (Jn 16:33; Hch 14:22). Así que estos capítulos nos pueden ayudar a entender las tendencias actuales así como su clímax final.

Por lo tanto, el futurista y una medida del idealista son los que mejor interpretan esta sección.

C. El final (caps. 19-22)

Apocalipsis parece volverse más claro hacia el final, pero hay todavía algunas partes polémicas. La mayoría entiende que estos capítulos se refieren al futuro último, las "últimas cosas" en suceder, comenzando con el retorno de Cristo (en el cap. 19).

El "preterista" tira la toalla acá. Hay muy pocos que intentan hacer encajar estos capítulos en los días de la iglesia primitiva.

La escuela "historicista" se divide claramente en dos. La variedad "lineal" ve por lo general a esta sección como los "últimos tiempos", que siguen a "la era de la iglesia". Pero los "cíclicos" encuentran "recapitulaciones" aun aquí. ¡Algunos consideran que el "milenio" en el capítulo 20 es una descripción de la iglesia antes de la segunda venida en el capítulo 19! ¡Otros consideran que la "nueva Jerusalén" es una descripción del milenio antes del juicio final en el capítulo 20! Estas dislocaciones tan radicales de los sucesos no están justificadas por el texto mismo, y sugieren una manipulación en favor de sistemas y dogmas teológicos.

El "futurista" tiene pocos opositores en esta sección. La segunda venida, el día del juicio, el cielo nuevo y la tierra nueva claramente no han llegado aún.

El "idealista" tiene pocos proponentes en esta sección. Estas personas tienden a pasar por alto completamente la nueva tierra y a hablar acerca del "cielo" como la esfera sin tiempo hacia la cual son transferidos los creyentes cuando mueren. La "nueva Jerusalén" refleja este esfera eterna (la "Jerusalén celestial" de Heb 12:22), la que nunca se espera que "baje del cielo" (¡a pesar de Ap 21:2, 10!).

ESCUELAS DE INTERPRETACIÓN

Así que al futurista se le puede dar el monopolio para el manejo de esta sección.

En un capítulo posterior estaremos compartiendo una "introducción" al texto mismo de Apocalipsis, usando las herramientas que hemos considerado adecuadas (que no incluye las historicistas). Sin embargo, antes de hacer eso, hay otro tema importante a considerar.

Las cuatro "escuelas" de interpretación comparten una premisa en común, que la pregunta más importante es: ¿CUÁNDO? Es decir, ¿cuándo se cumplen las predicciones en el tiempo?

Esto significa comenzar con la suposición de que la preocupación principal de Apocalipsis es predecir el futuro, para satisfacer nuestra curiosidad o para reducir nuestra ansiedad revelando lo que va a ocurrir, tanto en el futuro inmediato como en el último.

Pero esto es muy cuestionable. El Nuevo Testamento jamás se dedica a la especulación ociosa, y aun advierte en contra de hacerlo. Cada "corrimiento del velo" de lo que está por delante tiene un propósito práctico y, en realidad, moral. El futuro solo es revelado para que el presente pueda ser influido por él.

Así que la pregunta fundamental no es "¿cuándo?" sino ¿POR QUÉ? ¿Por qué fue escrito Apocalipsis? ¿Por qué le fue revelado a Juan? ¿Por qué se le dijo que lo transmitiera? ¿Por qué necesitamos leer y "guardar" estas palabras?

No solo para decirnos lo que va a ocurrir sino para *prepararnos* para lo que viene. ¿Cómo llegamos a esa respuesta?

CAPÍTULO SEIS

Sentido de propósito

¿Por qué fue escrito el libro de Apocalipsis? La respuesta se encuentra rápidamente si hacemos otra pregunta: ¿para quiénes fue escrito?

Nunca fue la intención que se convirtiera en un libro de texto universitario para profesores o estudiantes de teología. A menudo han sido ellos quienes lo han hecho parecer tan complejo que las personas sencillas se han visto intimidadas. Dejemos que uno de ellos lo confiese:

> Afirmamos decididamente que el estudio de este libro no presentaría absolutamente ninguna posibilidad de error si el prejuicio inconcebible, y a menudo ridículo, de los teólogos de todos los tiempos no le hubiera puesto trabas atiborrándolo de tantas dificultades que la mayoría de los lectores se alejan de él alarmados. Fuera de estos prejuicios, Apocalipsis sería el libro más sencillo y transparente que haya escrito jamás algún profeta (*Reuss*, en 1884, citado en *The Prophecy Handbook*,[11] World Bible Publishers 1991).

La situación difícilmente ha mejorado desde entonces, según revela un comentario reciente:

> Es una de las desgracias de nuestra cultura orientada hacia la especialización que cuando algo parece difícil se lo envíe a la universidad para ser desentrañado (Eugene Peterson, escribiendo acerca de Apocalipsis en "*Revised Thunder*", Harper Collins, 1988, p. 200).

Esto ha llevado a la idea muy difundida de que este libro no podrá ser entendido por el "laico" (sea que se use este rótulo en su sentido eclesiástico o educacional).

---
11 En español, *Manual de profecía.*

LECTORES COMUNES

No puede hacerse demasiado énfasis sobre el hecho de que Apocalipsis fue escrito para gente muy común. Estaba dirigido a los miembros de siete iglesias en un tiempo en que "no muchos de ustedes son sabios, según criterios meramente humano; ni son muchos los poderosos ni muchos los de noble cuna" (1Co 1:26).

Se decía de Jesús que "la muchedumbre lo escuchaba con agrado" (Mr 12:37). Esto era un elogio para ellos así como para él. Reconocían que "les enseñaba como quien tiene autoridad", que sabía de lo que estaba hablando. ¡Es mucho más fácil engañar a los que tienen mucha educación!

El libro de Apocalipsis entrega sus tesoros a quienes lo leen con una fe sencilla, una mente abierta y un corazón tierno.

Hay una historia que ha circulado en Estados Unidos que subraya este punto, ¡aunque suene como un cuento apócrifo de un predicador (como dijo el hijito del pastor: "Papi, ¿esa era una historia verdadera o solo estabas predicando?")! Aparentemente, algunos estudiantes de teología estaban cansados y confundidos por unas disertaciones sobre lo "apocalíptico" así que decidieron jugar un partido de baloncesto en el gimnasio de la universidad. Mientras jugaban, notaron que el conserje negro estaba leyendo su Biblia mientras esperaba el momento de cerrar. Le preguntaron qué parte estaba estudiando y se sorprendieron al ver que estaba leyendo Apocalipsis. "¿No lo entiendes, no es cierto?". "Claro que sí". "¿De qué se trata, entonces?". Con los ojos brillantes y una amplia sonrisa, la respuesta fue: "¡Fácil! ¡Gana Jesús!".

Por supuesto que hay más para decir que eso. Pero no es un mal resumen del mensaje. Hay demasiadas personas que han estudiado el contenido y se han perdido el mensaje. Nadie toma todo el libro literalmente. Nadie lo toma todo simbólicamente. Pero ¿dónde debe trazarse la raya entre lo literal y lo simbólico? Esto tendrá un efecto profundo en la interpretación. El sentido común es un requisito básico y será de mucha ayuda. Los cuatro jinetes son símbolos, pero las guerras, el derramamiento de sangre, el hambre y las enfermedades que representan son evidentemente literales. El "lago de fuego" es un símbolo del infierno, pero el "tormento" interminable dentro de él es literal (Ap 20:10).

Las reglas del lenguaje común pueden ser usadas de manera útil. Las palabras deben ser tomadas en su sentido más llano y sencillo, a menos que se indique otra cosa claramente. Debe suponerse que las personas que hablan (incluyendo a Jesús) y las que escriben (incluyendo a Juan) quieren decir lo que dicen. Sus comunicaciones deben ser tomadas "al pie de la letra".

Otra regla similar es que debe suponerse que la misma palabra en el mismo contexto tiene el mismo significado, nuevamente a menos que se indique lo contrario de manera clara. Cambiar el significado de una palabra abruptamente y sin aviso sería tan confuso como cambiar la pronunciación o la ortografía. Esta regla afecta las dos "resurrecciones" de Apocalipsis 20.

Habiendo dicho esto, debemos agregar la salvedad necesaria de que Apocalipsis fue escrito para personas comunes de un tiempo y un lugar muy diferentes al nuestro. No es sorprendente que algunas cosas que eran obvias para ellos nos parezcan oscuras a nosotros dos mil años después y a una gran cantidad de kilómetros de distancia.

Ellos eran gentiles de raza mixta que vivían en una provincia romana, hablaban griego, leían escrituras judías y se mantenían unidos por una fe cristiana compartida. Así que necesitamos usar la mayor cantidad posible de conocimiento de su trasfondo, cultura e idioma. El objeto del ejercicio es descubrir lo que *ellos* habrían entendido cuando escucharon el libro de Apocalipsis leído en voz alta para ellos, tal vez de una sola sentada. Podría ser bastante diferente de lo que percibimos nosotros al leerlo silenciosamente, de a una porción por día.

Pero el libro sin duda es para nuestros días también, porque si así no fuera no estaría en el Nuevo Testamento. El Señor tiene que haber tenido esta intención cuando se lo dio a Juan. Así que podemos suponer que nuestra distancia en tiempo y en espacio no es un impedimento insuperable.

Un factor que es mucho más importante que la brecha cultural es la diferencia de circunstancias. Es vital preguntar qué situación exigió la escritura de este libro. Ésta es la llave maestra que se necesita para abrir todo el volumen. Detrás de cada uno de los demás libros del Nuevo Testamento hay una razón para escribirlo, una necesidad que intenta suplir. Apocalipsis no es ninguna excepción.

RAZONES PRÁCTICAS

Ya hemos dicho que su principal objetivo no era revelar un cronograma de acontecimientos futuros sino preparar a las personas para lo que iba a ocurrir. Así que, ¿qué es lo que está por venir para lo cual, sin este libro, ellos no estarían listos? La respuesta aparece en la primera página (1:9-10).

Juan, el escritor, ya está sufriendo por su fe. Él está preso, pero no por un crimen. Es un preso "político" en la isla de Patmos, en el mar Egeo (el equivalente moderno sería la isla de Alcatraz, en Estados Unidos, o la isla Robben, en Sudáfrica). Ha sido arrestado y exiliado por razones religiosas. Su devoción exclusiva a "la palabra de Dios y el testimonio de Jesucristo" es considerada como traición por las autoridades, una amenaza a la "Pax Romana", basada en la tolerancia politeísta y en un culto imperial. Se esperaba que los ciudadanos creyeran en muchos dioses, y el Emperador era uno de ellos.

Hacia el final del primer siglo, esta situación llegó a un punto crítico, creando una crisis de conciencia para los cristianos. Julio César había sido el primero en proclamarse divino. Su sucesor, Augusto, había alentado la construcción de templos en su honor, y varios de estos habían sido erigidos en Asia Menor (ahora Turquía occidental). Si bien Nerón había comenzado la persecución de los cristianos (cubriéndolos con brea y quemándolos vivos como antorchas para sus fiestas nocturnas en los jardines, o cosiéndolos dentro de pieles de animales salvajes para ser cazados por perros), estuvo limitado en su duración y ubicación.

Fue el advenimiento de Domiciano, en la última década del primer siglo, lo que inauguró los ataques más feroces contra los cristianos, que continuarían de manera intermitente durante doscientos años. Él exigía la adoración universal de su persona, so pena de muerte. Una vez al año, debía arrojarse incienso sobre el fuego en un altar ante su busto con una aclamación: "César es Señor". El día designado en el cual debía hacerse esto era llamado "el día del Señor".

Este fue justamente el día en que Apocalipsis comenzó a ser escrito. Los lectores modernos pueden ser disculpados por pensar que fue un domingo. De hecho, podría haber sido, pero el domingo era llamado "el primer día de la semana" en la iglesia primitiva. Hay dos elementos en el texto griego que indican que se trataba del festival imperial anual. Uno, es el artículo definido ("en *el* día del Señor" y no "en un día del Señor"). El otro, es el hecho que "Señor" está en forma de adjetivo y no de sustantivo ("el día señorial"), el nombre que le había dado Domiciano, quien también reclamaba para sí el título "Señor y nuestro Dios".

Se aproximaban tiempos duros. Para aquellos que se rehusaban a decir otra cosa que no fuera "Jesús es Señor", sería una cuestión de vida o muerte. La palabra "testigo" (en griego, *martur*) adquiriría un significado nuevo y fatal. La iglesia estaba enfrentando su prueba más feroz hasta ahora. ¿Cuántos seguirían siendo leales bajo tanta presión?

Después de todo, Juan era el único de los doce apóstoles que quedaba. Todos los demás habían muerto como mártires. La tradición cristiana registra que Andrés murió sobre una cruz en forma de X en Patras, en Acaya, Bartolomé (Natanael) fue desollado vivo en Armenia, Santiago (hermano de Juan) fue decapitado por Herodes Agripa en Jerusalén, Santiago (hijo de Cleofas y María) fue arrojado del pináculo del templo y apedreado, Judas (Tadeo) murió atravesado por flechas en Partia, Pedro fue crucificado cabeza abajo en Roma, Felipe fue colgado desde un pilar en Hierápolis, en Frigia, Simón (el Zelote) fue crucificado en Persia, Tomás fue atravesado por una lanza en India, Matías fue apedreado y decapitado. Pablo también había sido decapitado en Roma. Así que el escritor de Apocalipsis tenía plena conciencia del costo de la lealtad a Jesús. No sabía entonces que él sería el único apóstol que moriría de muerte natural.

Apocalipsis es un "manual para el martirio". Llama a los creyentes a "ser fieles hasta la muerte" (2:10). Los mártires aparecen a menudo en sus páginas.

Se alienta a los creyentes a "no aflojar". Una exhortación frecuente es a "perseverar", una actitud pasiva. Justo en el medio de la mayor aflicción aparece lo que podríamos considerar el versículo clave del libro: "¡En esto consiste la perseverancia de los santos, los cuales obedecen los mandamientos de Dios y se mantienen fieles a Jesús!" (14:12).

Pero hay también un llamado a "vencer", una actitud activa en el sufrimiento por Jesús. Este verbo aparece aún más veces que "perseverar", y puede considerarse como la palabra clave de todo el libro.

Cada carta a las siete iglesias concluye con un llamado a cada miembro a ser un "vencedor", es decir, a vencer todas las tentaciones y presiones, tanto dentro como fuera de la iglesia. Alejarse de la verdadera creencia y el verdadero comportamiento cristianos es ser infiel a Jesús.

El mensaje no es solo que Jesús gana, sino que los cristianos también deben seguir ganando hasta el final. Deben seguir al Señor que dijo: "¡Anímense! Yo he vencido al mundo" (Juan 16:33) y que ahora dice en Apocalipsis: "Ustedes también deben vencer al mundo".

Por supuesto, ésta es la razón por la que este libro se vuelve mucho más significativo para los cristianos bajo persecución. Tal vez esto también explique por qué los cristianos occidentales en iglesias cómodas no lo encuentren pertinente. Tiene que ser leído a través de lágrimas.

El libro ofrece dos incentivos para alentar a los perseguidos a "vencer". Uno, es positivo: la *recompensa*. Se ofrecen muchos premios a quienes perseveran: el derecho a comer del árbol de la vida en el paraíso de Dios, a nunca ser afectados por la segunda muerte, a comer el maná escondido y a recibir una piedra blanca con un nuevo nombre sobre ella, a tener autoridad para gobernar a las naciones, a sentarse con Jesús en su trono, a ser vestidos de blanco y a ser hechos columnas del templo de Dios llevando su nombre y permanecer siempre ahí. Por sobre todo, y más allá de todo el sufrimiento, al creyente vencedor se le promete un lugar en el cielo nuevo y la tierra nueva, disfrutando de la presencia de Dios por siempre jamás. La perspectiva es gloriosa.

Pero hay una motivación negativa también: el *castigo*. ¿Cuál es el destino de los creyentes que son infieles bajo la presión? En una palabra, no tendrán ninguna de las bendiciones anteriores. Peor aún, compartirán el destino de los incrédulos en el "lago de fuego". Dos versículos solos, tomados de la primera y última sección, confirman esta espantosa posibilidad.

"El que salga vencedor . . . jamás borraré su nombre del libro de la vida" (3:5). Si el lenguaje significa algo, quiere decir que aquellos que no salgan vencedores están en peligro de que sus nombres sean borrados (literalmente, "raspados" del pergamino con un cuchillo). El "libro de la vida" aparece en cuatro libros de la Biblia (Ex 32:32; Sal 69:28; Fil 4:3; Ap 3:5). Tres de estos contextos hablan de nombres del pueblo de Dios que son borrados después que han pecado contra el Señor. Leer el versículo en Apocalipsis como si pudiera incluir al que "no salga vencedor" en la promesa también es hacer que la recompensa pierda sentido.

"El que salga vencedor heredará todo esto [el cielo nuevo y la tierra nueva, con la nueva Jerusalén], y yo seré su Dios y él será mi hijo. Pero los cobardes, los incrédulos,

los abominables . . . recibirán como herencia el lago de fuego y azufre. Ésta es la segunda muerte" (21:7-8). Debe recordarse que todo Apocalipsis está dirigido a creyentes, y no a incrédulos. De principio a fin, está dirigido a "los santos" y a "sus siervos". La referencia acá es a creyentes cobardes e incrédulos. Esto está confirmado por la palabra "pero", contrastando directamente los que merecen este destino con los creyentes que han "salido vencedores".

En otras palabras, Apocalipsis presenta dos destinos ante los *cristianos*. O serán levantados con Cristo para compartir su reino y terminarán en el nuevo universo, o perderán su herencia en el reino y finalizarán en el infierno.

Esta alternativa es confirmada en otras partes del Nuevo Testamento. El Evangelio de Mateo es un "manual para el discipulado" que contiene cinco grandes discursos dirigidos a los "hijos del reino". Sin embargo, la mayor parte de la enseñanza de Jesús acerca del infierno se encuentra acá, y todas sus advertencias, excepto dos, son dirigidas a sus discípulos. El Sermón del Monte (caps. 5-7), que bendice a los que son perseguidos a causa de Jesús, continúa hablando del infierno y concluye con un recordatorio de que hay dos destinos. La comisión misionera (cap. 10) incluye este encargo: "No teman a los que matan el cuerpo pero no pueden matar el alma. Teman más bien al que puede destruir alma y cuerpo en el infierno" (v. 28) y "a cualquiera que me desconozca delante de los demás, yo también lo desconoceré delante de mi Padre que está en el cielo" (v. 33). El discurso del monte de los Olivos (caps. 24-25), condena a los siervos perezosos y descuidados del amo a "la condena que reciben los hipócritas" (24:51) y a ser "echados afuera, a la oscuridad, donde habrá llanto y rechinar de dientes" (25:30).

Pablo sigue el razonamiento al recordarle a Timoteo un "mensaje digno de crédito" ("palabra fiel", RVR60):

Si morimos con él,
    también viviremos con él;

Si resistimos,
> también reinaremos con él.

Si lo negamos,
> también él nos negará . . . (2Ti 2:11-12)

Muchos cristianos niegan las implicaciones de todo esto. Ciertamente hay más para decir (ver *Una vez salvo, ¿siempre salvo?*, Anchor Recordings, Ltd., 2014). Entretanto, la posición en Apocalipsis parece muy clara. Hasta es posible para los creyentes perder "su parte del árbol de la vida y de la ciudad santa" (22:19) simplemente por alterar el texto del libro y cambiar así su mensaje.

Podríamos resumir el objetivo de Apocalipsis diciendo que fue escrito para exhortar a cristianos que estaban enfrentando inmensas presiones a "perseverar" y "salir vencedores", evitando así la "muerte segunda" manteniendo sus nombres en "el libro de la vida". Encontraremos que cada capítulo y versículo encaja fácilmente en este propósito general al considerar la forma o la estructura de todo el libro.

CAPÍTULO SIETE

Análisis de la estructura

Si hemos estado en lo correcto al definir que el propósito de Apocalipsis es preparar a los creyentes para enfrentar la persecución y aun el martirio, debería ser posible relacionarlo con cada parte del libro. Por otra parte, la estructura general debería mostrar un desarrollo de este tema.

Construiremos varios bosquejos mediante el análisis de los contenidos, desde distintas perspectivas y para objetivos diferentes, comenzando desde el más sencillo. La división más obvia aparece en 4:1, con el cambio radical de punto de vista del cielo a la tierra y de la situación presente a las perspectivas futuras:

    1 – 3   PRESENTE
    4 – 22 FUTURO

La segunda parte, más larga, también se divide naturalmente entre las malas noticias y las buenas noticias. El cambio de unas a otras ocurre en el capítulo 19. Así que ahora tenemos:

    1 – 3   PRESENTE
    4 – 22 FUTURO
         4-18   *Malas noticias*
         20-22 *Buenas noticias*

Ahora consideraremos cómo se relaciona cada sección con el propósito principal del libro. Es decir, ¿de qué manera prepara cada sección a los creyentes para la "gran aflicción" venidera? Podemos ampliar el bosquejo de esta forma:

1 – 3	PRESENTE
	Las cosas deben arreglarse ahora.
4 – 22	FUTURO
4-18	*Malas noticias:* las cosas se pondrán mucho peor antes que mejoren.
20-22	*Buenas noticias:* las cosas se pondrán mucho mejor después que empeoren.

Solo falta agregar un elemento, a saber, el capítulo 19. ¿Qué ocurre en este capítulo que modifica toda la situación? ¡La segunda venida de Jesús al planeta Tierra! Éste es el verdadero marco de todo el libro, según el prólogo y el epílogo (1:7 y 2:20). Ahora podemos insertar "19 Jesús vuelve" entre las malas y las buenas noticias (en vez de repetir el bosquejo innecesariamente, se invita a que los mismos lectores lo escriban en el espacio que quedó libre arriba).

Si se mantiene en mente este bosquejo simple al leer el libro, muchas cosas se volverán más claras. En especial, se hará evidente la unidad de todo el libro. Su objetivo se logra en tres fases.

Primero, Jesús dice a las iglesias que deben ocuparse de los problemas internos si quieren enfrentar las presiones externas. La transigencia en la creencia o la conducta, la tolerancia de la idolatría o la inmoralidad, debilitan a la iglesia desde adentro.

Segundo, Jesús, que siempre se destacó por su sinceridad, les muestra lo peor que les podría suceder. ¡Nunca tendrán que pasar por algo peor! Y el peor de los tiempos por delante durará, cuando mucho, unos pocos años.

Tercero, Jesús revela las maravillas que vendrán después. Echar por la borda estas perspectivas eternas para evitar problemas temporales sería la mayor de las tragedias.

De cada una de estas tres maneras, Jesús está alentando a sus seguidores a "perseverar" y a "vencer" hasta que él vuelva. Hay un versículo que lo resume todo: "Eso sí, retengan con firmeza lo que ya tienen, hasta que yo venga" (2:25). Entonces él podrá decir: "¡Ven a compartir la felicidad de tu señor!" (Mt 25:21).

Por supuesto que hay otras formas de analizar el libro. Un bosquejo "temático" se parece más a un índice de los temas, que lo ayudará a "ubicarse" dentro del libro.

Este tipo de bosquejo pasará por alto los pasos de la tierra al cielo y del cielo a la tierra nuevamente. Podemos trabajar con tres períodos de tiempo:

A. Lo que ya está pasando en el presente (1-5)
B. Lo que ocurrirá en el futuro próximo (6-19)
C. Lo que ocurrirá en el futuro lejano (20-22)

Lo que haremos entonces es indicar los rasgos principales de cada período, listándolos de una forma que sea fácil de memorizar. He aquí un ejemplo de este tipo de "catálogo" de sucesos:

A. EL PRESENTE
    1-3   Un Señor ascendido
            Siete candelabros variados
    4-5   Creador y criaturas
            León y cordero

B. EL FUTURO PRÓXIMO
    6-16   Sellos, trompetas, copas
            Diablo, anticristo, falso profeta
    17-19 Babilonia – última capital
            Armagedón – última batalla

C. EL FUTURO LEJANO
    20   Reino milenario
            Día del juicio
    21-22 Nuevo cielo y tierra
            Nueva Jerusalén

Note que los capítulos 4-5 están ahora en la primera división. Esto ocurre porque la "acción" que conduce a la "gran aflicción" en realidad comienza en el capítulo 6. El capítulo 19 está ahora en la segunda división porque la "gran aflicción" finaliza aquí, cuando Cristo derrota a la "trinidad impía".

Este tipo de bosquejo se memoriza fácilmente y ofrece una "referencia rápida" que resulta útil cuando uno está buscando temas específicos.

Es importante hacer este tipo de ejercicio antes de dedicarse a un examen más minucioso de las diferentes secciones. ¡Hay un proverbio usado en exceso que dice que "los árboles no dejan ver el bosque"! Apocalipsis es uno de los libros en que más fácilmente uno puede estar tan interesado en los detalles que pierde de vista la intención general.

Sin embargo, ahora es tiempo de reemplazar el telescopio por un microscopio ¡o, al menos, por una lupa!

CAPÍTULO OCHO

Sinopsis

En un libro de este tamaño es imposible incluir un comentario completo. Nuestra intención es dar una introducción a cada sección que le permita al estudiante de la Biblia "leerlo, considerarlo, aprenderlo y asimilarlo interiormente", como lo expresa el Libro de Oración Común.

Resaltaremos algunos de los principales rasgos, abordaremos algunos de los problemas y, en general, ayudaremos al lector a mantener el rumbo al atravesar algunos de los peligros. Muchas preguntas tendrán que permanecer sin respuesta, pero pueden buscarse en algunos de los comentarios publicados (el de George Eldon Ladd es uno de los mejores; Eerdmans, 1972).

Sugerimos leer cada parte de Apocalipsis antes y después de la sección correspondiente de este capítulo.

CAPÍTULOS 1-3: LA IGLESIA EN LA TIERRA

Esta sección es, por mucho, la más directa y fácil de leer y comprender. Es como estar remando a la orilla del mar, ¡después de lo cual uno puede encontrarse en aguas demasiado profundas, arrastrado por una contracorriente y dando vueltas preso del pánico!

Si bien el libro de Apocalipsis se describe a sí mismo frecuentemente como una "profecía", en realidad tiene la forma de una carta (compare 1:4-6 con el comienzo de otras epístolas). Sin embargo, es enviada a siete iglesias, en vez de una. Aun cuando contiene un mensaje particular para cada una, tiene la clara intención de que cada iglesia escuche el mensaje de las demás.

Después del acostumbrado saludo cristiano ("gracia y

paz"), se anuncia el tema principal, "él viene", un suceso que causará infelicidad en el mundo pero gozo en la iglesia. Este hecho es absolutamente cierto ("amén").

El "remitente" de la carta es Dios mismo, el Señor del tiempo, que es, era y ha de venir, el Alfa y la Omega (la primera y la última letra del alfabeto griego, simbolizando el principio y el final de todo). Jesús se dará a sí mismo los mismos títulos (1:17; 22:13), una prueba de que él creía en su propia deidad.

El "secretario" que escribe la carta es el apóstol Juan, exiliado en Patmos, una isla de trece por seis kilómetros, en el Dodecaneso del mar Egeo, un prisionero político por razones religiosas.

Los contenidos fueron entregados de manera verbal y visual. Note que él "oyó" algo antes de "ver" algo. La voz que le ordenó escribir fue seguida de una visión sobrecogedora de Jesús, como Juan nunca lo había visto antes: cabello blanco como la nieve, ojos resplandecientes, voz de trueno, lengua aguda, pies brillantes. Ni en el monte de la transfiguración había aparecido así. Con razón Juan se desmayó, hasta que oyó unas palabras muy conocidas: "No tengas miedo".

Toda otra gran figura de la historia estuvo viva y está muerta. Solo Jesús estuvo muerto y está vivo, "por los siglos de los siglos" (1:18).

A Juan se le dice que escriba "lo que sucede ahora" (caps. 1-3) y "lo que sucederá después" (caps. 4-22). La palabra para el presente es el estado de las siete iglesias de Asia, cada una de las cuales tiene un "ángel guardián", y sobre la cual Jesús ejerce supervisión (¡y comprensión!). Estaban representadas, en la visión original, por siete estrellas (los ángeles) y siete candelabros (las iglesias). Note que Jesús, llamativamente, "se pasea" en medio de ellas, como Juan debe haber hecho cuando estaba libre. En los Evangelios, la mayoría de los mensajes de Jesús fueron dados y la mayor parte de los milagros fueron hechos mientras andaba "por el camino", tanto antes de su muerte como después de su resurrección.

SINOPSIS

Las siete cartas a las siete iglesias se estudian mejor en conjunto y comparándolas entre sí. Es muy ilustrativo cuando se las estudia una al lado de la otra, lo cual enfatiza tanto sus similitudes como sus diferencias.

Se vuelve obvio inmediatamente que su forma es idéntica, y comprende siete elementos (otro "siete" más):

1. PRESENTACIÓN:
   "Al ángel de la iglesia de . . ."
2. ATRIBUTO:
   "El que tiene . . ."
3. APROBACIÓN:
   "Yo conozco tus obras . . ."
4. ACUSACIÓN:
   "Sin embargo, tengo en tu contra . . ."
5. CONSEJO:
   "si no . . ."
6. SEGURIDAD:
   "Al que salga vencedor . . ."
7. LLAMADO:
   ". . . oiga lo que el Espíritu dice . . ."

La única variación de este orden ocurre en las últimas cuatro cartas, donde los dos últimos elementos se invierten (no queda claro cuál es la razón de esto). Ahora compararemos y contrastaremos las cartas.

La *presentación*

Es exactamente la misma en las siete cartas, excepto por el destino nombrado. Las ciudades se encuentran en una ruta circular, comenzando por el importante puerto de Éfeso (una iglesia acerca de la cual tenemos más información que cualquier otra de esos días), dirigiéndonos hacia el norte por la costa y luego tierra adentro hacia el este, y finalmente al sur, al rico valle del río Meandro.

El único punto en discusión es si la palabra *angelos*

(literalmente "mensajero") se refiere a una persona celestial o humana. Dado que en todo el resto de Apocalipsis es traducido correctamente como "ángel", hay una fuerte suposición de que ocurre lo mismo aquí. Los ángeles están muy involucrados con las iglesias (¡al punto de fijarse en lo que tienen las cabezas de los adoradores! 1Co 11:10). Como Juan está completamente aislado, tendrían que entregar las cartas "mensajeros" celestiales. Solo el escepticismo moderno acerca de la existencia de ángeles ha producido la traducción "ministro" (¡supuestamente con el título Rdo.!).

El *atributo*
Es notable que Jesús nunca se refiere a sí mismo por nombre, sino solo por títulos, muchos de ellos novedosos. De hecho, tiene más de *doscientos cincuenta* títulos, la cantidad más grande que haya tenido cualquier personaje histórico (es un ejercicio devocional útil hacer una lista de ellos). En cada carta, el título de Jesús es escogido cuidadosamente para describir un aspecto de su carácter que la iglesia ha tendido a olvidar o necesita recordar. Algunos se encuentran en la visión original que tiene Juan de él. Todos son muy significativos. La "llave de David" apunta al cumplimiento de las esperanzas mesiánicas de Israel. "El soberano de la creación de Dios" indica su autoridad universal (Mt 28:18).

La *aprobación*
Esto abre la parte más íntima de cada carta, pasando de la tercera persona ("él") a la primera ("yo"). ¿Se trata de la misma persona? La palabra "él" sin duda se refiere a Cristo, pero la palabra "yo" podría ser el Espíritu, el "Espíritu de Cristo", por supuesto. Los comentarios posteriores (por ejemplo, "así como yo la he recibido [la autoridad] de mi Padre", en 2:27) favorecen la primera posibilidad.

"Conozco" es una afirmación de que él está plenamente consciente, tanto del estado interno como de la situación externa de ellos. Su conocimiento y, por lo tanto, su comprensión, son totales. Su juicio es preciso, su opinión es crucial y su sinceridad, transparente.

Por sobre todo, él conoce sus "obras", es decir, sus acciones, sus actos. Este énfasis en las obras corre a lo largo de todo Apocalipsis. Esto es porque el tema es el juicio. Jesús viene otra vez, para juzgar a los vivos y a los muertos. Somos justificados por la fe, pero seremos juzgados por nuestras obras (2Co 5:10). Jesús aprueba las buenas obras y alienta su continuación.

Cuando se ven las cartas lado a lado, salta a la vista inmediatamente que Jesús no tenía nada bueno que decir sobre dos de las iglesias, Sardis y Laodicea. Sin embargo, ambas eran "exitosas" a los ojos humanos. La opinión de Jesús puede ser muy diferente de la nuestra. Las congregaciones grandes, las grandes ofrendas y los programas abarrotados no son necesariamente señales de salud espiritual.

Cinco iglesias reciben elogios. Éfeso, por el esfuerzo, la paciencia, la persistencia y el discernimiento (rechazando a los falsos apóstoles); Esmirna, por su valentía frente a la oposición y las privaciones (aunque estaba pegada a una "sinagoga de Satanás", tal vez una forma ocultista del judaísmo); Pérgamo, por no negar la fe bajo presión, aun cuando un miembro fue martirizado (a pesar de estar a la sombra del "trono de Satanás", un templo gigantesco que ha sido reconstruido en un museo en Berlín); Tiatira, por su amor, fe, paciencia y progreso; Filadelfia, por su fidelidad costosa (con otra "sinagoga de Satanás" próxima).

De paso, notamos que Jesús habla frecuentemente de Satanás, quien está detrás de toda la hostilidad hacia las iglesias. Él es también responsable de la crisis que están por enfrentar, "la hora de tentación, que vendrá sobre el mundo entero" (3:10).

Finalmente, qué típico de parte de Jesús elogiar antes de criticar, un ejemplo seguido por los apóstoles. Pablo agradeció a Dios que los corintios tenían todos los "dones espirituales" (1Co 1:4-7) antes de corregirlos por el abuso que hacían de ellos. Por supuesto, también encontró situaciones de iglesias donde esto no era posible, como en Galacia. Pero el principio debe ser emulado por todos los cristianos.

La *acusación*

De nuevo, hay dos iglesias que quedan eximidas de la crítica: Esmirna y Filadelfia. ¡Qué alivio tienen que haber sentido cuando sus cartas fueron leídas! Ellas son más débiles que las otras, y ya están sufriendo, pero han permanecido fieles, lo cual agrada a Jesús más que ninguna otra cosa (Mt 25:21, 23).

¿Qué tenían de malo las demás? Éfeso había dejado su "primer amor" (¿por el Señor, entre sí o por los pecadores perdidos?; tal vez los tres, ya que están interrelacionados); Pérgamo estaba involucrada en la idolatría y la inmoralidad (el sincretismo y la permisividad son los equivalentes modernos); Tiatira era culpable de las mismas cosas (como resultado de oír a "Jezabel", una falsa profetisa); Sardis siempre estaba comenzando nuevos proyectos, lo que le daba la reputación de ser una iglesia "viva", pero estos no eran seguidos hasta el final (¿le recuerda algo esto?); Laodicea estaba enferma, pero no lo sabía.

Esta última carta es tal vez la más conocida y la más llamativa. Ellos se jactaban de ser una comunidad cálida, que recibía cálidamente los muchos visitantes. Pero las iglesias "tibias" hacen vomitar a Jesús. ¡Le resulta más fácil manejar a las heladas o ardientes! Ésta es una referencia a las fuentes saladas calientes que cubrían las laderas afuera de la ciudad (el "castillo blanco" de Pamukkale sigue siendo un balneario de aguas termales para los buscadores de salud); para cuando el arroyo llegaba a Laodicea, estaba "tibio" y actuaba como un emético, provocando vómitos cuando se la tomaba.

¡Jesús había dejado de asistir a los cultos aquí! No puede ser encontrado adentro, sino que está parado justo afuera. El versículo 20 es tal vez el versículo más abusado de las escrituras, y ha sido usado casi universalmente como una invitación evangelística y para aconsejar a las personas que muestran interés en el evangelio. No tiene nada que ver con convertirse en cristiano. De hecho, da una impresión bastante errónea cuando es utilizado de esta forma (en realidad, es el pecador quien está afuera y que necesita golpear para entrar en el reino, del cual Jesús es la puerta, Lc 11:5-10; Jn 3:5; 10:7). La "puerta" en 3:20 es la puerta de la iglesia de Laodicea. El versículo es un mensaje profético a una iglesia que ha perdido a Cristo, y está lleno de esperanza. ¡Solo hace falta un miembro que quiera sentarse a la mesa con él para que Cristo vuelva a entrar! (Para un tratamiento más completo de este versículo y de la forma de convertirse en un cristiano en el Nuevo Testamento, ver mi libro *El nacimiento cristiano normal*, Anchor Recordings, Ltd., 2014).

Antes de dejar esta sección, debe señalarse que estas acusaciones surgen del amor de Jesús por las iglesias. Él mismo lo dice: "Yo reprendo y disciplino a todos los que amo" (3:19). De hecho, ¡la ausencia de esta disciplina podría ser una señal de no pertenecer a su familia en absoluto (Heb 12:7-8)!

Él no quiere denigrarlos, sino levantarlos. Sobre todo, quiere prepararlos para la presión que se aproxima, que los "pondrá a prueba" (3:10). Si transigen ahora, se rendirán después. Eso podría costarles su herencia.

El *consejo*

Hay una palabra de consejo para cada una de las siete iglesias. Aun las dos que él aprueba completamente son exhortadas a seguir así ("retengan con firmeza lo que ya tienen, hasta que yo venga", 2:25).

A las otras cinco iglesias se les advierte con dos palabras: recuerden y arrepiéntanse. Se las llama a traer a la memoria lo que fueron una vez y lo que deberían ser. Y el arrepentimiento verdadero involucra mucho más que sentir pena o remordimiento; requiere confesión y corrección.

Advierte a aquellos que rechazan su llamado que "irá" a tratar con ellos. Habrá un momento cuando será demasiado tarde para corregir las cosas. A veces, esto se refiere a la segunda venida, cuando la "corona de la vida" será dada a aquellos que han sido "fieles hasta la muerte" (2:10; cf. 2Ti

4:6-8), pero aquellos que no estén listos oirán las terribles palabras: "No los conozco" (Mt 25:12).

Normalmente, la expresión "iré" se refiere a una "visitación" anterior a una única iglesia para quitar su "candelabro" (2:5). ¡Jesús tiene un ministerio de cerrar iglesias! Una iglesia transigente que no está dispuesta a ser corregida es mucho menos que inútil en el reino de Dios. Es mejor quitar por completo una publicidad tan mala para el evangelio.

Podríamos resumir esta parte de las cartas así: "arreglen lo que está mal y sigan con lo que está bien; si no, la cerraré".

La *seguridad*

Es notable que el llamado a "vencer" no está dirigido a la iglesia como un todo, sino a cada miembro individual. El juicio siempre es individual, sea con el propósito de recompensar o castigar, y nunca colectivo (note "cada uno" en 2Co 5:10). ¡No hay ninguna sugerencia de dejar una iglesia corrupta y tomar una carroza para ir a una iglesia mejor en la otra cuadra! Tampoco queda excusada una persona del compromiso porque toda su iglesia se está desviando. Las tendencias erróneas en una comunidad no deben seguirse. En otras palabras, un cristiano tal vez tenga que aprender a resistir presiones en la iglesia primero antes de enfrentarlas en el mundo. Si no podemos "vencer" las primeras, difícilmente podremos "salir vencedores" en las últimas.

Jesús no dudó en ofrecer recompensas como incentivos (3:12). Él mismo soportó la cruz, menospreciando el oprobio, "por el gozo que le esperaba" (Heb 12:2). En cada una de las cartas, alienta a los "vencedores" a pensar en los premios que aguardan a los que "siguen avanzando hacia la meta" (Fil 3:14).

Así como su título en cada carta está tomado del primer capítulo, las recompensas que ofrece están tomadas de los capítulos finales. Vendrán en el futuro último más que en el presente inmediato. Solo aquellos que tienen fe de que él guarda sus promesas estarán motivados por compensaciones distantes.

Otra vez, debemos tener en cuenta que las alegrías del cielo nuevo y la tierra nueva no son para todos los creyentes, sino solo para aquellos que vencen las presiones de la tentación y la persecución (21:7-8 lo deja bien en claro). Los que se mantienen obedientes y fieles "hasta el fin" (2:26) serán salvos (cf. Mt 10:22; 24:13; Mr 13:13; Lc 21:19).

El *llamado*

El llamado final, "el que tenga oídos, que oiga", era una conclusión usual de las palabras de Jesús (ej: Mt 13:9). Su significado queda claro a la luz de uno de los textos del Antiguo Testamento más frecuentemente citados: "Oigan bien, pero no entiendan; miren bien, pero no perciban. Haz insensible el corazón de este pueblo; embota sus oídos y cierra sus ojos, no sea que vea con sus ojos, oiga con sus oídos, y entienda con su corazón, y se convierta y sea sanado" (Is 6:9-10; citado en Mt 13:13-15; Mr 4:12; Lc 8:10; Hch 28:26-27).

Jesús sabía que ésta sería la respuesta general de los judíos. Ahora está desafiando a los cristianos a no tener la misma reacción. Está resaltando la diferencia entre oír y obedecer un mensaje. Es una cuestión de cuánta atención se presta a lo que él dice. Sus palabras en Apocalipsis solo serán una bendición si son leídas y "guardadas", es decir, no solo incorporadas en el oído sino en el corazón. Un padre que tiene un hijo que no hace caso a la orden de "dejar eso" dirá: "¿Oíste lo que te dije?", sabiendo perfectamente bien que la orden había sido oída pero no acatada.

Muy simplemente, el comentario final en cada una de las cartas a las siete iglesias significa que Jesús espera una respuesta, una reacción de obediencia positiva. Él tiene derecho a esperarla. Él es Señor.

CAPÍTULOS 4-5: DIOS EN EL CIELO

Esta sección es bastante directa y requiere poca introducción. En particular, el capítulo 4 es conocido probablemente en el contexto de la adoración; suele leerse como un estímulo a la alabanza y ha provisto el contenido para muchos himnos y coros. Da un vistazo de aquella adoración celestial de la cual toda adoración terrenal es un eco.

A Juan se le ha invitado a "subir acá" (4:1) para ver cómo es el cielo, un privilegio compartido por pocos durante sus vidas (Pablo tuvo una experiencia similar, 2Co 12:1-6). Es el lugar donde Dios reina y desde donde gobierna. La palabra "trono" es clave, y ocurre quince veces. Note el énfasis en estar "sentado" (4:2, 9; 5:1). Este es el centro de control del "reino del cielo".

La escena es de una hermosura sobrecogedora, y casi imposible de describir. Arco iris verdes (!), coronas de oro, truenos y relámpagos, lámparas de fuego; uno casi puede imaginarse los ojos de Juan saltando de una imagen impactante a otra mientras contempla la escena con estupefacción y asombro. Cuando trata de describir lo que él mismo puede ver de Dios, solo puede compararlo con dos de las piedras preciosas más brillantes que han visto antes (jaspe y cornalina).

Sobre todo, hay un aspecto pacífico en toda la escena, expresado en el "mar de vidrio" que se extiende hasta el horizonte. El marcado contraste con las agitaciones en la tierra (desde el capítulo 6 en adelante) es claramente intencional. Dios reina supremo por encima de todas las batallas entre el bien y el mal. Él no necesita luchar; aun Satanás tiene que pedirle permiso antes de tocar a un ser humano (Job 1). Ni siquiera se sorprende por nada. Sabe exactamente cómo tratar con todo lo que vaya a suceder, ya que también solo puede ocurrir lo que él permite.

Él es Dios, y no hombre. Por lo tanto, es digno de adoración. El Creador recibe una adoración ininterrumpida de las criaturas que ha hecho. Los cuatros seres "vivientes" son "semejantes" a un león, un toro, un hombre y un águila; juntos, representan a todas las criaturas de los cuatro rincones de la tierra (¡si bien hay veinte interpretaciones más!). Su adoración es vagamente "trinitaria": la palabra "santo" aparece tres veces y Dios está en tres dimensiones del tiempo: pasado, presente y futuro.

Hay veinticuatro ancianos que conforman el "consejo" del cielo (Jer 23:18). Casi con certeza representan a los dos pueblos del pacto de Dios, Israel y la iglesia (note los veinticuatro nombres en las puertas y los fundamentos de la nueva Jerusalén, 21:12-14). Tienen "coronas" y "tronos", pero solo una autoridad delegada.

No hay ninguna acción en el capítulo 4, aparte de la adoración incesante. Es una escena permanente, sin ninguna referencia temporal. En el capítulo 5 comienza la acción, con la búsqueda de alguien "en el cielo y en la tierra" que sea "digno de abrir el rollo y de examinar su contenido".

El significado del libro (o rollo) se vuelve evidente a la luz de los sucesos. En él debe estar escrito el programa que traerá a su fin la era de la historia terrenal en la que vivimos. Al romper sus sellos, comienza la cuenta regresiva.

Hasta que ocurra esto, el mundo debe continuar en su estado actual. Este "mundo malvado" debe cerrarse antes que pueda abrirse el "siglo venidero". Debe haber una terminación decisiva de los "reinos del mundo" antes que "el reino de Dios" sea establecido de manera universal en la tierra. Por eso Juan "lloraba mucho" en frustración y pena cuando no se encontró a nadie "digno" de poner esto en marcha.

Pero, ¿por qué era esto un problema? Dios mismo había desatado muchos juicios en la tierra a lo largo de la historia. ¿Por qué no los últimos? ¡O él prefiere no hacerlo o no se siente calificado como para hacerlo! Este último pensamiento no es tan extraño, o aun blasfemo, como podrían pensar algunos, a la luz de lo que se dice acerca de la única persona hallada "digna".

¿Quién es? ¡Alguien que es a la vez un "león" y un "cordero"! En realidad, el contraste entre ambos no es tan grande como suponen muchos. El cordero es masculino y plenamente maduro, como lo era todo cordero usado en los sacrificios ("de un año", Ex 12:5). En este caso, el "Carnero" —como deberíamos decir— tiene siete cuernos, lo que significa poder perfecto, y siete ojos, lo que significa supervisión perfecta. Sin embargo, "parecía haber sido sacrificado".

El león es el rey de la selva, pero aquí es el rey de la tribu de Judá y tiene sus raíces en la dinastía davídica. Así que tenemos una combinación única del león soberano y el cordero del sacrificio, que se corresponde con el rey que viene y el siervo que sufre, predicho por los profetas hebreos (ej: Is 9-11 y 42-53).

Pero no se trata solo de quién es, sino de lo que ha hecho. Ambas cosas lo habilitan para desatar las aflicciones que pondrán fin al mundo, ya que la palabra "fin" puede significar dos cosas: terminación o consumación. Él traerá lo segundo.

Él ha preparado un pueblo para asumir el gobierno del mundo. Lo ha comprado, al precio de su propia sangre, de cada grupo étnico de la raza humana. Lo ha entrenado en los deberes reales y sacerdotales en el servicio de Dios y así lo ha preparado para la responsabilidad de *reinar sobre la tierra* (esto se desarrolla plenamente en Ap 20:4-6).

Solo alguien que haya hecho todo esto es capaz de comenzar la serie de desastres que derrocarán a todos los otros regímenes. Destruir un sistema malo sin tener uno bueno para reemplazarlo solo puede llevar a la anarquía.

Y él mismo es un soberano digno sobre el gobierno que ha preparado, precisamente porque estuvo dispuesto a dar todo de sí para hacerlo posible. Fue porque se volvió "obediente hasta la muerte, ¡y muerte de cruz!" que "Dios lo exaltó hasta lo sumo" (Fil 2:8-9).

Con razón miles de ángeles se ponen de acuerdo, en aclamación musical, en que lo que corresponde es darle poder, riqueza, sabiduría, fortaleza, honra, gloria y alabanza. Entonces todas las criaturas del universo se unen en el himno del coro, pero con un agregado significativo. El poder, la honra, la gloria y la alabanza deber ser compartidos entre el que está sentado en el trono y el que está parado en el centro frente a él, el Padre y el Hijo juntos. Porque ha sido un esfuerzo conjunto. Ambos estuvieron involucrados. Ambos sufrieron para hacerlo posible, si bien de maneras muy distintas.

Nada revela más claramente la divinidad así como la humanidad de nuestro Señor Jesucristo como el ofrecimiento de alabanza y adoración totales a él y a Dios conjuntamente.

CAPÍTULOS 6-16: SATANÁS EN LA TIERRA

Esta sección es el corazón del libro, y la más difícil de entender y aplicar.

Entramos en las malas noticias. Las cosas se pondrán mucho peor antes que mejoren. Por lo menos está la consolación de saber que la situación no puede ser peor que la que se predice en estos capítulos. ¡Pero es bastante mala!

Hay tres problemas importantes para los intérpretes.

Primero, ¿cuál es el *orden* de los sucesos? Resulta bastante difícil ubicarlos a lo largo de una línea de tiempo, como lo descubren rápidamente los que intentan hacerlo.

Segundo, ¿qué significan todos los *símbolos*? Algunos son claros. Otros se explican. Pero algunos son un problema (la "mujer encinta" del cap. 12 es un caso concreto).

Tercero, ¿cuándo se *cumplen* las predicciones? ¿En nuestro pasado, nuestro presente o nuestro futuro? ¿Ya han ocurrido, están ocurriendo ahora mismo o todavía tienen que ocurrir? Dado que ya hemos discutido esto (en el capítulo "Escuelas de interpretación") no necesitamos cubrir el mismo terreno aquí.

Así que nos concentraremos en el orden de los sucesos, que dista de ser claro en la primera lectura, y consideraremos los símbolos cuando lleguemos a ellos. La tarea se complica por la inserción de tres factores que están fuera de orden, diseminados aparentemente al azar a lo largo de estos capítulos.

Primero, hay *digresiones.* Ubicadas en forma de "interludios" o paréntesis, tratan con temas que parecen estar fuera del flujo principal de sucesos.

Segundo, hay *recapitulaciones.* De tanto en tanto, la

narración parece volver sobre sus pasos, recordando sucesos que ya se han mencionado.

Tercero, hay *anticipaciones*. Hay sucesos mencionados sin explicación hasta más tarde en la historia (por ejemplo, "Armagedón" aparece por primera vez en 16:16, pero no ocurre hasta el cap. 19).

Estas cosas han llevado a interpretaciones erróneas y a la especulación, especialmente en la interpretación "historicista cíclica" ya discutida (en el cap.5, 2. Historicista). Nosotros seguiremos un camino más simple, yendo de lo obvio a lo oscuro.

Al leer estos capítulos de una sentada, los rasgos más llamativos son las tres secuencias de sellos, trompetas y copas. El simbolismo de estos es relativamente fácil de descifrar.

Sellos:
1. Caballo blanco – agresión militar
2. Caballo rojo – derramamiento de sangre
3. Caballo negro – hambre
4. Caballo verde – enfermedad, epidemia

* * *

5. Persecución y oración
6. Temor y temblor

* * *

7. Silencio en el cielo, escuchando las oraciones que luego son contestadas en una catástrofe final: un terremoto severo.

Trompetas:
1. Tierra arrasada
2. Mar contaminado
3. Agua contaminada
4. Luz solar reducida

* * *

5. Insectos y plaga (5 meses)
6. Invasión oriental (200 millones)

* * *

SINOPSIS

                7. Viene el reino, el mundo es tomado por Dios y Cristo luego de un terremoto severo.

Copas: 1. Úlceras en la piel
                2. Sangre en el mar
                3. Sangre de las fuentes
                4. Quemaduras por el sol

                            *   *   *

                5. Oscuridad
                6. Armagedón

                            *   *   *

                7. Granizo y un terremoto severo que conducen a un colapso internacional

Apenas se colocan así, quedan en claro varias cosas:

Los sucesos no son completamente desconocidos. Tienen vagas reminiscencias de las plagas en Egipto, cuando Moisés confrontó al faraón, aun hasta las ranas y las langostas (Ex 7-11). También están ocurriendo hoy en una escala global o regional. Por ejemplo, la secuencia de sucesos de los cuatro caballos puede observarse hoy en muchas partes del mundo, cada uno el resultado del anterior. La mayor novedad es la escala universal en que ocurren aquí, como si los problemas se hubieran extendido a todo el mundo.

Cada serie se divide en tres partes. Los primeros cuatro sucesos van juntos, y el ejemplo más notable son los "cuatro jinetes del Apocalipsis", como se los ha conocido desde que el artista Albrecht Dürer los retrató. Los dos siguientes no están tan íntimamente relacionados, y el último está solo. Los tres últimos acontecimientos, en cada serie, son llamados "ayes", una palabra que indica maldiciones.

Cuando se miran las tres series en conjunto, parece haber una *intensificación* en la secuencia de sucesos. Mientras que una cuarta parte de la humanidad perece en los "sellos", una tercera parte del resto no sobrevive a las "trompetas".

Además, hay una progresión en las causas de los desastres. Los "sellos" son de origen humano; las "trompetas" parecen ser un deterioro natural del medio ambiente; las "copas" son derramadas directamente por agentes angelicales.

Observamos también una *aceleración* de los sucesos. Los "sellos" parecen bastante extendidos en el tiempo, pero la última serie parece medirse en meses o aun en días.

Todo esto sugiere una progresión en las tres series, lo que nos lleva a preguntarnos la relación entre ellas. La respuesta más obvia es que son *sucesivas*, lo que podría representarse así:

Sellos: 1 2 3 4 5 6 7, luego las trompetas: 1 2 3 4 5 6 7, luego las copas: 1 2 3 4 5 6 7.

En otras palabras, las series se suceden una a otra.

¡Pero no es tan sencillo como esto! Un estudio cuidadoso revela que el séptimo componente de cada serie parece referirse al mismo suceso (un terremoto severo a escala mundial es el factor común; 8:5; 11:19; 16:18). Esto ha llevado a una teoría alternativa, muy querida por la escuela "historicista cíclica", que cree que las series son *simultáneas*, así:

Sellos:	1 2 3 4 5 6 7
Trompetas:	1 2 3 4 5 6 7
Copas:	1 2 3 4 5 6 7

En otras palabras, cubren el mismo período (normalmente se sostiene que es todo el tiempo entre la primera y la segunda venida), desde diferentes ángulos.

Un patrón más convincente, pero más complicado, combina estos dos puntos de vista, tratando a los primeros seis sucesos como sucesivos, y el séptimo como simultáneo:

Sellos:	1 2 3 4 5 6			7
Trompetas:		1 2 3 4 5 6		7
Copas:			1 2 3 4 5 6 7	

En otras palabras, cada serie avanza sobre la anterior, pero todas culminan en el mismo final catastrófico. Esto parece encajar mejor con la evidencia y es sostenida principalmente por la escuela "futurista", que cree que las tres series todavía están por delante en la historia.

Cada una de las tres series se centra en lo que ocurrirá con el mundo. De paso, debe notarse la reacción de los seres humanos. Si bien reconocen que estas terribles tragedias son evidencia de la ira de Dios (¡y del Cordero!), la respuesta humana es de terror (6:15-17) y de maldición a Dios (16:21) en vez de arrepentimiento (9:20-21), aun cuando el evangelio del perdón todavía está disponible (14:6). Habla mal de la dureza del corazón humano, pero es un fiel reflejo de la vida. En los desastres nos volvemos a Dios o contra él (las últimas palabras de pilotos de avión que están por chocar a menudo maldicen a Dios; suelen ser editadas de la "caja negra" antes de ser escuchadas en la investigación).

Es hora de ver los capítulos insertados entre las tres series de sellos, trompetas y copas o, más bien, dentro de ellas, como veremos. Hay tres de estas inserciones: capítulo 7, capítulos 10-11 y capítulos 12-14. Las primeras dos secciones está colocadas entre el sexto y séptimo sello y la sexta y séptima trompeta, pero la tercera sección está colocada antes de la primera copa, como si no hubiera una escala de tiempo para ella entre la sexta y la séptima copa. Podemos colocar esto en forma de diagrama, usando la ilustración anterior:

```
Sellos:      1 2 3 4 5 6         (cap. 7)              7
Trompetas:               1 2 3 4 5 6 (caps. 10-11)    7
Copas:       (caps. 12-14)           1 2 3 4 5 6 7
```

Tenemos ahora un bosquejo completo de los capítulos 6-16.

En tanto que las tres series de sellos, trompetas y copas se ocupan principalmente de lo que le ocurre al *mundo*, las tres inserciones tratan con lo que le ocurrirá a la *iglesia*. Aquí se nos da información acerca del pueblo de Dios durante esta terrible conmoción. ¿Cómo será afectado? Dado que Apocalipsis apunta a preparar a los "santos" para lo que está por venir, estas inserciones son más pertinentes e importantes para ellos.

Capítulo 7: los *dos grupos*. Entre el sexto y séptimo sello, tenemos un vistazo de dos pueblos distintos en dos lugares muy diferentes.

Por un lado, *una cantidad limitada de judíos están protegidos en la tierra* (vv. 1-8). Dios no ha rechazado a Israel (Ro 11:1, 11). Ha hecho una promesa incondicional de que sobrevivirían mientras dure el universo (Jer 31:35-37). Él mantendrá su palabra. Ellos tienen un futuro.

Los números parecen algo arbitrarios, hasta artificiales. Probablemente sean números "redondos", o tal vez sean simbólicos en cierto sentido. Lo que está claro es que será una proporción muy limitada de una nación que ahora puede contarse en millones. Y el total estará dividido en partes iguales entre las doce tribus, sin favorecer a ninguna. Esto significa que las diez tribus llevadas a Asiria no se "perdieron" para Dios y que él preservará a los sobrevivientes de cada tribu que le son conocidos. Hay una tribu perdida, Dan, que se rebeló contra la voluntad que tenía Dios para ella y fue reemplazada, de una manera muy similar a lo que ocurrió con Judas Iscariote entre los doce apóstoles. Ambos casos son advertencias acerca de dar por sentado nuestro lugar en los propósitos de Dios.

Por otro lado, hay *una cantidad incontable de cristianos que están protegidos en el cielo* (vv. 8-17). La multitud internacional está parada en un sitio de honor ante el Rey, uniéndose a los ancianos y los seres vivientes en sus cantos de alabanza. Pero agregan una nueva nota de alabanza: por su "salvación".

Juan no se da cuenta de su significado y confiesa ignorar sus cualificaciones para tal honor. Uno de los ancianos lo esclarece: "Aquéllos son los que están saliendo de la gran tribulación" (v. 14; el tiempo del verbo indica claramente una procesión continua de individuos y grupos durante todo el tiempo de aflicción). ¿Cómo están escapando? No por un "arrebatamiento" repentino y secreto (ver la tercera sección de este volumen), sino por la muerte, algunos por causas naturales pero la mayoría por el martirio, que figura de manera muy destacada en estos mismos capítulos (ya hemos oído el clamor de sus "almas" pidiendo venganza, 6:9-11).

Pero es el derramamiento de la sangre del Cordero, y no su propia sangre, lo que los ha rescatado. Fue el sufrimiento de él, antes que el de ellos, el sacrificio que expió sus pecados y los hizo lo suficientemente limpios como para estar ante la presencia de Dios y ofrecer su servicio.

Pero Dios es consciente de lo que han sufrido por causa de su Hijo, y él se asegurará de que "ya no" experimenten tal dolor. El sol abrasador no los quemará (16:8-9). Serán cuidados por el "buen pastor" (Sal 23; Jn 10). Serán refrescados por agua "de la vida" o "viva" (¡burbujeante!) en vez de "quieta" (Jn 4:14; 7:38; Ap 21:6; 22:1, 17). Y Dios, como todo padre con un hijo que llora, "enjugará toda lágrima de los ojos" (21:4). Note que estar en el cielo ahora es un anticipo de la vida en la tierra nueva.

Capítulos 10-11: los *dos testigos*. Entre la sexta y la séptima trompeta, la atención se centra en los canales humanos a través de los cuales son comunicadas las revelaciones divinas. La palabra clave en ambos capítulos es "profetizar" (10:11; 11:3, 6). Al comienzo de la era de la iglesia, Juan en Patmos es el profeta; al final, habrá dos "testigos" que profetizarán en la ciudad de Jerusalén.

Hay una sensación de desastre inminente con la aparición espectacular de dos ángeles "poderosos". Las terribles verdades pronunciadas por el primer ángel con voz rugiente son solo para Juan y no deben ser comunicadas a nadie más (cf. 2Co 12:4). El segundo ángel anuncia que no habrá más demoras en la intensificación de los sucesos: la séptima trompeta será el clímax (confirmando nuestra conclusión de que el séptimo sello, la séptima trompeta y la séptima copa se refieren todos al mismo "final").

La última y peor parte de las "malas noticias" está a punto de ser dada. Se encuentra en un "pequeño rollo" (¿una versión ampliada y más detallada, de una parte del rollo más grande ya abierto?). A Juan se le dice que lo "coma" (nosotros diríamos que lo "digiera"). Tendrá un sabor "dulce y amargo"; dulce al principio, pero amargo cuando empieza a penetrar (una reacción que tienen muchos ante todo el libro de Apocalipsis, cuando comienzan a entender su mensaje).

A Juan se le dice que "vuelva a profetizar", que continúe su trabajo de predecir el futuro del mundo. Entonces es llevado a recorrer la ciudad de Jerusalén y su templo. Mide sus atrios, pero no el atrio más exterior para los adoradores gentiles, ya que ellos vendrán para "pisotear" la ciudad y no para orar por ella. Sin embargo, estos encontrarán dos personas extraordinarias que les predicarán acerca del Dios que detestan.

¡El resultado será la muerte para predicadores y oyentes por igual! Los dos testigos tendrán un poder milagroso, para detener la lluvia (como Elías, 1R 17:1, Stg 5:17) y para traer fuego sobre sus enemigos (como Moisés, Lv 10:1-3). Pero serán muertos cuando terminan su testimonio. Sus cuerpos yacerán en las calles por apenas un poco más de tres días, mientras la multitud multinacional, porque "les estaban haciendo la vida imposible" por sus palabras, se regodean sobre ellos y celebran su desaparición. El alivio se convertirá en terror cuando ambos sean resucitados a plena vista de todos. Una fuerte voz del cielo, "suban acá", provocará su ascensión. Al momento de su partida, un terremoto severo destruirá una décima parte de los edificios de la ciudad y siete mil personas de su población.

La similitud entre el destino de los dos testigos y *"el profeta"* Jesús es llamativa. Será imposible no recordar su crucifixión, resurrección y ascensión en esta misma ciudad. Por supuesto, hay diferencias: en su caso, el terremoto coincidió con su muerte (Mt 27:51), y ni su resurrección después de tres días ni su ascensión fueron vistas por el público en general.

Pero seguirá siendo un recordatorio vívido, especialmente para los habitantes judíos de aquellos días distantes. Producirá temor de Dios y gloria para él.

No se nos dice quiénes son estos dos testigos. Todos los intentos por identificarlos son pura especulación. No hay ninguna sugerencia de que sean figuras "reencarnadas" de tiempos pasados, así que no son Moisés y Elías, si bien se parecen a ellos en algunos aspectos, ni son tampoco dos "Jesús", aunque sean similares a él en otros aspectos. Debemos "esperar y ver" quiénes son, pero obviamente no tiene importancia en realidad. Lo importante es lo que hacen y lo que les hacen.

Antes de dejar esta sección, deben notarse dos "anticipaciones".

Por una parte, está la primera mención de un período de tiempo de 1260 días, que son cuarenta y dos meses, o sea tres años y medio. Nos encontraremos con esta cifra en los próximos capítulos, donde parece indicar la duración de la "gran aflicción". Muchos lo relacionan con la "mitad de la semana" predicha por Daniel (Dn 9:27; la versión NIV inglesa, traduce correctamente "semana" como "siete"). Es un tiempo bastante breve, y recuerda la predicción de Jesús mismo de que sería acortado (Mt 24:22).

Por otra parte, ésta es la primera mención de la "bestia", que aparece de manera tan destacada en el próximo paréntesis de la narración que sigue.

Capítulos 12-14: las *dos bestias*. Según el patrón literario que hemos seguido hasta ahora, esta sección debería aparecer entre la sexta y la séptima copa, pero estas dos vienen tan pegadas una de la otra que no hay ni tiempo ni espacio entre ellas para otros sucesos. Así que estos tres capítulos están insertados antes que las siete copas sean derramadas como la expresión final de la ira de Dios sobre un mundo rebelde (ver el diagrama previo en este capítulo).

Han pasado seis sellos y seis trompetas. La última de todas las series de desastres está por suceder. Será la peor para el mundo, y la más dura para la iglesia. Los poderes malignos lograrán controlar la sociedad más fuertemente que nunca antes, aunque su control está a punto de ser roto.

Esta sección presenta tres personas que forman una alianza para dominar el mundo entre ellas. Una es angélica en su origen y naturaleza: un "gran dragón" y una "serpiente antigua", conocida además como "Satanás" o "el diablo" (12:9). Las otras dos personas son humanas en su origen y naturaleza: las "bestias", conocidas también como "el anticristo" (1Jn 2:18; también como "el hombre de maldad" en 2Ts 2:3) y "el falso profeta" (16:13; 19:20; 20:10). Juntos, forman una especie de "trinidad impía", un espantoso remedo de Dios, Cristo y el Espíritu Santo.

Satanás aparece en las "aflicciones" por primera vez. No ha sido mencionado en Apocalipsis desde las cartas a las siete iglesias (2:9, 13, 24; 3:9). Los sellos y las trompetas han dejado caer sus cargas sobre la tierra, mientras Satanás ha estado en el cielo. Como ángel, él tiene acceso a "las regiones celestiales" (Ef 6:12; cf. Job 1:6-7). Allí es donde se está desarrollando la verdadera batalla entre el bien y el mal, como descubrirá cualquier persona que haya entrado en estas esferas mediante la oración.

Esta batalla, entre los buenos y los malos ángeles en el cielo, no durará para siempre. Por una parte, las fuerzas son desiguales en número. El lado del diablo comprende una tercera parte de las huestes celestiales (12:4); las dos terceras partes restantes son conducidas por el arcángel Miguel, quien guiará a sus fuerzas a la victoria (una escultura que retrata esta conquista adorna la pared este de la catedral de Coventry, Inglaterra).

El diablo será "lanzado" a la tierra. Más adelante será derrotado nuevamente y será arrojado al "abismo" (20:3). Entretanto, en los pocos años que le quedan, su furia y su frustración se concentran en nuestro planeta. Incapaz de seguir desafiando a Dios directamente en el cielo, declara la guerra al pueblo de Dios abajo. Es una acción de retaguardia, realizada con la esperanza de retener su reino en la tierra mediante gobernantes títeres, uno político y el otro religioso.

Hasta aquí, el mensaje del capítulo 12 es bastante claro, aunque desafíe la imaginación. Pero hemos pasado por alto (deliberadamente) la otra figura principal en el drama: una mujer encinta, revestida del sol, parada sobre la luna y con una corona de doce estrellas en su cabeza.

¿Quién es ella? ¿Es una persona individual, o tal vez es una "personificación" de un lugar, o de un pueblo (como las otras "mujeres" en Apocalipsis; por ejemplo, la "prostituta" que representa a Babilonia en los caps. 17-18)?

Por cierto, esta figura ha dado origen a muchas polémicas y diferencias entre los estudiosos de la Biblia. Para algunos, el tema queda cerrado por el hecho de que el diablo quería "devorar a su hijo tan pronto como naciera" (v. 4) y la declaración de que "ella dio a luz un hijo varón que gobernará a todas las naciones con puño de hierro" (v. 5). No hay duda, dicen, de que ésta es una referencia inconfundible al nacimiento de Jesús y el intento inmediato pero fallido de Herodes de destruirlo. La mujer, entonces, es su madre, María (la interpretación católica usual) o una personificación de Israel, de donde vino el Mesías (una interpretación protestante frecuente, para excluir a María).

Pero no es tan sencillo como esto. ¿Por qué volver repentina e inesperadamente al origen mismo de la era cristiana en medio de un pasaje que describe los últimos tiempos? ¿Por qué traer a María a escena? (después de Hechos 1 ella desaparece del Nuevo Testamento, ya que su trabajo ha sido completado). Por supuesto, los "historicistas cíclicos" ven esto como una prueba de una "recapitulación" más del ciclo completo de la historia de la iglesia, comenzando esta vez desde la natividad, con la derrota de Satanás y su exilio del cielo en ese momento.

Sigue habiendo problemas. Al parecer, el niño es "arrebatado y llevado hasta Dios, que está en su trono" casi enseguida después de su nacimiento. Esto podría ser una "condensación" de la encarnación y la ascensión, pero la falta de toda referencia al ministerio, muerte y resurrección entre ambos sucesos es llamativa, cuando menos. Y si la mujer es su madre, ¿quiénes son "el resto de sus descendientes" hacia quienes el dragón frustrado dirige su atención (v. 17)? Sabemos que María tuvo otros hijos, incluyendo cuatro varones y algunas mujeres (Mr 6:3), pero son candidatos improbables. Ni tampoco es seguro que "gobernará a todas las naciones con puño de hierro" apunte necesariamente a Jesús; se aplica a él (19:15, en cumplimiento de Sal 2:9), pero también es prometido a sus seguidores fieles (2:27). Luego está la preservación de la mujer en el "desierto" durante 1260 días (12:6), un período que ya ha surgido como la duración de la mayor aflicción al final de la era de la iglesia.

La interpretación que encaja mejor con estos datos ve a la mujer como una personificación que representa a la iglesia en los últimos tiempos, preservada afuera de las áreas urbanas durante las peores aflicciones. Su niño-hombre es también una personificación, que representa a los creyentes martirizados en este tiempo, a salvo en el cielo, fuera del alcance de Satanás. Ellos volverán a la tierra un día y la gobernarán con Cristo (20:4 lo declara enfáticamente). El "resto de sus descendientes" son lo que sobreviven el holocausto y, sin embargo, "obedecen los mandamientos de Dios y se mantienen fieles al testimonio de Jesús" (v. 17; cf. 1:9; 14:12). Hay todavía algunas tensiones con el texto en este punto de vista, pero muchas menos que en cualquier otra explicación.

De nuevo, parece haber una comparación implícita entre la experiencia de Cristo al comienzo de la era cristiana y sus seguidores al final de ella (como vimos en el capítulo anterior). En particular, así como él "ha vencido" (Jn 16:33), sus seguidores "vencerán", "no valoraron tanto su vida como para evitar la muerte" (12:11). Su victoria demuestra "el reino de nuestro Dios; ha llegado ya la autoridad de su Cristo" (12:10; cf. 11:15 y Hch 28:31).

Las dos "bestias" llegan en el capítulo 13. La primera y principal bestia es una figura política, un dictador mundial que maneja un régimen totalitario sobre todos los grupos étnicos conocidos. Él es "el anticristo" (1Jn 2:18; note que el prefijo "anti" en griego significa "en vez de" antes que "contra", apuntando a un falsificador más que a un competidor), "el hombre de maldad" (2Ts 2:3-4) que no reconoce ninguna ley superior a la propia y, por lo tanto, reclamará la divinidad y exigirá la adoración. La bestia es un individuo humano que acepta la oferta satánica que rechazó Jesús (Mt 4:8-9; ¡si él hubiera aceptado se hubiera convertido en Jesús Anticristo!)

Pero es, también, "anticristiano" en el otro sentido de ese prefijo. Tiene el poder para "hacer la guerra a los santos y *vencerlos*" (13:7; él los vence temporalmente, pero ellos lo vencen eternamente, 12:11).

Sus características son las de otras bestias salvajes: el leopardo, el oso y el león. Parece surgir de una federación de gobernantes políticos, captando la atención del mundo al recuperarse de manera asombrosa de una herida mortal, presumiblemente un intento de asesinato. Su egolatría blasfema es propagada durante cuarenta y dos meses.

Su posición se ve reforzada por la segunda bestia, un colega religioso con poder sobrenatural que hará que la adoración del mundo se centre en su superior. Sus milagros engañarán a las naciones, al ordenar que caiga fuego del cielo y que hablen las imágenes del dictador.

Su apariencia será "como de cordero," una oveja joven con solo "dos cuernos". Esto parecería indicar mansedumbre antes que algún parecido con Cristo, ya que está en contraste con su discurso semejante al del dragón.

Su golpe maestro no será su demostración de milagros sino su dominación de los mercados. Solo se les permitirá comerciar a aquellos que tienen un número especial en una parte visible de su cuerpo (la mano o la frente), y solo recibirán la marca aquellos que participen de la idolatría imperial. Los judíos y los cristianos, por lo tanto, serán excluidos de todo comercio, aun para comprar las necesidades básicas de la vida.

El número "666" es el nombre en clave del dictador. Ya

hemos tratado su significado (ver final del cap. 4). Hasta que él llegue, cuando su identidad con este número será demasiado obvia, todos los intentos por decodificarlo son especulaciones inútiles. Hay una cosa clara: se quedará corto respecto de la perfección (7), en cada aspecto.

El capítulo 14 parece compensar las escenas horrorosas al dirigir nuestra atención hacia un grupo de personas que muestran un marcado contraste con quienes se han dejado atrapar por el sistema. En vez del nombre enigmático de la bestia, llevan el nombre del Cordero y de su Padre en sus frentes (otro aspecto que se vuelve a mencionar en 22:4). Son conocidos por la integridad de su palabra, en vez de las mentiras arrogantes, además de las relaciones sexuales puras.

Hay cierta incertidumbre respecto de su ubicación, si es que están en el cielo o en la tierra, pero el contexto favorece la primera posibilidad, por los cantos de adoración de los seres vivientes y los ancianos (14:3 parece repetir 4:4-11), que son cantos que solo los redimidos pueden "aprender" y, sobre todo, cantar. El número (144.000) es enigmático. No debe confundirse con el mismo número en el capítulo 7. Allí se refiere a los judíos en la tierra; aquí, a los cristianos en el cielo. Allí estaba formado por las doce tribus; aquí, no. Tampoco puede hacerse coincidir con "una gran multitud . . . tan grande que nadie podía contarla" en ese mismo capítulo. De nuevo, podría ser un número "redondo". Pero la clave tal vez esté en que fueron "rescatados como los primeros frutos de la humanidad para Dios y el Cordero" (v. 4). Son solo un pequeño anticipo de una cosecha muy grande. Así que el sentido puede ser que la cantidad total de judíos preservados en la tierra es solo una cantidad parcial de los cristianos que están alabando en el cielo.

El resto del capítulo muestra una procesión de ángeles que traen varios mensajes de Dios para los hombres:

El primero pide temor y adoración a Dios, con un recordatorio de que el evangelio todavía está disponible para salvar a cualquier persona del "castigo que se acerca" (Lc 3:7).

El segundo ángel anuncia la caída de Babilonia. Aquí hay otra "anticipación", ya que ésta es la primera vez que se menciona este lugar. Todo será aclarado en la próxima sección (caps. 16-17).

El tercer ángel advierte a los creyentes acerca de las terribles consecuencias de ceder ante las presiones del sistema totalitario final. La terminología es propia del infierno: un "tormento" incesante (la misma palabra que describe la experiencia del diablo, el anticristo y el falso profeta en el "lago de fuego", 20:10). En otras palabras, compartirán el destino de aquellos ante quienes se han rendido. El hecho de que los "santos" pudieran encontrarse en este destino espantoso es subrayado por un llamado a la "perseverancia" enseguida después de la advertencia (v. 12, que repite 13:10). Ambos contextos reconocen que algunos pagarán su lealtad con su vida. Para ellos se escribe una bienaventuranza especial: "Dichosos los que de ahora en adelante mueren en [el sentido es prácticamente "por"] el Señor" (v. 13). La bienaventuranza es doble: ahora pueden descansar de su trabajo y, como se ha guardado un registro de su lealtad, pueden esperar una recompensa. Aun aquellos que mueren por causas naturales en ese tiempo disfrutarán de esta bendición. Pero este versículo aún no debe usarse en funerales; la promesa es calificada por la expresión "de ahora en adelante", que se refiere al reinado de la "bestia".

El cuarto ángel grita a alguien "semejante al Hijo del Hombre" sentado sobre "una nube blanca" (una clara referencia a Dn 7:13), diciéndole que había llegado la hora de la cosecha. Si esto se refiere a recoger la mala hierba para ser quemada o el trigo para ser almacenado (Mt 13:40-43), no queda claro de inmediato.

El quinto ángel simplemente aparece con una hoz en su mano.

El sexto ángel dirige la hoz a las "uvas" que han de ser pisadas en el "gran lagar de la ira de Dios" que está "fuera de la ciudad". Que esto se refiere a una matanza masiva de seres humanos queda indicado por el gigantesco charco de sangre

(460 kilómetros cuadrados de un metro de profundidad, ¿una pequeña hipérbole, quizás?). Esto es probablemente una anticipación de la batalla de Armagedón, donde los buitres limpiarán los cadáveres (19:17-21). De paso, notamos este vínculo entre la sangre, el vino y la ira de Dios, que ocurre con bastante frecuencia. Esto arroja muchísima luz sobre la cruz y particularmente sobre la oración agónica de Jesús en Getsemaní (que significa "aplastamiento"). El uso metafórico de la "copa" en las escrituras se refiere invariablemente a la ira de Dios (Is 51:21-22; Mr 14:36; Ap 16:19).

Estos seis ángeles son seguidos por siete más que escenifican la ira derramada de Dios, en vez de hablar de ella. Llevan siete tazones (16:2, lectura alternativa, LBLA, NBLH), no solo copas, de ira que vierten sobre la tierra. Esto va acompañado por un canto de victoria de los mártires en el cielo, que se hacen eco conscientemente del regocijo de Moisés después que la fuerzas egipcias fueron ahogadas en el mar Rojo (15:2-4). El tema es la justicia y la rectitud de Dios, expresadas en acciones grandes y maravillosas que reivindican su santidad mediante el castigo de los opresores. El "rey de los siglos" tal vez se tome su tiempo para juzgar a los culpables, pero el juicio vendrá con toda seguridad, y ha llegado finalmente.

* * * * *

Antes que dejemos esta importante sección media de Apocalipsis, deben hacerse dos observaciones adicionales.

La primera tiene que ver con el *orden* de los sucesos. Se ha intentado hacer encajar los sellos, las trompetas y las copas, junto con los paréntesis insertados, en algún tipo de cronograma consecutivo. Si esto ha sido exitoso o no debe ser evaluado por el lector, quien tal vez ya haya ideado un esquema diferente.

El hecho es que es extremadamente difícil, si no imposible, encajar los sucesos predichos en un patrón coherente. Pero

SINOPSIS

Jesús es un maestro demasiado bueno como para ocultar su mensaje esencial en una narración tan compleja. ¿Qué nos dice esto?

Simplemente que *el orden no es el énfasis principal* en esta sección. Está mucho más preocupada con lo que va a ocurrir que con cuándo ocurrirá algo. El propósito de todo esto no es permitirnos ser adivinos precisos, capaces de predecir el futuro, sino siervos fieles del Señor, listos para enfrentar lo peor que nos pueda ocurrir. Pero, ¿nos ocurrirá a nosotros?

La segunda observación tiene que ver con el *cumplimiento* de las predicciones. Si la "gran aflicción" solo cubre unos pocos años, podría ocurrir que no tengamos que enfrentarla durante nuestras vidas. Así que ¿podría ser una pérdida de tiempo para todas las generaciones de santos, excepto la última, prepararse para ella?

Una respuesta es que la tendencia y la velocidad actual de los sucesos mundiales lo convierten en una posibilidad creciente en el futuro cercano.

Pero la respuesta principal a este tipo de pensamiento debe ser el recordatorio de que los sucesos futuros arrojan sus sombras ante ellos. "Queridos hijos, ésta es la hora final, y así como ustedes oyeron que el anticristo vendría, muchos son los anticristos que han surgido ya. Por eso nos damos cuenta de que ésta es la hora final" (1Jn 2:18). El falso profeta viene, pero aun ahora han venido muchos falsos profetas (Mt 24:11; Hch 13:6; Ap 2:20).

En otras palabras, lo que un día será experimentado por toda la iglesia en una escala universal ("los odiarán todas las naciones", Mt 24:9) ya está ocurriendo en contextos locales y regionales. Todo cristiano puede pasar por muchas tribulaciones antes que todos pasemos por la "gran tribulación". Todos debemos estar listos para el tipo de problemas que llegarán a un clímax entonces, pero que pueden venir ahora (ver las palabras sabias de Corrie Ten Boom al final del cap. 13).

Esta sección (capítulos 6-16) es, por lo tanto, de una pertinencia directa para todos los creyentes, no importa cuál sea su situación actual. La iglesia ya está bajo presión en la mayoría de los países, y la cantidad de naciones donde esto no ocurre decrece año tras año.

Y, más allá de todo esto, está el retorno del Señor Jesucristo, para lo cual todo creyente debe estar listo. El principal motivo para prepararse para ser fieles bajo presión es poder enfrentarlo sin vergüenza. Tal vez esto explique el siguiente recordatorio insertado entre la sexta y la séptima copa de ira (lo cual confirma, dicho sea de paso, que algunos cristianos todavía estarán en la tierra en ese tiempo): "¡Cuidado! ¡Vengo como un ladrón! Dichoso el que se mantenga despierto, con su ropa a la mano, no sea que ande desnudo y sufra vergüenza por su desnudez" (16:15; note el mismo énfasis en el atuendo en Mt 22:11; Lc 12:35 y Ap 19:7-8).

CAPÍTULOS 17-18: EL HOMBRE EN LA TIERRA

Esta sección todavía pertenece a la "gran aflicción", pero apenas. Tiene que ver con la última parte, con el tiempo del terremoto severo en el séptimo sello, la séptima trompeta y la séptima copa (ver 16:17-19).

La historia del mundo se está apresurando hacia un fin. Se aproxima el desenlace final. A pesar de todas las advertencias, sea por la palabra o la acción divina, los seres humanos aún se rehúsan a arrepentirse y maldicen a Dios por todas sus aflicciones (16:9, 11, 21).

El resto de Apocalipsis está dominado por dos figuras femeninas, una prostituta inmunda y una novia pura. Ninguna es una persona; ambas son personificaciones. Representan ciudades.

Podríamos usar el título: "Una historia de dos ciudades." Son Babilonia y Jerusalén, la ciudad del hombre y la ciudad de Dios. En esta sección consideraremos la primera, que ya ha sido mencionada (14:8; 16:19).

Las ciudades son consideradas generalmente como

lugares malos en la Biblia. La primera mención (que suele ser significativa) las asocia con la línea de Lamec y la manufactura de armas de destrucción masiva. Concentran personas, por lo tanto pecadores, por lo tanto pecado. Con menos comunión y mayor anonimato, el vicio y el crimen prosperan. Hay más lujuria (prostitución) e ira (violencia) en las comunidades urbanas que en las rurales.

Los dos pecados que se destacan acá son la avaricia y el orgullo. Ambos están relacionados con la idolatría del dinero. Dado que es imposible adorar a Dios y a las riquezas (Lc 16:13), es más fácil olvidarse del Hacedor del cielo y la tierra en una ciudad próspera. ¡El hombre "que se hizo solo" adora a su propio creador! La arrogancia se evidencia en la arquitectura; los edificios son a menudo monumentos a la ambición y el logro humano.

Así era la torre de la ciudad de Babel, a orillas del río Éufrates, ubicada en la ruta entre Asia, África y Europa. Fundada por Nimrod, el poderoso cazador (de animales) y guerrero (entre hombres), la base de su creencia era que la fuerza otorga la razón, que sobreviven los más fuertes.

Típicamente, la torre debía ser la estructura más alta hecha por el hombre en el mundo; una declaración imponente, tanto para los hombres como para Dios. La intención expresa de "hacerse famosos" (Gn 11:4) marca el comienzo del humanismo, la autodeificación del hombre. ¡Dios juzgó esta arrogancia otorgando a sus habitantes el don de lenguas! Pero la remoción simultánea de su lengua común trajo una confusión ininteligible (note que en Pentecostés no ocurrió esto, porque el mismo don produjo unidad, Hch 2:44).

La ciudad luego se convirtió en la capital de un imperio grande y poderoso, especialmente bajo Nabucodonosor, un tirano despiadado que destruía bebés, animales y aun árboles cuando conquistaba un nuevo territorio (Hab 2:17; 3:17).

Entretanto, el rey David de Israel había establecido a Jerusalén como su capital. En contraste, no se encontraba en una posición estratégica para el comercio, ya que no estaba a orillas del mar, de un río importante o de un camino principal. Era, sin embargo, la "ciudad de Dios", el lugar donde puso su nombre y escogió vivir entre su pueblo, primero en la carpa que armó Moisés y luego en el templo que edificó Salomón.

Babilonia se convirtió en la mayor amenaza para Jerusalén. Nabucodonosor finalmente destruyó la ciudad santa, con su templo, transportando sus tesoros y deportando a su pueblo a setenta años de exilio. Dios permitió que pasara esto porque los habitantes la habían convertido en una ciudad "impía", como todas las demás.

Pero ésta fue una sanción temporal más que un castigo permanente. Mediante los profetas, Dios prometió tanto la restauración de Jerusalén como la ruina de Babilonia (ej: Is 13:19-20 y Jer 51:6-9, 45-48). En efecto, la ciudad malvada se convirtió en un montón de escombros desolado, totalmente deshabitado, excepto por criaturas salvajes del desierto, exactamente como fue predicho.

No es ninguna coincidencia que haya similitudes profundas entre los libros de Daniel y de Apocalipsis. Ambos contienen visiones de los últimos tiempos que concuerdan asombrosamente. Sin embargo, las revelaciones fueron dadas a Daniel durante el tiempo de Nabucodonosor (había sido un joven en la primera de las tres deportaciones). Él había "visto" el curso futuro de los imperios mundiales hasta el tiempo de Cristo mismo y más allá, hasta el fin de la historia misma, el reino del anticristo, el reino milenario, la resurrección de los muertos y el día del juicio.

Ambos libros hablan de una ciudad llamada "Babilonia". Pero, ¿están hablando del mismo lugar?

Si es así, tendrá que ser reconstruida. Aquellos que consideran que la "Babilonia" de Apocalipsis es la misma ciudad, están bastante entusiasmados porque ciertas partes de ella ya han sido reconstruidas. Es altamente improbable que la antigua Babilonia, aun plenamente reconstruida, pueda alguna vez convertirse en un centro estratégico nuevamente.

La escuela de interpretación "preterista" aplica la palabra

"Babilonia" a la metrópolis de Roma. Hay alguna base para hacerlo, en especial porque ésta fue tal vez la forma en la que los lectores originales de Apocalipsis lo tomarían. Una de las cartas de Pedro, escrita para un propósito muy similar (preparar a los santos para el sufrimiento), tal vez ya haya establecido este enlace en clave (1P 5:13). Y la referencia a las "siete colinas" es probable que pondría fin a la discusión (17:9; aunque note que las "colinas" representan reyes).

El carácter decadente de Roma también se correspondería con esta descripción en Apocalipsis. Su seductora atracción de bienes y finanzas a cambio de favores prestados y su dominación de reyes insignificantes encaja bien en el cuadro.

Sin embargo, es dudoso que éste sea el cumplimiento total. Roma ciertamente fue *una* Babilonia. Pero fue solo un anticipo de *la* Babilonia que domina el final de la historia, que es donde la coloca firmemente Apocalipsis.

Algunos han resuelto el problema postulando un Imperio Romano redivivo. Sus pulsos se aceleraron cuando diez naciones (17:12) firmaron el "Tratado de Roma" como base de una nueva superpotencia, la Comunidad Europea. El interés ha decrecido con el agregado de otros estados; ¡hay ahora demasiados "cuernos"!

La renuencia a liberar a Roma como el principal candidato también es aparente en la escuela de interpretación "historicista". Al tomar a Apocalipsis como un resumen de toda la historia de la iglesia, los protestantes generalmente adjudicaban al papado y al Vaticano, con sus pretensiones de poder político además de religioso, la "mujer escarlata" de Babilonia (esta identificación ha causado estragos en las "aflicciones" en Irlanda del Norte). ¡Los católicos devolvieron el cumplido y consideraron a los reformadores protestantes de manera similar!

En realidad, no hay ningún indicio en Apocalipsis de que "Babilonia" sea un centro religioso en absoluto. El énfasis está en los negocios y el placer como las principales ocupaciones de sus habitantes.

La escuela "futurista" parece estar más cerca de la verdad al considerar a la ciudad como una nueva metrópolis que surgirá para dominar a otras ciudades en los "últimos tiempos". Dado que está designado como un "misterio" (es decir, un secreto ahora revelado), parecería ser una nueva creación del hombre más que el restablecimiento de una ciudad anterior (sea la antigua Babilonia o Roma).

Claramente será un centro de comercio, o tal vez *el* centro de comercio, un lugar para conseguir y gastar el dinero (note cómo los comerciantes son afectados por su caída, 18:11-16). La cultura no será descuidada (note la música en 18:22).

Pero será corrupta y corruptora, caracterizada por el materialismo sin moralidad, el placer sin pureza, la riqueza sin sabiduría, la lujuria sin amor. La similitud con la ramera es peculiarmente apropiada, ya que ella da a cualquier persona todo lo que quiere a cambio de dinero.

Hasta aquí solo hemos considerado a la "mujer", pero ella se sienta sobre una "bestia" con siete cabezas y diez cuernos, que claramente representan una federación de figuras políticas. No se nos dice quiénes son, ni se nos dan muchos detalles acerca de ellos. Son hombres poderosos, pero sin un territorio para gobernar. Su autoridad proviene de la "bestia", presuntamente el anticristo, a quien dedicarán una lealtad total. Sobre todo, serán abiertamente anticristianos, y "le harán la guerra al Cordero" y "los que están con él" (17:14), al parecer porque sus conciencias serán tocadas.

Pero Babilonia está condenada. Ella y ellos caerán. Sus días estarán contados. La forma asombrosa en que ocurrirá esto es por completo creíble en el mundo moderno.

La mujer se sienta sobre la bestia. Una reina sentada en las espaldas de reyes (una inversión de género contraria a la creación). Es otra forma de decir que la economía dominará la política, que el poder del dinero será más importante que toda otra autoridad. Dado que el grueso de los negocios del mundo está en manos de trescientas corporaciones gigantescas, este escenario no es difícil de imaginar.

Los políticos ambiciosos, ávidos de poder, resienten esta

influencia financiera. Hasta son capaces de causar un desastre económico si eso les permite tomar el poder. Uno piensa en el trato de los judíos por parte de Hitler, quienes controlaban muchos bancos en Alemania.

Los "reyes" estarán celosos de la "mujer" que se sienta encima de ellos y se propondrán destruirla. La ciudad será arrasada por fuego. Será el mayor desastre económico que el mundo haya visto. Muchas, muchas personas "llorarán de dolor por ella".

Dios habrá causado la catástrofe, pero no mediante ninguna acción física. Él "les ha puesto en el corazón que lleven a cabo su divino propósito" (17:17). Él los habrá alentado a hacer una alianza con la bestia contra la ciudad. El anticristo tendrá el control político y el falso profeta, el control religioso; los "reyes" ahora les ofrecerán el control económico a cambio de poderes delegados para ellos. Pero su disfrute de estos privilegios será extremadamente breve ("una hora", 17:12).

Es tan segura la caída de Babilonia que Apocalipsis la retrata como algo que ya ha ocurrido. Los cristianos pueden estar completamente seguros de esto. Pero hay razones prácticas por las que se les dice esto. ¿Cuál es la relación entre el pueblo de Dios y esta última "Babilonia"? Se ofrecen tres pautas.

Primero, habrá muchos mártires en la ciudad. La ramera "se había emborrachado con la sangre de los santos y de los mártires de Jesús". Esta última frase indica nuevamente la presencia de cristianos y ocurre a lo largo de Apocalipsis (1:9; 12:17; 14:12; 17:6; 19:10; 20:4). No hay ningún lugar para gente santa en una ciudad dedicada a la inmoralidad. La comunidad no quiere una conciencia.

Segundo, a los cristianos se les dice: "Salgan de ella, pueblo mío, para que no sean cómplices de sus pecados, ni los alcance ninguna de sus plagas; pues sus pecados se han amontonado hasta el cielo, y de sus injusticias se ha acordado Dios" (18:4-5). Esto es casi idéntico al pedido de Jeremías a los judíos en la antigua Babilonia (Jer 51:6). Note que ellos tienen que "salir"; no los saca el Señor. Claramente, no todos los creyentes serán martirizados; algunos escaparán, aunque tal vez tengan que dejar atrás su dinero y sus posesiones.

Tercero, cuando cae Babilonia, se ordena una celebración: "¡Alégrate, oh cielo, por lo que le ha sucedido! ¡Alégrense también ustedes, santos, apóstoles y profetas!, porque Dios, al juzgarla, les ha hecho justicia a ustedes" (18:20). Esto ocurre en 19:1-5. ¡Muy pocos se dan cuenta de que el famoso coro del "Aleluya" en el oratorio *El Mesías* de Haendel es una celebración del colapso de la economía mundial, el cierre de las bolsas, la bancarrota de los bancos y la interrupción del intercambio y el comercio! ¡Solo el pueblo de Dios estará cantando "Aleluya" (que significa "Alaben al Señor") en ese día!

Desaparece la prostituta y aparece la novia. La "cena de las bodas del Cordero" está a punto de tener lugar. Jesús se va a casar; en realidad, él viene para casarse (Mt 25:1-13). La novia "se ha preparado" comprando un vestido de lino fino limpio (note la referencia a la "ropa" nuevamente): esto se explica como un símbolo de "las acciones justas de los santos" (19:8). La lista de invitados es completada y son "dichosos" los que están en ella.

Ya nos encontramos en el capítulo 19, que lleva a la próxima sección y cierra ésta. Pero recordemos que las divisiones en capítulos no eran parte del texto original, y a menudo aparecen en los lugares incorrectos, separando lo que Dios ha unido, algo que nunca es más evidente que en la penúltima sección de Apocalipsis.

CAPÍTULOS 19-20: CRISTO EN LA TIERRA

Esta serie de sucesos pone punto final a la historia, tal como la conocemos. Nuestro mundo concluye finalmente. Estamos tratando ahora con el futuro último.

Lamentablemente, esta sección ha generado más polémicas que cualquier otra en todo el libro, centradas principalmente en el "milenio", la mención reiterada de "mil años". Este es un asunto tan importante que será tratado como un tema aparte (ver la sección D. El embrollo del milenio). Ese tratamiento incluirá una exégesis exhaustiva del texto, así que no se dará más que un resumen aquí.

Es vital notar el cambio en las revelaciones, de verbales a visuales. A lo largo de la sección anterior Juan dice: "oí" (18:4; 19:1, 6). Luego la frase se convierte en un "vi" repetido, hasta que cambia de nuevo a "oí" (en 21:3).

Al analizar la parte visual, se discierne claramente una serie de siete visiones. Si no fuera por la intrusión injustificada de las divisiones de capítulos ("20" y "21"), esta revelación en siete partes habría sido notada por la mayoría de los lectores. Tal como está, pocos la han señalado. Sin embargo, es el último "siete" de Apocalipsis. Como en los anteriores sietes, los cuatro primeros van juntos, los dos siguientes no están tan relacionados, y el último está solo (postergaremos su estudio hasta que consideremos los capítulos 21-22). Podemos hacer la siguiente lista:

i. PARUSÍA (19:11-16)
   Rey de reyes, Señor de señores (y "logos" = palabra)
   Caballos blancos, vestiduras teñidas de sangre

ii. CENA (19:17-18)
   Invitación angélica a las aves . . .
   . . . a comer los cadáveres.

iii. ARMAGEDÓN (19:19-21)
   Reyes y ejércitos destruidos (por la "palabra" = logos)
   Dos bestias arrojadas al lago de fuego

iv. SATANÁS (20:1-3)
   Encadenado y desterrado al "abismo"
   Pero por un tiempo limitado

* * * * *

v. MILENIO (20:4-10)
   Santos y mártires reinan (primera resurrección)
   Satanás soltado y arrojado al lago de fuego

vi. JUICIO (20:11-15)
   Resurrección general de "los demás"
   Son abiertos los libros y el "libro de la vida"

* * * * *

vii. RE-CREACIÓN (21:1-2)
   Nuevo cielo y tierra
   Nueva Jerusalén

Esto indica claramente una serie de sucesos consecutivos, que comienzan con la segunda venida y finalizan con la nueva creación. Y queda confirmado por referencias cruzadas internas (por ejemplo, 20:10 se refiere a 19:20, más atrás). Lamentablemente, los comentaristas han tratado de alterar la secuencia en beneficio de un sistema teológico (diciendo que el cap. 20 precede al cap. 19, por ejemplo). Pero el orden de estos últimos capítulos es mucho más claro que en el medio de Apocalipsis, y es muy significativo.

Por ejemplo, los enemigos del pueblo de Dios son expulsados de la escena en orden inverso a su introducción. Satanás aparece en el capítulo 12, las dos "bestias" en el capítulo 13 y Babilonia en el capítulo 17. Babilonia desaparece en el capítulo 18, las dos "bestias" en el capítulo 19 y Satanás en el capítulo 20. La ciudad cae antes del retorno de Cristo, pero es necesaria en la tierra para tratar con la "trinidad impía" del diablo, el anticristo y el falso profeta.

Casi todos los estudiosos aceptan que la visión inicial es un cuadro de la segunda venida (solo unos pocos, debido a intereses teológicos creados, dicen que se refiere a la primera venida). Pero el retorno de Jesús a la tierra causará consternación en los poderes existentes. Impactados por su reaparición, planificarán un segundo asesinato. Pero esta vez un pelotón de guardias será totalmente inadecuado, ya que millones de sus seguidores devotos se habrán encontrado con él en Jerusalén (1Ts 4:14-17). Se reunirá una gigantesca fuerza militar algunos kilómetros al norte, en el valle de Esdrelón, al pie del "monte Meguido" (en hebreo, Har-magedón). Es la encrucijada del mundo, dominada por Nazaret. Ha habido muchas batallas aquí, y muchos reyes han muerto en este lugar (Saúl y Josías, entre ellos).

Jesús solo necesita una "palabra" para levantar a los muertos o para matar a los vivos. Se trata más de una frase que de un combate. Los buitres se encargan de los cuerpos, ya que son demasiados como para enterrar.

En este momento, hay una serie de acontecimientos sorprendentes. Las dos "bestias" no son muertas sino "arrojadas vivas" al infierno, los primeros seres humanos en entrar en ese lugar. El diablo no es enviado ahí, sino que es arrestado, ¡para ser liberado de nuevo más adelante!

Ante todo, Jesús no pone fin al mundo en ese momento, sino que asume el gobierno él mismo, llenando el vacío político dejado por la "trinidad impía", con sus propios seguidores fieles, especialmente los mártires. Por supuesto, ellos tendrán que ser resucitados para cumplir con esta responsabilidad. Este "reino" durará mil años pero finalizará cuando el diablo, en libertad condicional, engañe a las naciones para que lleven a cabo una rebelión final pero fallida, aplastada por fuego del cielo.

El período entre el retorno de Jesús y el día de juicio es ampliamente rechazado en la iglesia hoy, pero era el punto de vista aceptado en la iglesia primitiva. Las razones para este cambio y las muchas preguntas que plantea se discuten en detalle en la sección D. "El embrollo del milenio".

Hay acuerdo general sobre lo que sigue. Claramente, se enseña un día de ajuste de cuentas final a lo largo de todo el Nuevo Testamento.

Viene anunciado por dos portentos notables. La tierra y el cielo desaparecen. Sabemos (de 2P 3:10) que ambos serán "destruidos" por el fuego. Los muertos, incluyendo los que se han perdido en el mar, reaparecerán. Esta es la resurrección segunda, o "general", y confirma que tanto los malos como los justos tomarán un nuevo cuerpo antes de ingresar a su destino eterno (Dn 12:2; Jn 5:29; Hch 24:15). "Alma y cuerpo" serán arrojados al lago de fuego (Mt 10:28; Ap: 19:20). El "tormento" será físico, además de mental (Lc 16:23-24). En consecuencia, tanto la "muerte", que separa al cuerpo del espíritu, como el "hades", la morada de los espíritus sin cuerpo, son abolidos ahora (20:14). La "muerte segunda", que ni separa al cuerpo del alma ni aniquila a ninguno de los dos, asume el control de ahí en más.

Todo lo que puede verse ahora es el juez —que está sentado en el trono—, los que serán juzgados —que están parados delante de él— y una enorme pila de libros. El trono del juez es grande y blanco, representando poder y pureza. Probablemente no sea el mismo trono que vio Juan en el cielo (4:2-4). Ese trono no fue descrito como "grande" o "blanco". Además, es sumamente improbable que se les permita a los malos resucitados estar en alguna cercanía del cielo. Por cierto, no hay ningún indicio de que la escena en el capítulo 20 se haya desplazado de vuelta al cielo; es más probable que esté ubicada donde ha estado la tierra, aunque la tierra haya desaparecido dejando solo a sus habitantes anteriores y presentes. Ante todo, la persona sentada en este trono no es identificada como Dios (como en 4:8-11). De hecho, no es Dios. A partir de otras escrituras, sabemos que él ha delegado la tarea de juzgar la raza humana a su Hijo, Jesús: "Él ha fijado un día en que juzgará al mundo con justicia, por medio del hombre que ha designado" (Hch 17:31; cf. Mt 25:31-32; 2Co 5:10). Los seres humanos serán juzgados por un ser humano.

Éste no será un juicio largo e interminable. Toda la evidencia ya ha sido recogida y examinada por el juez. Está contenida en los "libros", unos volúmenes que merecen realmente el título "¡Esta es su vida!". No serán una selección de ocasiones recomendables para una presentación televisiva, sino un registro completo de las acciones (y palabras, Mt 5:22; 12:36) de toda la vida, desde el nacimiento hasta la muerte. Tal vez seamos justificados por fe, pero seremos juzgados por obras.

Si ésta fuera toda la evidencia a ser considerada, nos condenaría a todos a la "muerte segunda". ¿Qué esperanza habría para persona alguna? Gracias a Dios, se abrirá otro libro en ese día terrible. Es el registro de la vida misma del juez en la tierra, que lo absuelve y lo califica para juzgar a otros a la vez. Es el "libro de la vida, el libro del Cordero" (21:27). Pero contiene otros nombres aparte del suyo. Aquellos que están "en Cristo" aparecen ahí, aquellos que han vivido y han muerto en él, aquellos que han sido incorporados a esta "vid verdadera" y han permanecido en ella (Jn 15:1-8). Por lo tanto, han dado el fruto que confirma la continuidad de su unión con él (Fil 4:3; contrastar con Mt 7:16-20). La fecundidad es prueba de su fidelidad.

Sus nombres han sido puestos en este libro cuando llegaron a estar en Cristo, cuando se arrepintieron y creyeron (la frase "desde la creación del mundo" en 17:8 se refiere a aquellos cuyos nombres no están escritos en el libro, y significa simplemente "en toda la historia humana"; lo mismo ocurre en 13:8, aunque la frase ahí puede estar relacionada con la muerte del Cordero). Sus nombres no han sido "borrados" del libro de la vida porque han "salido vencedores" (3:5).

Solo aquellos cuyos nombres todavía están en este libro evitarán la "muerte segunda" en el "lago de fuego". En otras palabras, fuera de Cristo no hay esperanza alguna, ya que "todos han pecado y están privados de la gloria de Dios" (Ro 3:23). El evangelio es, por lo tanto, *exclusivo*: "En ningún otro hay salvación, porque no hay bajo el cielo otro nombre [excepto "Jesús"] dado a los hombres mediante el cual podamos ser salvos" (Hch 4:12). Pero también debe ser, por lo tanto, *inclusivo*: "Vayan por todo el mundo y anuncien las buenas nuevas a toda criatura" (Mr 16:15; cf. Mt 28:19; Lc 24:47).

La raza humana entonces será dividida permanentemente en dos grupos (Mt 13:41-43, 47-50; 25:32-33). Para un grupo, el destino ya ha sido "preparado" (Mt 25:41). El lago (o "mar") de fuego ha estado existiendo por mil años, por lo menos (19:20). Para el otro grupo, se ha "preparado" una nueva metrópolis (Jn 14:2), pero no hay ninguna tierra donde se la pueda ubicar, y mucho menos un cielo arriba de ella. Se necesita un nuevo universo.

CAPÍTULOS 21-22: EL CIELO EN LA TIERRA

Entramos a esta sección final con gran alivio. La atmósfera ha cambiado dramáticamente. Las nubes oscuras se han corrido y el sol está brillando nuevamente; solo que el sol también ha desaparecido, para ser reemplazado por la gloria de Dios, que es mucho más brillante (21:23).

Este es el acto de redención final, que trae salvación a todo el universo. Esta es la obra "cósmica" de Cristo (Mt 19:28; Hch 3:21; Ro 8:18-25; Col 1:20; Heb 2:8), la renovación del cielo y la tierra (note que "cielo" se refiere a lo que nosotros llamamos "espacio"; es la misma palabra usada en 20:11 y 21:1). Los cristianos ya han recibido nuevos cuerpos, cuando Jesús volvió a la vieja tierra. Ahora van a recibir un nuevo entorno que corresponda a sus nuevos cuerpos.

Los primeros dos versículos cubren la última visión en la secuencia de siete que Juan "vio" (19:11 a 21:2), el clímax a los sucesos finales de la historia. Hay más que un universo nuevo aquí. Dentro de la creación "general" hay una creación "especial". Así como dentro del primer universo Dios "plantó un jardín" (Gn 2:8), aquí también ha diseñado y construido una "ciudad jardín", del que estaba al tanto y esperaba Abraham (Heb 11:10).

Así como el "cielo nuevo y tierra nueva" son lo suficientemente similares como para llevar los mismos nombres, a esta ciudad se le da el mismo nombre que la capital de David. Jerusalén ocupa un lugar en el Nuevo Testamento así como en el Antiguo. Jesús la llamó "la ciudad del gran Rey" (Mt 5:35; cf. Sal 48:2). Fue "fuera de la puerta de la ciudad" que murió, resucitó y ascendió al cielo. Es a esta ciudad que volverá para sentarse en el trono de David. En el milenio será "el campamento del pueblo de Dios, la ciudad que él ama" (20:9).

Por supuesto, la ciudad terrenal era, en cierto sentido, una réplica temporal de "la Jerusalén celestial, la ciudad del Dios viviente", de la que todos los creyentes en Jesús ya son ciudadanos, junto con los santos hebreos y los ángeles (Heb 12:22-23). Pero eso no significa que el original sea menos real en algún sentido que la copia, que una sea material y la otra, "espiritual". La principal diferencia entre ellas es la ubicación. Y eso cambiará.

La ciudad celestial "bajará del cielo" y estará situada en la nueva tierra. Será una ciudad real, una construcción material, ¡aunque de materiales algo diferentes! Lamentablemente, desde que ocurrió la separación platónica de Agustín de la esfera física y la espiritual, la iglesia ha tenido verdaderas dificultades para aceptar el concepto de una nueva tierra, y mucho menos una nueva ciudad en ella. La equivalencia entre lo "espiritual" y lo "intangible" ha hecho un daño enorme a las esperanzas cristianas para el futuro. Este nuevo universo y su metrópolis no serán menos "materiales" que los antiguos.

Los versículos 3-8 son un comentario explicativo de esta visión final. La atención se desvía inmediatamente desde la nueva creación hacia su Creador. Note la transición de lo que Juan "vio" a lo que "oyó". Pero ¿de quién era la "gran voz" que oyó? Habla de Dios en tercera persona, y luego en primera persona. Sin duda es Cristo el que habla (cf. 1:15). La frase "sentado en" el trono es la misma que en el capítulo anterior (comparar 20:11 con 21:5). En ambos contextos se habla del juicio y se menciona "el lago de fuego" (cf. 20:15 con 21:8). Sobre todo, esta "voz" hace la misma afirmación que Jesús en el epílogo (cf. 21:6 con 22:13). Sin embargo, el "trono de Dios y del Cordero" son vistos luego como uno solo (22:1).

Hay tres afirmaciones sorprendentes que siguen a continuación.

La primera, es la revelación más notable acerca del futuro en todo el libro. ¡Dios mismo estará cambiando su lugar de residencia, del cielo a la tierra! Él vendrá a vivir con los seres humanos en su domicilio, ya no más "Padre nuestro que estás en el cielo" (Mt 6:9), sino "Padre nuestro que estás en la tierra", lo que conduce a la relación más íntima que haya habido jamás entre personas humanas y divinas. Dado que toda muerte, pena y dolor son contrarios a su naturaleza, no tendrán ningún lugar ahí. No habrá más separación, no más lágrimas. De paso, recordamos la única otra mención de Dios en la tierra: su caminata vespertina en el jardín del Edén (Gn 3:8). Una vez más, la Biblia ha dado un giro completo.

La segunda revelación es el anuncio: "¡Yo hago nuevas todas las cosas!" (21:5). Aquí el carpintero de Nazaret afirma ser el Creador del nuevo universo, como lo fue del anterior (Jn 1:3; Heb 1:2). Su obra no está limitada a regenerar personas, si bien éstas también son "una nueva creación" (2Co 5:17). Él también está restaurando todas las cosas.

Hay una discusión considerable acerca de la palabra "nuevo". ¿Cuán nuevo es "nuevo"? Este universo "nuevo", ¿es el antiguo "renovado" o una construcción completamente nueva? Por cierto, hay dos palabras griegas para "nuevo" (*kainos* y *neos*), pero tienen significados parecidos y el uso de la primera aquí no aclara la cuestión. Las referencias al universo viejo como algo que será "destruido por el fuego" (2P 3:10) y que "había dejado de existir" (21:1) sugieren erradicación antes que transformación. Pero el proceso ya ha comenzado, con la resurrección de Jesús. Su cuerpo "viejo" se disolvió dentro de la ropa mortuoria y salió de la muerte con un nuevo "cuerpo glorioso" (Fil 3:21; *Explaining the Resurrection*[12] (Sovereign World, 1993). La "conexión" exacta entre los dos cuerpos está oculta en la oscuridad de la tumba, pero lo que ocurrió allí un día ocurrirá a una escala universal.

La tercera revelación detalla las implicaciones prácticas de

---

12 En español, *Explicando la resurrección*.

esta nueva creación para los lectores de Apocalipsis (note que a Juan se le ha tenido que recordar que siga escribiendo lo que está oyendo porque "estas palabras son verdaderas y dignas de confianza", 21:5). Del lado positivo, está la promesa de saciar la sed de aquellos que buscan "el agua de la vida" (21:6; 22:1, 17). Pero esto debe conducir a una vida "vencedora", a fin de heredar un lugar en la tierra nueva y disfrutar la relación de familia con Dios en ella.

Del lado negativo, está la advertencia de que los que no salen vencedores, sino son cobardes, incrédulos, inmorales y engañosos, nunca formarán parte de todo esto, sino que terminarán en "el lago de fuego y azufre. Ésta es la muerte segunda" (21:8). Debe señalarse que esta advertencia se da a creyentes apartados, y no a incrédulos, como ocurre en todo el libro. La mayoría de las advertencias anteriores de Jesús acerca del infierno fueron dirigidas, no a pecadores sino a su propios discípulos (ver mi libro *The Road to Hell*,[13] Hodder and Stoughton, 1992).

* * * * *

En este momento, el ángel lleva a Juan a un gira guiada por la nueva Jerusalén y su vida (la idea de que lo que sigue es en realidad una "recapitulación" de la "vieja" Jerusalén en el milenio es tan extravagante que no la consideraremos, ya que el versículo 10 claramente amplía el versículo 2). La descripción es arrebatadora, y exige el vocabulario al límite, lo que plantea una pregunta fundamental: ¿cuánto es literal y cuánto es simbólico?

Por un lado, tomarlo todo de manera literal parece incorrecto. Claramente Juan está describiendo lo indescriptible (Pablo tuvo la misma dificultad cuando le fueron reveladas realidades celestiales, 2Co 12:4). Note cuántas veces solo puede usar una comparación ("semejante" o "como" en 21:11, 18, 21: 22:1), pero todas las analogías son solo aproximadas y,

---

13 En español, *El camino al infierno*.

en última instancia, inadecuadas. Pero las realidades retratadas imperfectamente aquí deben ser más asombrosas que esto, y no menos.

Por otro lado, tomarlo todo simbólicamente también parece incorrecto. Llevado al extremo, todo el cuadro se disuelve en una irrealidad "espiritual" que no hace justicia a la "nueva tierra" como la localidad obvia.

Para resaltar el problema, podemos hacer la siguiente pregunta: ¿representa la "nueva Jerusalén" un lugar o un pueblo? La pregunta surge porque es llamada una "novia", lo que indicaba anteriormente un pueblo, la iglesia (en 19:7-8). Al principio, esto es solo una analogía (en 21:2, "*como* una novia") y todo el que haya visto una boda semita entenderá la similitud de la vestimenta muy colorida engalanada con joyas. Más adelante, sin embargo, la ciudad es denominada específicamente como "la novia, la esposa del Cordero" (21:9). El ángel, que promete *presentar* "la novia" a Juan, le *muestra* la ciudad (21:10), aunque la visión avanza para revelar la vida de sus habitantes (21:24-22:5).

La respuesta a este dilema es mucho más obvia para un judío que para un cristiano. "Israel", la esposa de Yavé, siempre ha sido un pueblo *y también* un lugar, involucrados indisolublemente entre sí, y de ahí surgen todas las promesas proféticas de la restauración última del pueblo a su propia tierra. En comparación, los cristianos son un pueblo sin un lugar aquí, extranjeros, peregrinos, residentes temporales que están de paso, la nueva "diáspora" o pueblo disperso y exiliado de Dios (Stg 1:1; 1P 1:1). El cielo es nuestro "hogar". Pero el cielo va a descender a la tierra al final. Los judíos y los gentiles serán, juntos, el pueblo con un lugar. Por eso los nombres en la ciudad son las doce tribus y los doce apóstoles (21:12-14).

Esta doble unificación de judíos y gentiles, del cielo y la tierra, es fundamental en el propósito eterno de Dios de "reunir en él todas las cosas, tanto las del cielo como las de la tierra" (Ef 1:10; Col 1:20). Así que la "esposa", que se convierte en una, tanto en sí misma como con su esposo, es un pueblo y un lugar. ¡Y qué lugar!

Las medidas claramente son importantes, todas múltiplos de doce. El *tamaño* es gigantesco: más de dos mil kilómetros en cada una de las tres dimensiones; la ciudad cubriría la mayor parte de Europa, o entraría apenas en la luna, si fuera hueca. En otras palabras, lo suficientemente grande como para acomodar a todo el pueblo de Dios. La *forma* es significativa también, más parecido a un cubo que a una pirámide, lo que indica una ciudad "santa", como el "lugar santísimo" en forma de cubo en el tabernáculo y en el templo. Los muros son para definir la parte exterior más que para defender el interior, dado que las puertas siempre están abiertas. No hay ninguna amenaza de peligro, así que sus habitantes pueden salir y volver libremente en cualquier momento.

Ya conocemos los materiales usados en su construcción, pero solo como gemas raras y preciosas que nos dan un pequeño atisbo del cielo. La lista que hay aquí es una de las pruebas más asombrosas de la inspiración divina de este libro. Ahora que podemos producir luz más "pura" (polarizada y láser), se ha descubierto una cualidad de las piedras preciosas que se desconocía previamente. Cuando se exponen secciones delgadas a la luz con polarización cruzada (como cuando dos lentes de anteojos de sol se superponen en ángulo recto), caen en dos categorías muy diferentes. Las piedras "isotrópicas" pierden todo su color, porque dependen de rayos al azar para su brillo (por ejemplo, los diamantes, rubíes y granates). Las piedras "anisótropas" producen todos los colores del arco iris en patrones deslumbrantes, no importa cuál sea su color original. ¡*Todas* las piedras de la "nueva Jerusalén" pertenecen a esta última categoría! Nadie podría haberlo sabido cuando se escribió Apocalipsis, ¡excepto Dios mismo!

Otro rasgo llamativo de esta descripción es que en solo treinta y dos versículos hay más de cincuenta alusiones al Antiguo Testamento (principalmente de Génesis, Salmos, Isaías, Ezequiel y Zacarías). Cada característica principal es, de hecho, un cumplimiento de las esperanzas judías expresadas en las profecías. Esto indica también que las profecías del Antiguo y del Nuevo Testamento surgen todas de la misma fuente (1P 1:11; 2P 1:21). Apocalipsis es la culminación y la conclusión de toda la Biblia.

Cuando la demostración angélica avanza hacia la vida que disfrutan los habitantes de la ciudad, hay algunas sorpresas. Tal vez el contraste más grande con la "vieja" Jerusalén sea la ausencia de un templo dominante que concentre la adoración en un lugar determinado (¿o en un tiempo determinado?) Toda la ciudad *es* su templo, en donde los redimidos "día y noche le sirven" (7:15), lo cual sugiere que el trabajo y la adoración se han fundido entre sí nuevamente, como ocurría con Adán (Gn 2:15; a Adán no se le dijo que tuviera un día entre siete para adorar).

La ciudad estará enriquecida con la cultura internacional (21:24, 26). Nunca se verá contaminada por la conducta inmoral (21:27). Por eso los creyentes transigentes están en peligro de que sus nombres sean borrados del "libro de la vida, el libro del Cordero" (3:5; 21:27).

El río y el árbol de la vida asegurarán una salud continua. Como en el principio, la dieta consistirá de fruta antes que de carne (Gn 1:29), aunque no hay ninguna obligación de ser vegetariano antes de ese tiempo (Gn 9:3; Ro 14:2; 1Ti 4:3).

Ante todo, los santos vivirán en la presencia de Dios. Realmente verán su rostro, un privilegio otorgado a pocos antes (Gn 32:20; Ex 33:11) pero en ese tiempo a todos (1Co 13:12). Lo reflejarán en sus propios rostros, con su nombre sobre sus frentes, así como otros llevaron el número de la "bestia" (13:16). "Reinarán por los siglos de los siglos", supuestamente sobre la nueva creación y no unos sobre otros, como fue la intención original (Gn 1:28). De esta forma "servirán" al Creador.

Una vez más, hace falta enfatizar que los seres humanos no han ido al cielo para estar con su Señor para siempre; él ha venido a la tierra para estar con ellos para siempre. La "nueva

Jerusalén" es a la vez la "morada" eterna divina y humana, la residencia permanente de ellos.

Como antes, a Juan se le debe recordar que lo ponga todo por escrito. ¡Es comprensible su distracción de la tarea!

* * * * *

El "epílogo" (22:7-21) tiene mucho en común con el "prólogo" (1:1-8). Se aplica el mismo título a Dios en uno y a Cristo en el otro. (1:8; 22:13). Esta exhortación final es completamente trinitaria: Dios, el Cordero y el Espíritu están todos presentes.

Hay un fuerte énfasis en el hecho de que el tiempo es breve. Jesús viene "pronto" (22:7, 12, 20). El hecho de que hayan transcurrido muchos siglos desde que fue dicho y escrito esto no debería llevar a la complacencia; debemos estar mucho más cerca de "lo que tiene que suceder sin demora" (22:6).

El día de oportunidad aún está aquí. Los sedientos todavía pueden beber del agua de la vida como un regalo gratuito (22:17). Pero las decisiones deben tomarse ahora. Viene el tiempo cuando la dirección moral de nuestra vida será fijada para siempre (22:11). El faraón endureció su corazón contra el Señor siete veces, así que entonces Dios se lo endureció tres veces (Ex 7-11; Ro 9:17-18). Vendrá un momento cuando ocurra esto con todos los que desafíen y desobedezcan su voluntad.

Hay solo dos categorías de personas al final: las que "lavan sus ropas" (22:14; cf. 7:14), y en consecuencia entran a la ciudad, y las que se mantienen fuera de ella (22:15), como los perros salvajes en Oriente Medio hoy. Esta es ahora la tercera vez que se incluye una lista de ofensas que merecen la descalificación en este final sublime (21:8, 27; 22:15), como si a los lectores nunca debe permitírseles olvidar que las glorias del futuro no les llegarán automáticamente porque hayan creído en Jesús y pertenezcan a una iglesia, sino que serán para quienes "sigan avanzando hacia la meta para ganar el premio que Dios ofrece mediante su llamamiento celestial en

Cristo Jesús" (Fil 3:14) y quienes "buscan la paz con todos, y la santidad, sin la cual nadie verá al Señor" (Heb 12:14).

Otra forma en que los creyentes pueden perder su futuro es alterando el libro de Apocalipsis, ya sea por adición o por sustracción. Como es una "profecía" —Dios hablando por su siervo— modificarla de cualquier forma es cometer un sacrilegio e incurrir en el castigo más severo. Es improbable que los incrédulos ni siquiera se molesten en hacer esto. Es mucho más probable que lo hagan aquellos que se ocupan de la tarea de explicarla e interpretarla para otros. ¡Dios tenga misericordia de este pobre autor si ha ofendido de esta forma!

Pero la nota final es positiva, y está resumida en una palabra: "¡Ven!".

Por una parte, esta invitación en labios de la iglesia está dirigida al mundo, para "el que escuche" ("todos los que oyen esto", NTV, 22:17; cf. Jn 3:16). Por otra parte, está dirigida al Señor: "Amén. ¡Ven, Señor Jesús!" (22:20).

Esta súplica doble es característica de la verdadera novia que está movida por el Espíritu (22:17) y está experimentando la gracia del Señor Jesús (22:21). Todos los santos claman: "¡Ven!" al mundo renegado y a su Señor que vuelve.

CAPÍTULO NUEVE

La centralidad de Cristo

Este último libro de la Biblia es "la revelación de Jesucristo" (1:1). El genitivo ("de") puede entenderse de dos formas: *proviene de* él o *acerca de* él. Tal vez el significado doble es intencional. De una forma u otra, él es central para su mensaje.

Si el tema es el fin del mundo, él es "el Fin", como fue "el Principio" (22:13). El plan de Dios consiste en "reunir todas las cosas en Cristo" (Ef 1:10).

Tanto el prólogo como el epílogo se centran en su retorno al planeta Tierra (1:7; 22:20). La bisagra sobre la cual gira la historia futura, que pasa de empeorarse a mejorarse, es ese retorno (19:11-16).

Es "este mismo Jesús" (Hch 1:11) quien volverá. Él es el Cordero de Dios que vino la primera vez para "quitar el pecado del mundo" (Jn 1:29). A lo largo de Apocalipsis, el Cordero "parece haber sido sacrificado" (5:6). Presumiblemente, las cicatrices todavía estarán visibles en su cabeza, su costado, su espalda, manos y pies (Jn 20:25-27). Son recordatorios frecuentes de que él derramó su sangre para redimir a los seres humanos de todo tipo (5:9; 7:14; 12:11).

Sin embargo, el Jesús de Apocalipsis es también muy diferente del hombre de Galilea. Su primera aparición ante Juan fue tan sobrecogedora que este discípulo, que había sido el más cercano a él (Jn 21:20), cayó en un desmayo mortal. Ya hemos mencionado su cabello blanco como la nieve, sus ojos refulgentes, su lengua aguda, su rostro brillante y sus pies bruñidos.

Si bien hay breves atisbos de un Jesús airado en los evangelios (Mr 3:5; 10:14; 11:15), su "ira" sostenida en Apocalipsis provoca terror en los corazones de toda clase de gente, quienes preferirían ser aplastados por las rocas antes que mirar sus ojos (6:16-17). Este no es ningún "Jesús amable, bondadoso y apacible". Si bien ésta sería una descripción dudosa de él en cualquier momento, es especialmente inapropiada aquí.

Muchos creen que Jesús predicó y practicó el pacifismo, a pesar de su afirmación en sentido contrario: "No crean que he venido a traer paz a la tierra. No vine a traer paz sino espada" (Mt 10:34; Lc 12:51). Por supuesto, sus palabras pueden ser "espiritualizadas", pero es mucho más difícil explicarlas de esta forma en Apocalipsis, donde la visión más natural del conflicto final es física.

Jesús baja del cielo montado en un caballo de guerra y no en un asno de paz (Zac 9:9; Ap 19:11; cf. 6:2). Su vestidura está "teñida en sangre" (19:13), pero no en la suya. Si bien la única "espada" que empuña es su lengua, el efecto de usarla consiste en matar a miles de reyes, generales y hombres poderosos (¡tanto voluntarios como conscriptos!), así como esa misma lengua dio muerte a una higuera (Mr 11:20-21).

¡Jesús es descrito claramente aquí como un asesino en masa, con buitres que vienen detrás de él para limpiar los cuerpos! Este retrato gráfico causa consternación entre los respetables adoradores acostumbrados a verlo contemplando benignamente desde los vitrales de la iglesia. Será una sorpresa aún mayor para los que usan las semanas de Adviento en el calendario eclesiástico para mostrarlo en las representaciones navideñas como un bebé indefenso. Él nunca más será así.

¿Ha cambiado Jesús? Sabemos que al llegar a la ancianidad algunas personas se ablandan y otras se vuelven irritables y hasta maliciosos. ¿Le ha ocurrido esto durante los siglos que pasaron? ¡Dios no lo permita!

No ha cambiado su carácter o su personalidad, sino su misión. Su primera visita fue "a buscar y a salvar lo que se había perdido" (Lc 19:10). No vino "para condenar al mundo, sino para salvarlo" (Jn 3:17). Vino para dar a los seres humanos la oportunidad de ser separados de sus pecados antes que todo pecado tuviera que ser destruido. Su segunda visita es para el propósito opuesto: para destruir antes que salvar, para castigar antes que perdonar, "para juzgar a los vivos y los muertos", como lo expresan el Credo de los Apóstoles y el Credo de Nicea.

Se ha vuelto una frase trillada decir que Jesús "ama al pecador pero odia el pecado". Lo primero se vio claramente en su primera venida; lo segundo será igualmente aparente la segunda. Quienes se aferran a sus pecados deben enfrentar las consecuencias. En ese momento "el Hijo del hombre enviará a sus ángeles, y arrancarán ["desmalezarán", NVI inglesa] de su reino a todos los que pecan y hacen pecar" (Mt 13:41). Este "desmalezado" será tan meticuloso como justo. Pero si ha de ser completamente justo, deberá aplicarse tanto a creyentes como a incrédulos (como enseña Pablo claramente en Ro 2:1-11, concluyendo que "con Dios no hay favoritismos")

Una vez más, tenemos que recordar que el libro de Apocalipsis está dirigido exclusivamente a creyentes "nacidos de nuevo". La descripción de esta feroz oposición al pecado tiene la intención de inducir un temor sano en los "santos" como un incentivo para "obedecer los mandatos de Dios y seguir confiando en Jesús" (14:12).

Resulta demasiado fácil para quienes han experimentado la gracia de nuestro Señor Jesucristo olvidarse de que él todavía será su Juez (2Co 5:10). Quienes lo han conocido como amigo y hermano (Jn 15:15; Heb 2:11) tienden a pasar por alto sus atributos más desafiantes. Como mínimo, él es digno de "la alabanza y la honra, la gloria y el poder, por los siglos de los siglos" (5:13).

De los 250 nombres y títulos que se dan a Jesús en las escrituras, hay una cantidad considerable que se usa en este libro, y algunos solo aparecen aquí. Él es el Primero y el Último, el Principio y el Fin, el Alfa y la Omega. Él es el soberano (comienzo, origen) de la creación de Dios. Esa es *su relación con nuestro universo*. Él estuvo involucrado en su creación, es responsable de su continuación y la llevará a su consumación (Jn 1:3; Col 1:15-17; Heb 1:1-2).

Él es el león de la tribu de Judá, la raíz (y linaje) de David. Esa es *su relación con el pueblo escogido de Dios, Israel*. Él fue, es y siempre será, el Mesías judío.

Él es santo y verdadero, fiel y verdadero y el testigo fiel y verdadero. Él es el que vive, el que estuvo muerto y vive por siempre jamás, quien tiene las llaves de la muerte y del Hades. Esa es *su relación con la iglesia*. Ellos tienen que recordar su pasión por la verdad, lo que significa pasión por la realidad y la integridad, en oposición a la hipocresía.

Él es el Rey de reyes y Señor de señores. Es la estrella brillante de la mañana, la que brilla cuando todas las demás (¡incluyendo las estrellas de la música y del cine!) hayan desaparecido. Esa es *su relación con el mundo*. Un día, su autoridad será reconocida universalmente.

Muchos de estos títulos son presentados con una fórmula conocida en el evangelio de Juan: "Yo soy". Esto no es solo una afirmación personal. La frase se parece tanto al nombre mediante el cual Dios se reveló a sí mismo que su uso provocó intentos de asesinato y la ejecución final de Jesús (Jn 8:58-59; Mr 14:62-63). Que la intención era indicar una divinidad compartida y la igualdad con Dios queda confirmado en Apocalipsis, cuando el Padre y el Hijo reclaman exactamente los mismos títulos; por ejemplo, "Alfa y Omega" (1:8 y 22:13).

El mundo está llegando a su fin, pero ese fin es personal más que impersonal. De hecho, el fin es una persona: Jesús es el fin.

Estudiar Apocalipsis con el objetivo principal de descubrir *adónde* va el mundo es un error. El mensaje esencial es *a quién* se dirige el mundo o, más bien, *quién* viene al mundo.

Los cristianos son los únicos que están deseando que venga "el fin", y cada generación espera que ocurra durante su vida. Para ellos, "el fin" no es un suceso, sino una persona. Lo esperan a "él".

El anteúltimo versículo (22:20) contiene un resumen muy personal de todo el libro: "El que da testimonio de estas cosas dice: 'Sí, vengo pronto'". Solo puede haber una respuesta de quienes han entendido: "Amén. ¡Ven, Señor Jesús!".

CAPÍTULO DIEZ

Recompensas del estudio

Ya hemos indicado que Apocalipsis es el único libro que tiene tanto una bendición para quienes lo leen como una maldición para quienes lo alteran (1:3; 22:18-19). A manera de resumen, haremos una lista ahora de diez beneficios que resultan de entender este mensaje, todos los cuales ayudan a la verdadera vida cristiana.

1. TERMINACIÓN DE LA BIBLIA

El estudiante comenzará a participar del conocimiento de Dios de "el fin desde el principio" (Is 46:10). La historia está completa. Se revela el final feliz. El romance concluye con la boda y comienza la verdadera relación. Sin esto, la Biblia estaría incompleta. ¡Tendría que llamarse la "Versión Amputada"! Las asombrosas similitudes entre las primeras y las últimas páginas de las escrituras sagradas (por ejemplo, el libro de la vida) le dan sentido a todo lo que está en el medio.

2. DEFENSA CONTRA LA HEREJÍA

A menudo las sectas, cuyos representantes golpean nuestras puertas, se especializan en Apocalipsis. Su conocimiento aparentemente profundo de este libro impresiona a los asistentes a la iglesia que nunca lo han entendido, en gran parte debido a la falta de enseñanza (y la falta de maestros que lo conozcan). No están en condiciones de cuestionar la interpretación que se les ofrece, que puede ser bastante estrafalaria. La única verdadera defensa es un conocimiento superior.

3. INTERPRETACIÓN DE LA HISTORIA

Un conocimiento superficial de los sucesos corrientes puede dejar a cualquier persona perpleja en cuanto al rumbo discernible. Dado que los sucesos futuros arrojan sus sombras ante ellos, el estudiante de Apocalipsis encontrará una correspondencia asombrosa con los acontecimientos mundiales que se dirigen claramente hacia un gobierno mundial y una economía mundial. Todo predicador que explique el libro de manera sistemática muy probablemente recibirá muchos recortes de diarios relacionados de sus oyentes.

4. BASE PARA LA ESPERANZA

Todo marcha según un plan, el plan de Dios. Él sigue estando sobre el trono, dirigiendo los sucesos hasta el fin, que es Jesús. Apocalipsis nos asegura que el bien vencerá al mal. Cristo conquistará a Satanás y los santos un día gobernarán el mundo. Nuestro planeta será limpiado de toda contaminación, física y moral. Aun el universo será reciclado. La esperanza de todo esto es una "firme y segura ancla del alma" en las tormentas de la vida (Heb 6:19). El paganismo, el secularismo y el humanismo solo parecen estar ganando terreno. Pero sus días están contados.

5. MOTIVO PARA LA EVANGELIZACIÓN

No hay una presentación más clara de los destinos alternativos puestos ante la raza humana: el cielo nuevo y la tierra nueva o el lago de fuego, un gozo eterno o un tormento eterno. La oportunidad de escoger no durará indefinidamente. El día de juicio debe llegar, y cada miembro de la raza humana deberá rendir cuentas. Pero el día de salvación aún está aquí: "El que tenga sed, venga; y el que quiera, tome gratuitamente del agua de la vida" (22:17). La invitación, "Ven", es hecha en forma conjunta por "el Espíritu y la novia" (es decir, la iglesia).

6. ESTÍMULO PARA LA ADORACIÓN

Apocalipsis está lleno de adoración, cantada y gritada por muchas voces. Hay once canciones importantes, que han inspirado muchos otros himnos a lo largo del tiempo, desde *El Mesías* de Haendel hasta la canción "Battle Hymn of the Republic"[14] ("Mis ojos han visto la gloria de la venida del Señor"). La adoración está dirigida a Dios y al Cordero, no al Espíritu, y nunca a los ángeles. "Por lo tanto, con ángeles y arcángeles, loamos y magnificamos tu nombre santo . . ."

7. ANTÍDOTO CONTRA LA MUNDANALIDAD

Es demasiado fácil tener una "mente terrenal". Como nos recuerda el poeta William Wordsworth: "El mundo es demasiado para nosotros; siempre recibiendo y gastando, disipamos las fuerzas; en la naturaleza vemos muy poco que es nuestro". Apocalipsis nos enseña a pensar más en nuestro hogar celestial que en nuestro "hogar ideal" temporario, más en nuestro cuerpo de resurrección que en nuestro viejo cuerpo que envejece.

8. INCENTIVO PARA LA PIEDAD

La voluntad de Dios para nosotros es santidad aquí y felicidad más allá, y no al revés, como muchos quisieran que fuera. La santidad es esencial si hemos de sobrevivir a nuestros problemas presentes, venciendo la tentación interna y la persecución externa. Apocalipsis nos sacude de nuestra flojedad, complacencia e indiferencia, al recordarnos que Dios es "santo, santo, santo" (4:8) y que solo las personas "santas" participarán de la primera resurrección cuando vuelva Jesús (20:6). Todo el libro, pero especialmente las siete cartas al comienzo, confirma el principio de que debemos "buscar . . . la santidad, sin la cual nadie verá a Dios" (Heb 12:14).

---

14 En español, *Himno de batalla de la República*.

9. PREPARACIÓN PARA LA PERSECUCIÓN

Éste es, por supuesto, el propósito fundamental para el cual se escribió Apocalipsis. El mensaje aparece con toda claridad y fuerza para los cristianos que están sufriendo por su fe, alentándolos a "perseverar" y a "vencer", para mantener así sus nombres en el libro de la vida y su herencia en la nueva creación. Jesús predijo el odio universal contra sus seguidores antes del fin (Mt 24:9). Así que todos necesitamos estar preparados.

Lector, si esto aún no está pasando en su país, ciertamente vendrá. Y también Jesús, ante quien los cobardes "andarán desnudos" (16:15) y serán condenados al infierno (21:8).

10. COMPRENSIÓN DE CRISTO

Con Apocalipsis, el cuadro de nuestro Señor y Salvador queda completo. Sin este libro, el retrato queda fuera de equilibrio, hasta distorsionado. Si los Evangelios lo presentan en su papel de profeta, y las epístolas cubren su papel de sacerdote, Apocalipsis clarifica su papel como Rey, el Rey de reyes y Señor de señores. Aquí está el Cristo que el mundo nunca ha visto, pero que verá un día; el Cristo que el cristiano ve ahora por fe y con quien un día se encontrará en la carne.

* * * * *

Después de estudiar Apocalipsis, nadie puede volver a ser el mismo. Sin embargo, su mensaje puede ser olvidado. Por eso su bendición no es solo para quienes lo leen, aun en voz alta a otros, sino para los que "cumplen" lo que está escrito. Esto significa que "hacen caso de lo que aquí está escrito" (1:3), no solo en la mente sino poniéndolo en práctica. "No se contenten solo con escuchar la palabra, pues así se engañan ustedes mismos. Llévenla a la práctica" (Stg 1:22).

C. LA FUNDAMENTACIÓN DEL RAPTO

CAPÍTULO ONCE

La doctrina novedosa

A principios del siglo diecinueve, apareció una opinión radicalmente nueva de la segunda venida que se ha difundido ahora a todas partes del globo. Probablemente se encuentre en la mayoría de los libros contemporáneos acerca del tema.

En una palabra, el retorno de Jesús al planeta Tierra fue dividido en dos, en una "segunda" y una "tercera" venida, aunque éstas estarían separadas solo por unos pocos años, en contraste con los siglos que separan la primera venida de la segunda.

La "segunda" venida sería invisible para el mundo, un suceso privado. Sería una visita fugaz, con un único propósito: llevar a todos los verdaderos creyentes al cielo *antes* de la "gran aflicción" (o "gran tribulación") de los últimos años, dominados por Satanás, el anticristo y el falso profeta.

Esta salida de la iglesia solo será notada por el mundo gracias a la desaparición repentina de una proporción considerable de la población y por el caos resultante. ¡Hay sermones y películas sensacionalistas que han imaginado choques como resultado de autos sin conductores y aviones sin pilotos!

Lo más significativo, en especial para los creyentes, es que ocurrirá sin ninguna señal previa. Dado que todas las profecías sin cumplimiento en las escrituras (aproximadamente 150 de 700, según la *Encyclopedia of Biblical Prophecy*,[15] de J. Barton Payne, Hodder and Stoughton, 1973) se refieren a la gran tribulación y lo que sigue, la venida "secreta" de Jesús para llevar a su iglesia al cielo es el próximo acontecimiento en el calendario de Dios. Podría, por lo tanto, ocurrir "en cualquier momento", una frase favorita de los adherentes a este punto de vista; otros hablan de su "inminencia". La

---

15 En español, *Enciclopedia de profecía bíblica.*

falta de advertencia alguna provee, por supuesto, un motivo poderoso para estar siempre "listos".

La "tercera" venida será pública, y coincide con la expectativa tradicional de la iglesia. Jesús descenderá de las nubes "de la misma manera" que ascendió a ellas (Hch 1:11). La principal diferencia es que no solo estará acompañado por sus ángeles, sino también por la iglesia que habrá llevado al cielo unos años antes. Por lo tanto, las dos "venidas" suelen distinguirse por las frases: "*por* sus santos", y luego "*con* sus santos".

La primera visita suele describirse como "el rapto secreto" o, más simplemente, "el rapto". Esto no tiene nada que ver con la exuberancia emocional, ¡aunque sin duda esto será un efecto secundario! Proviene de la antigua traducción latina o Vulgata de la Biblia que usa la palabra *raptura* para la palabra griega *arpagesometha* en 1 Tesalonicenses 4:17; ambas significan "tomar rápidamente". Aun en el inglés-español antiguo la palabra "rapto" significaba "ser transportado de un sitio a otro". La palabra "transportar" también tiene el mismo doble significado, físico y emocional ("transporte mecanizado" y "transportado por el placer").

Debe entenderse que no hay *ningún* desacuerdo acerca del "rapto" mismo. La escritura citada antes enseña claramente que los creyentes vivos, a diferencia de los creyentes "muertos" que "resucitarán primero" (1Ts 4:16), serán "*arrebatados* juntamente con ellos en las nubes para encontrarse con el Señor en el aire". El punto en cuestión es *cuándo* tendrá lugar esto, en una ocasión privada e invisible o durante su retorno público y visible. Significativamente, este pasaje no contiene ninguna respuesta; ¡ni siquiera es consciente de la cuestión!

A esta altura debemos introducir algunos términos técnicos que suelen usarse en este debate para describir las distintas creencias acerca de cuándo ocurrirá este gran acontecimiento, que esperan todos los cristianos que creen en la Biblia. El punto de vista que hemos estado describiendo hasta ahora es conocido como el "rapto *pre*tribulacional", dado que cree que

LA DOCTRINA NOVEDOSA

los cristianos serán quitados de la escena antes de las peores aflicciones, de las cuales escaparán. El punto de vista más antiguo es llamado, entonces, "rapto *pos*tribulacional", porque cree que los cristianos solo se reunirán con Cristo en el aire después de esas aflicciones, las cuales tendrán que atravesar. Ha surgido más recientemente un tercer punto de vista, llamado "rapto *inter*tribulacional", que cree que los cristianos experimentarán las primeras aflicciones pero serán llevados antes de las peores aflicciones. Diremos más acerca de este tercer punto de vista más adelante, pero nunca ha atraído a una mayoría y es, esencialmente, una variación de la posición "pre". La discusión principal es entre la tribulación "pre" y la tribulación "pos". Volvamos a nuestra consideración de la primera posición.

Habiendo bosquejado la enseñanza novedosa, puede ser esclarecedor rastrear su historia, ¡que comienza con un inglés, un irlandés y un escocés! Como ya se dijo, no existe rastro alguno de esta posición antes de 1830, lo que hace que uno se pregunte por qué, si es algo que aparece claramente en las escrituras.

El origen está rodeado de misterio, aunque hay quienes dicen que se encuentra en la "profecía" dada por una tal Margaret Macdonald, en Port Glasgow, Escocia (ver varios libros de Dave MacPherson, por ejemplo, *The Great Rapture Hoax*,[16] New Puritan Library, 1983).

Surgió claramente en la enseñanza del Rdo. Edward Irvine (quien dejó una iglesia en Escocia para fundar la iglesia Católica Apostólica cuya "catedral" vacía todavía se encuentra en Albury, cerca de Guilford, en Surrey), el Dr. Henry Drummond (dueño de Albury Court, en cuya librería se llevaban a cabo conferencias proféticas, concurridas por sus seguidores) y el Rdo. John Nelson Darby (quien dejó la iglesia Anglicana en Dublin para fundar los "Hermanos").

Fue éste último hombre quien hizo más que ninguna otra persona para popularizar la doctrina novedosa. Si bien

---

16 En español, *El gran engaño del rapto*.

algunos de sus colegas del movimiento (como George Müller, famoso por su orfanato en Bristol) nunca aceptaron la idea de un "rapto secreto", se convirtió en la enseñanza "ortodoxa", de la que pocos se atrevieron a desviarse más adelante.

Luego de cruzar el Atlántico, Darby persuadió a un abogado, el Dr. C. I. Scofield, a adoptar este concepto. A su vez, él lo incorporó a la Biblia "Scofield", que combinaba comentarios interpretativos y el texto inspirado de una forma tal que los lectores apenas podían distinguir entre ambos. ¡Encontraban el rapto secreto en la "Biblia"! Esta versión fue un éxito de librería y fue probablemente el mayor factor en la difusión asombrosa de la idea.

Ahora es enseñada en institutos bíblicos (Dallas, en Texas, es uno de los más conocidos) y leída ampliamente en escritos populares (Hal Lindsay, quien escribió el popular libro *The Late Great Planet Earth*,[17] es un ex estudiante de Dallas).

A esta altura, debe dejarse en claro que esta doctrina raramente aparece sola. Es presentada siempre como parte de todo un paquete teológico, generalmente llamado "dispensacionalismo" (tratado en el capítulo 18 de la sección D. "El embrollo del milenio").

Esto surgió del marco de los estudios bíblicos de J. N. Darby. Él puso un gran énfasis en "*dividir* rectamente" la palabra de verdad (*Versión Autorizada* en inglés de 2Ti 2:15; la versión NVI lo traduce más correctamente como "interpreta rectamente"). Este método de "dividir" las escrituras fue llevado demasiado lejos en tres direcciones.

Primero, dividió la historia bíblica en siete eras o "dispensaciones" diferentes (que le dieron nombre a su esquema). Estas eran:

1. Inocencia (Adán)
   LA CAÍDA
2. Autodeterminación (Caín hasta Enoc)
   EL DILUVIO

---

[17] En español, *La agonía del gran planeta Tierra*.

3. Gobierno humano (Noé hasta Téraj)
4. Patriarcas (Abraham hasta José)
5. Ley (Moisés hasta Malaquías)
   LA PRIMERA VENIDA
6. Gracia (la iglesia)
   LA SEGUNDA VENIDA
7. El milenio (Israel)

Como un resumen de las fases de la historia que se está desarrollando, no tiene nada de excepcional. Pero se agregó un principio clave al análisis: que Dios "dispensó" su relación con los seres humanos según bases completamente diferentes en cada una de las épocas. En cada una, hizo un pacto diferente y las escrituras de esa época deben ser interpretadas a la luz de sus términos.

Segundo, dividió el destino futuro de la iglesia (el pueblo celestial de Dios) del destino de Israel (el pueblo "terrenal" de Dios). La "era de la iglesia" cristiana y el milenio judío quedaron desconectados. En la eternidad, los cristianos estarán en el cielo y los judíos, en la tierra. El llamado "rapto secreto" señala la inauguración de esta separación permanente. Israel asumirá el llamado de la iglesia, tanto para sufrir como para propagar el evangelio en la tierra.

Tercero, en línea con esto, dividió la segunda venida en dos visitas, separadas por unos años, como se bosquejó anteriormente.

Por lo tanto, es bastante raro encontrar la creencia en el rapto "secreto" separada de su contexto en este esquema dispensacional. Uno acepta o rechaza todo el paquete.

Que haya sido aceptado ampliamente es muy comprensible. Aparte del "argumento bíblico" que se presenta en su favor (que consideraremos en la próxima sección y criticaremos en la siguiente), son noticias muy bienvenidas.

Por un lado, es un tremendo *consuelo*. Es muy gratificante que a uno le digan que los cristianos serán arrebatados antes de la "gran aflicción" (según se describe en Apocalipsis 6-18).

No hace falta prepararse para tiempos tan espantosos. No estaremos por aquí cuando las cosas se pongan realmente feas. ¡La escatología se convierte en "escapología"!

Por otro lado, es un tremendo *desafío*. La enseñanza de que Jesús puede volver sin aviso y en cualquier momento para llevar a sus seguidores es una gran presión para que los incrédulos se unan a ellos antes que sea demasiado tarde. Muchos hijos de asambleas de "Hermanos" se han vuelto a Cristo por temor a que sus padres pudieran desaparecer durante la noche (hay una ausencia de este tipo de presión en la evangelización del Nuevo Testamento). Después de la conversión, la enseñanza es un incentivo poderoso para avanzar hacia la fidelidad y la santidad (esto puede encontrarse en el Nuevo Testamento, aunque el énfasis mayor no está en el momento cuando viene Jesús sino en la responsabilidad que exige).

Así que, en la práctica, esta enseñanza ha logrado resultados considerables en las vidas de pecadores y santos por igual. Pero, ¿es la verdad? ¿Es una interpretación correcta de las referencias bíblicas de la segunda venida? Sus adherentes y proponentes dicen que sí.

CAPÍTULO DOCE

El argumento bíblico

El hecho es que no hay una sola afirmación en el Nuevo Testamento de que habrá un "rapto secreto" de la iglesia antes de la "gran tribulación". Muchos dicen que 1 Tesalonicenses 4:13-18 es el texto de prueba. Si bien habla de un "arrebatamiento", no hay nada que sugiera que sea secreto ni hay indicio alguno de cuándo ocurrirá, fuera de la frase "hasta la venida del Señor", como si hubiera una sola.

Ante la ausencia de alguna mención explícita, los defensores de esta posición apelan a inferencias implícitas, que pueden ser deducidas de diferentes pasajes. Cuando la doctrina se construye sobre la inferencia en vez de afirmaciones claras, hay un riesgo mucho mayor de introducir algo en las escrituras que no está ahí realmente (*eis*égesis) que de extraer algo que sí está (*ex*égesis).

Sin embargo, consideremos primero el argumento presentado, y reservaremos la crítica para el próximo capítulo. Hay siete vertientes principales en el argumento, aunque algunas de éstas tienden a superponerse. Recuerde que se supone que todas apoyan la idea de un rapto secreto de la iglesia en cualquier momento, previo a las peores aflicciones.

1. Afirmaciones acerca de la *velocidad* de su venida. La frase repetida, "vengo pronto" (Ap 22:7, 12, 20, traducida "rápidamente" en la Versión Autorizada inglesa), sugiere un suceso inminente. Otras afirmaciones tales como "¡El juez ya está a la puerta!" (Stg 5:9; cf. Mt 24:33) sugieren que su próximo paso lo llevará adentro. Así que, tanto en términos temporales como espaciales, somos llevados a pensar que su venida está muy cerca.

2. Afirmaciones acerca de la *sorpresa* de su venida. Está el uso de la frase "como ladrón en la noche", tanto por Jesús como por Pablo (ahora el título de una película sensacionalista

que propaga esta teoría). Están las afirmaciones de Jesús a sus discípulos en el sentido de que nadie sabe cuándo volverá, "ni siquiera los ángeles en el cielo, ni el Hijo, sino solo el Padre" (Mt 24:36), seguido por su exhortación: "Por lo tanto, manténganse despiertos, porque no saben qué día vendrá su Señor" (Mt 24:42). Hay un énfasis repetido en lo inesperado de su reaparición.

3. El *lenguaje* diferente usado para describir su retorno. En el griego se usan tres sustantivos: *parousia*, *epiphaneia* y *apokalupsis* (para una definición de sus significados, ver cap. 1, ¿Cómo?). Se lo describe viniendo "por" y "con" sus santos. A veces la ocasión es descrita como "el día de Cristo" y a veces como "el día del Señor". Se dice que detrás de esta variedad de expresiones yace una distinción entre dos visitas: una, secreta y la otra, pública. Los términos no son sinónimos y cada uno se refiere a uno u otro de los dos sucesos.

4. La *expectativa* de la iglesia primitiva. Hay un llamado constante a estar listos a lo largo de todo el Nuevo Testamento. Esto parece haber estado basado en algunos comentarios de Jesús: "Les aseguro que algunos de los aquí presentes no sufrirán la muerte sin antes haber visto el reino de Dios llegar con poder (Mr 9:1) y "Les aseguro que no pasará esta generación hasta que todas estas cosas sucedan" (Mt 24:34). Si la iglesia primitiva lo esperaba "en cualquier momento", ¿cuánto más deberíamos hacerlo nosotros, después de transcurrido tanto tiempo?

5. La ausencia de la palabra "*iglesia*" en los pasajes acerca de la "tribulación" (como Mt 24). Si bien es frecuente en Apocalipsis 1-3, desaparece en toda la sección del medio (caps. 4-18), que describe los últimos años espantosos antes del retorno de Cristo (cap. 19). Las palabras "elegidos" y "santos", que sí ocurren en estos capítulos, son términos conocidos en el Antiguo Testamento, y deben referirse a los judíos que quedan en la tierra después de la gran aflicción (Ap 7:1-8), mientras la iglesia disfruta del alivio en el cielo (Ap 7:9-17). Hasta se considera que la invitación a Juan en

Patmos a "subir acá" también indica el punto en que la iglesia es llevada arriba, escapando de todo lo que sigue.

6. La "tribulación" es un derramamiento de *ira*. Después de los "sellos" y las "trompetas", son vaciadas siete "copas" de ira sobre la tierra, intensificando sus sufrimientos y sus penas (Ap 14:10, 19; 15:7; 16:1). Los cristianos no pueden participar de esto porque la ira de Dios ha sido alejada de ellos mediante la muerte expiatoria de Cristo en la cruz (Ro 5:9). "Pues Dios no nos destinó a sufrir el castigo" (1Ts 5:9; note que esto ocurre en el pasaje que trata directamente con la segunda venida). Esto parece confirmarse definitivamente con la promesa en Apocalipsis 3:10 a aquellos que "han guardado su mandato de ser constante": "yo por mi parte te guardaré de la hora de tentación, que vendrá sobre el mundo entero para poner a prueba a los que viven en la tierra".

7. El énfasis en la *consolación* y el aliento. Esta es la razón que da Pablo para su revelación del "arrebatamiento" (1Ts 4:13, 18). ¿Qué consolación real puede haber en esto si los creyentes tienen que sufrir cosas terribles primero? Pero, si el "rapto" nos quita de la escena terrenal antes que comiencen siquiera, eso es un verdadero "bálsamo para nuestras almas". Las buenas noticias no son tanto que Jesús viene para buscarnos, sino que viene para sacarnos de las pruebas y aflicciones venideras.

Estos son, pues, los "fundamentos" para creer en el "rapto secreto". Se suele admitir que ninguna de estas inferencias es suficiente para ser decisiva en sí misma, pero se considera que el efecto acumulado es concluyente.

CAPÍTULO TRECE

La afirmación dudosa

Dado que el argumento es acumulativo, se debilita mucho si cualquiera de sus elementos resulta deficiente. La cantidad que sobreviva el escrutinio decidirá cuán convincente es.

Recorramos los siete puntos otra vez, examinándolos a la luz de los datos bíblicos.

VELOCIDAD

¿Cómo deberíamos entender las expresiones "pronto" y "en breve", especialmente después de una demora de casi dos milenios? Es muy obvio que los términos deben ser relativos. Pero ¿relativos a qué? O, tal vez más apropiadamente ¿relativos a quién? La respuesta es: a Dios mismo, para quien "mil años, para ti, son como el día de ayer, que ya pasó" (Sal 90:4).

Este mismo versículo es citado en el Nuevo Testamento (2P 3:8) para contestar la pregunta que tenemos ante nosotros: "¿Qué hubo de esa promesa de su venida? Nuestros padres murieron, y nada ha cambiado desde el principio de la creación" (2P 3:4). El escritor está señalando que para Dios solo han pasado un par de días desde que envió a su Hijo en su primera visita, así que no se lo puede acusar de ser "lento". Pero la demora que nos parece tan larga a nosotros tiene una explicación: la increíble paciencia de Dios y su anhelo de tener la mayor cantidad de personas posibles en su familia, a la que se accede mediante el arrepentimiento. Por eso tuvo que enviar a su Hijo, para hacer posible el perdón al sufrir la ira de Dios contra nuestros pecados en la cruz. Fue la primera vez que el Padre se encontró separado de su Hijo, ¡un día que tiene que haberle parecido como mil años!

Por supuesto, esta demora es tediosa para aquellos que "esperan su venida" (2Ti 4:8). Bernardo de Claraval exclamó: "¿Llamas tú breve tiempo a aquél durante el cual no te veré? ¡Oh, este breve tiempo es un largo breve tiempo!".

Tenemos que equilibrar las expresiones "pronto" y "en breve" con otras líneas el Nuevo Testamento que indican claramente un período largo entre la primera y la segunda venida. Note la demora en cada una de las parábolas de Jesús acerca de su retorno (Mt 24:48; 25:5, 19: "tarda", "tardándose", "mucho tiempo"). Hay también un paralelo frecuente con el tiempo de la cosecha (Mt 13:30, 40-41). Esto no ocurre un breve tiempo después que se siembra la semilla, que es la razón por la que Santiago, el hermano de Jesús, exhorta a sus lectores así: "Por tanto, hermanos, tengan paciencia hasta la venida del Señor. Miren cómo espera el agricultor a que la tierra dé su precioso fruto y con qué paciencia aguarda las temporadas de lluvia. Así también ustedes, manténganse firmes y aguarden con paciencia la venida del Señor, que ya se acerca" (Stg 5:7-8).

Note que en esta última cita hay un llamado sorprendente a esperar con paciencia un suceso que "se acerca". Esto refleja una paradoja que recorre todo el Nuevo Testamento. La segunda venida está "muy lejos" y, sin embargo, ocurre "pronto". Es necesario hacer sonar ambas notas, aun al unísono. Desde nuestra perspectiva, podemos entender el "muy lejos", pero nos cuesta el "pronto".

Si solo es "pronto" desde el punto de vista de Dios, ¿por qué ha dejado este tipo de referencias temporales en las escrituras, que podrían confundirnos a nosotros? Tal vez en parte porque quiere que aprendamos a pensar a su manera y tomar una perspectiva de más largo plazo de las cosas. Pero la palabra puede resultarnos útil, aun cuando la tomemos en un sentido humano. Nos mantiene alertas, al hacer que el futuro influya en el presente, y recordarnos que cuando él venga tendremos que responder por lo que estemos haciendo ahora.

Lo que no hace la palabra "pronto" es dar pruebas de que podría venir en cualquier momento. Es un término relativo, tanto en la medición humana como divina del tiempo.

SORPRESA

Si bien es cierto que tanto Jesús como Pablo dijeron que su venida sería tan inesperada como un robo ("como ladrón en la noche", Mt 24:43, 1Ts 5:2), a una "hora" que no es ni conocida ni esperada, no se deduce de esto que será sin advertencia o que podría ser "en cualquier momento".

Hay una clara distinción trazada entre incrédulos y creyentes con relación a esto. Para los primeros, será una sorpresa total, un impacto repentino. Se usa una analogía de las primeras contracciones que siente una mujer embarazada (1Ts 5:3). Queda aún más resaltado por el énfasis en la "noche" y la "oscuridad", el momento cuando es más difícil discernir las cosas y, de todos modos, la mayoría de las personas están dormidas. Hasta la palabra "ladrón" es significativa para el mundo, ya que la llegada de Cristo significará una pérdida de muchas oportunidades para el placer egoísta y la permisividad.

Para los últimos, no será una sorpresa, porque los creyentes viven en la luz y se mantienen "despiertos" y "alertas" a lo que está ocurriendo alrededor de ellos (1Ts 5:5-7). El jefe de familia que se queda despierto y está bien alerta verá cuando aparezca el ladrón *antes* que llegue a la casa (Mt 24:43). Supuestamente, ¡actúa de esta forma porque ha recibido información previa de que "hay una persona merodeando en la vecindad"!

La palabra "velar" es una clave, y a menudo se la vincula con "orar" en conexión con el consejo de Jesús de estar listos para su venida. Podría haber querido decir simplemente que "velemos" por nosotros mismos y nuestros estilos de vida para asegurarnos de que podamos darle la bienvenida sin avergonzarnos, pero esto es improbable. Seguramente no habrá querido decir que estemos estudiando el cielo cada vez que se nubla (Hch 1:11). Sería un hábito algo peligroso en este mundo moderno. Y, en todo caso, solo sería pertinente en la región alrededor de Jerusalén.

Los diversos contextos de la palabra "velar" indican claramente que lo que quería decir era que busquemos las *señales* de su venida, en los sucesos del tiempo antes que en las extensiones del espacio. Cuando los discípulos le preguntaron cuáles serían éstas, les dio una clara lista como respuesta (Mt 24; ver la explicación de este pasaje en en el cap. 1, ¿Cuándo?). Hasta que "todas estas cosas" no sucedan y hayan sido vistas claramente por sus seguidores, no pueden esperar que él venga.

La señal final será inconfundible: "se oscurecerá el sol y no brillará más la luna; las estrellas caerán del cielo y los cuerpos celestes serán sacudidos" (Mt 24:29, que une Is 13:10 con 34:4). Es en ese momento que verán al Hijo del Hombre viniendo en una nube con poder y gran gloria. "Cuando comiencen a suceder estas cosas, cobren ánimo y levanten la cabeza, porque se acerca su redención" (Lc 21:27-28).

Pero siempre existe la posibilidad de que algunos creyentes se vuelvan aletargados espiritualmente, menos alertas a lo que está sucediendo, y aun que pierdan su atención serena a través de la intoxicación confusa, que es más propia del mundo (1 Ts 5:6-7). Ellos, también, serán "atrapados con las manos en la masa" cuando venga el Esposo (ése es el mensaje de la parábola de las diez vírgenes en Mt 25:1-13; la mitad de ellas son "dejadas fuera" de la boda).

Una vez más, no hay ninguna base aquí para un retorno "en cualquier momento, sin advertencia". Pero hay una clara necesidad de que todos los creyentes "mantengan sus ojos abiertos", para que no sean sorprendidos como el mundo.

LA AFIRMACIÓN DUDOSA

LENGUAJE

No hay un argumento que apoye la división de palabras y frases usadas para describir la segunda venida entre dos acontecimientos bien separados, con algunos años entre ambos. Suponiendo por un momento que la teoría sea cierta, que hay un "rapto secreto" de la iglesia en algún momento anterior a la aparición pública de Cristo, ¿existe una demarcación clara entre el lenguaje usado en un caso y en el otro?

Es imposible encontrar esto. Las palabras griegas *parousia*, *epiphaneia* y *apokalupsis*, si bien describen diferentes aspectos de su venida, son claramente sinónimos para *el mismo acontecimiento*. "El día de Cristo" y el "día del Señor" son usados de manera intercambiable. La idea de que su pueblo será "reunido" se utiliza tanto para su reunión con el Señor en el aire como para cuando lo acompañen a la tierra (cf. Mr 13:27 con 2Ts 2:1).

La supuesta separación de su venida "*por* los santos" y "*con* sus santos" requiere un poco más de comentario. Por un lado, "santos" es una traducción de una palabra griega (*hagioi*), que significa literalmente "los que son santos". Como tal, es usado tanto para los ángeles como para los creyentes en el Nuevo Testamento. No resulta siempre fácil saber a qué grupo se está refiriendo, y a menudo tiene que ser determinado por el contexto. Así que la resolución de la cuestión de "por" y "con" no tiene que ser la hipótesis de dos acontecimientos separados. Los pasajes pertinentes simplemente pueden estar diciendo: Jesús volverá con sus ángeles por los creyentes. Si bien hay escrituras que dicen claramente que traerá a sus ángeles con él (Mt 24:31, 25:31; 1Ts 3:13; 2Ts 1:7; Jud 14), ésta podría ser una solución demasiado prolija, ya que algunos contextos parecen sugerir que los "santos" que vienen con él incluyen a creyentes.

Por otro lado, no es necesario que esto implique dos venidas separadas. La clave está en la palabra más usada para describir su venida: *parousia* (de la palabra griega para "al lado de" y "estar", que llegó a significar "llegada"). Uno de sus usos comunes era para describir la visita de un rey a una ciudad en su dominio, una aplicación particularmente adecuada para la segunda venida. El visitante real sería recibido a cierta distancia de la ciudad por un grupo escogido de personalidades y familiares cercanos, que entonces lo acompañarían en la procesión a través de las puertas de la ciudad para ser contemplado por la población residente (similar a la forma en que la reina sería recibida en un aeropuerto hoy antes de pasar ante la multitud).

Ciertamente esto es lo que el Nuevo Testamento dice que ocurrirá. Los creyentes, tanto los que hayan muerto como los que aún estén vivos, "nos encontraremos con el Señor en el aire" (1Ts 4:17) y lo acompañaremos en el último tramo de su viaje de vuelta a la tierra. No hay ningún indicio de un intervalo entre dos fases y ciertamente ninguna ascensión al cielo por algunos años durante intervalo alguno.

En todo caso, esta reunión con el Señor no es inaudible. 1Ts 4:16 ha sido llamado "el versículo más ruidoso de la Biblia"; ¡difícilmente sea un rapto "secreto"!

Debemos concluir que no hay ninguna base para dos "venidas" separadas durante la segunda venida, tanto en las palabras como en los términos usados para describirla. Si bien hemos dado pocas referencias, cualquier lector puede verificar nuestra conclusión usando una concordancia.

EXPECTATIVA

A menudo se dice que la iglesia del Nuevo Testamento esperaba en general que el Señor Jesús reapareciera en cualquier momento, y vivía en una expectativa diaria de verlo de nuevo. Lo que puede establecerse es que ellos esperaban que fuera durante sus vidas. El apóstol Pablo claramente compartía este anhelo (2Co 5:2-3); note también la expresión "*nosotros*, los que estamos vivos" en 1Ts 4:15), si bien más

LA AFIRMACIÓN DUDOSA

adelante se dio cuenta de que esto no sería así (2Ti 4:6).

Jesús mismo les permitió tener esta esperanza. Esto surge de un intercambio fascinante entre Pedro y su Señor en las playas de Galilea, después de la resurrección (registrado en Jn 21.18-25). Jesús había predicho la muerte de Pedro por crucifixión, que aparentemente no lo perturbó mucho, tal vez porque no ocurriría hasta que fuera "viejo". Estaba mucho más interesado en lo que le pasaría a Juan, el discípulo "amado" de Jesús (¿estaría Pedro un poquitito celoso por esta relación especial y quería saber si, debido a esto, evitaría tener un final tan doloroso y humillante?). La respuesta fue que no se metiera en lo que no le importaba, que era seguir a su Señor, aun hasta la cruz. También se le recordó que el destino de Juan era la responsabilidad de Jesús: "Si quiero que él permanezca vivo hasta que yo vuelva, ¿a ti qué?".

Este último comentario se convirtió en la fuente de un rumor que se difundió ampliamente: que Juan todavía estaría vivo cuando volviera Jesús, y que esto ocurriría durante su vida, si no en la de nadie más. Ciertamente vivió más que los demás apóstoles; y fue el único, hasta donde sabemos, que murió de muerte natural. Pero finalmente murió, antes que volviera Jesús. Al escribir su evangelio, cerca del final de su vida (posiblemente 85-90 d.C.), se esforzó por señalar que el rumor había pasado por alto la palabra crítica "si" en la afirmación de Jesús (Jn 21:23).

Podemos suponer, a partir de esto, que Jesús dejó abierta la posibilidad de su retorno dentro de la vida de un apóstol (ya había confesado que no tenía idea de cuándo sucedería, Mt 24:36, aunque algunos manuscritos antiguos omiten la frase "ni el Hijo"). Pero no podemos usarlo como evidencia de que todos los apóstoles esperaban que volviera en cualquier momento. En realidad, apunta en el sentido contrario. Pedro sabía que moriría primero y solo cuando fuera "viejo" (Jn 21:18).

Son consistentes con esta idea de que pasarían muchos años entre las dos venidas los mandatos de "hacer discípulos de todas la naciones" (Mt 28:19), de "anunciar las buenas nuevas a toda criatura" (Mr 16:15) y a ser "testigos . . . hasta los confines de la tierra" (Hch 1:8). Todo esto requeriría muchísimo tiempo. ¿Podría haberse logrado siquiera en una generación? Uno piensa en la ambición de Pablo de evangelizar a España, el "extremo" occidental del mundo conocido de entonces, que puede o no haber cumplido (Ro 15:24).

Otra línea argumental en contra de la expectativa "en cualquier momento" de la iglesia primitiva es la predicción de los sucesos precedentes. Por ejemplo, Jesús anticipó claramente la destrucción de Jerusalén y su templo después de un sitio militar (Mt 24; Mr 13 y Lc 21). Esto pasaría antes de su retorno, pero no hubo ninguna señal de que ocurriera durante casi toda una generación.

Otro ejemplo aparece en la correspondencia de Pablo con los creyentes de Tesalónica. Fueron persuadidos, aparentemente a través de una carta fraguada que habría escrito Pablo, a pensar que "el día del Señor" estaba cerca (2Ts 2:1-2; la última frase, que suele traducirse "ya llegó", también puede querer decir "es inminente", como en 1Co 7:26 y 2 Ti 3:1). Pablo señala que de ninguna forma puede ser cierto esto debido a lo que tiene que ocurrir antes. En particular, "el hombre de maldad" no ha aparecido aún (2Ts 2:3); esto se entiende normalmente como referido al "anticristo" (1Jn 2:18) y a "la bestia que sube del mar" (Ap 13:1). Sea cual fuere su identidad, una cosa está clara: el retorno del Señor no sería sin advertencia y, por lo tanto, no podía ser en cualquier momento.

A veces se justifica el concepto de "en cualquier momento" por su influencia en el comportamiento cristiano. Se dice que es un correctivo saludable preguntar: "¿Me gustaría estar haciendo esto si Jesús volviera ahora mismo?". En realidad, ese tipo de pensamiento podría conducir a una actitud desequilibrada. Un creyente podría sentirse culpable por tomarse unas vacaciones necesarias, por hacer el amor a su esposo o esposa, o aun por disfrutar de una buena comida. ¡Una pobre niña que conoció el autor estaba pasando su tiempo libre en el cementerio para estar lista para la resurrección!

No importa cuáles sean sus efectos psicológicos, buenos o malos, esta motivación es casi el opuesto exacto de la enseñanza de Jesús acerca de cómo aplicar su retorno a la vida cotidiana. La verdadera prueba de nuestra "fidelidad" no es cómo nos comportamos si su retorno es inminente sino lo que hacemos si "se demora" (Mt 24:48; 25:5, 19). Él no está buscando una acción que resulta del pánico sino un servicio que surge de la lealtad. Lo que importa no es lo que estemos haciendo cuando vuelva sino lo que hemos estado haciendo todo el tiempo que ha estado ausente. Es esto último lo que merece su aprobación: "¡Bien hecho!".

IGLESIA

Se le da mucha importancia a la ausencia de la palabra exacta para "iglesia" (en griego, *ecclesia*, que significa literalmente los "llamados afuera", y que era usada para asambleas especiales) en pasajes clave del Nuevo Testamento. Se considera que esto quiere decir que la iglesia y sus integrantes no participan de los sucesos descritos y, por lo tanto, han sido quitados antes que ocurran. Por lo tanto, las descripciones "elegidos" y "santos", que sí aparecen, deben referirse al pueblo judío que todavía está sobre la tierra en ese momento.

Éste es probablemente uno de los argumentos más débiles a favor de un "rapto secreto". Pero igualmente debe ser contestado.

Lo primero que hay que decir es que todos estos pasajes están dirigidos directamente a creyentes cristianos y no al "remanente de Israel". Mateo 24, por ejemplo, forma parte de un discurso privado entre Jesús y sus discípulos, quienes en todo momento son mencionados usando la segunda persona en plural: "Se lo he dicho a ustedes . . . cuando vean . . . que nadie los engañe".

Esto plantea una pregunta algo obvia: ¿qué valor pueden

tener para la edificación cristiana estas descripciones de las cosas espantosas que ocurrirán después que se hayan ido? Podemos suponer que incrementará su gratitud, pero también podría producir complacencia y satisfacción. ¿Y por qué habrían de ser tan detallados los sufrimientos? Esto está en un contraste marcado con la información bastante escasa acerca del infierno, que es apenas la suficiente como para comunicar su horror sin crear una fascinación malsana (¡no todos los predicadores han usado la misma moderación!).

La próxima cosa que hay que destacar es que tanto la palabra "elegidos" como "santos" son términos colectivos normales para los cristianos a lo largo del Nuevo Testamento. La primera se usa cincuenta y cinco veces y la segunda, cuarenta y ocho. Decir que solo se refieren a los judíos en Apocalipsis 4-18 es un juicio puramente arbitrario (¡y el juego queda el descubierto cuando se vuelve al significado "cristiano" de la palabra "santos" en Ap 22:11!).

Curiosamente, hay seis epístolas en el Nuevo Testamento que también evitan usar la palabra "iglesia" (2 Timoteo, Tito, 1 y 2 Pedro, 2 Juan y Judas). ¿Significa eso que están dirigidas a los judíos después que la iglesia sea "arrebatada"? ¡Sería una deducción ridícula! Es significativo que cinco de estas epístolas solo usan el término "elegidos", mientras una (Judas) usa "santos".

Es aún más llamativo que la palabra "iglesia" también falta en aquellos pasajes que tratan directamente con el "rapto", cuando los cristianos ven a Jesús nuevamente (ej: Jn 14; 1Co 15; 1Ts 4-5). Ni siquiera aparece en la descripción del nuevo cielo y la nueva tierra o la nueva Jerusalén (Ap 21-22). ¿Significa eso que solo los judíos experimentarán la nueva creación?

Si es así, ¡nos quedamos sin ninguna idea de dónde estarán los cristianos después de su absolución en el día del juicio!

Que los cristianos están en la tierra durante los desastrosos años finales retratados en los capítulos centrales de Apocalipsis queda probado por un comentario explicativo en el capítulo

14: "¡En esto consiste la perseverancia de los santos, los cuales obedecen los mandamientos de Dios y se mantienen fieles a Jesús!" (Ap 14:12). Se confirma también por el uso de la frase "el testimonio de Jesús" en estos capítulos (12:17; seguramente lo mismo que en 1:9 y 19:10). Aun cuando se diga que esto solo se refiere a judíos convertidos (como dicen algunos), ¿por qué no fueron arrebatados como parte de la iglesia? Esta interpretación forzada crea más problemas que los que soluciona.

Sin embargo, podría haber todavía otra razón por la que Apocalipsis no contiene la palabra "iglesia" después del capítulo 3. Dios no ha rechazado a los judíos, a pesar de que ellos lo hayan rechazado a él (Ro 11:1). No están acabados (Ro 11:11). Dios todavía tiene un amor y un propósito para ellos. Por lo tanto, sigue estando comprometido con su preservación como pueblo, según lo prometió incondicionalmente (ver Jer 31:35-37, para tener un solo ejemplo).

Esto está detallado claramente en el Nuevo Testamento, y en los capítulos centrales de Apocalipsis (7:1-8). No importa cómo interpretemos los números exactos de los sobrevivientes (12.000 de cada tribu, lo que hace un total de 144.000), el punto central del pasaje es que Dios protegerá a un remanente de su antiguo pueblo hasta el final del tiempo ("Les digo la verdad, no pasará esta *nación* [lectura alternativa] hasta que todas estas cosas sucedan", NTV, 24:34).

Así que Dios está tratando con dos grupos en la tierra durante la "gran tribulación": su viejo pueblo del pacto, Israel, y su nuevo pueblo del pacto, la iglesia. Tal vez las palabras "elegidos" y "santos" están siendo usadas para cubrir a ambos. Jesús podría haber estado haciendo esto cuando dijo: "Si no se acortaran esos días [de gran tribulación, sin igual desde el principio del mundo], nadie sobreviviría, pero por causa de los elegidos se acortarán" (Mt 24:22).

Este remanente preservado de Israel creerá en Jesús cuando lo "verán con sus propios ojos, incluso quienes lo traspasaron" (Ap 1:7 citando significativamente a Zac 12:10), supuestamente cuando él vuelva (Ap 19:11-16). De ahí en más, los destinos judíos y cristianos se funden en uno, y la nueva Jerusalén lleva los nombres de las doce tribus y los doce apóstoles (Ap 21:12-14).

Esta razón posible para la omisión de la palabra "iglesia" y la sustitución de "elegidos" y "santos" es especulativa y, por lo tanto, se presenta provisionalmente. De ninguna forma está establecida. Y no es necesario para el argumento que se presenta aquí. Ya hemos visto que la falta de uso de la palabra "iglesia" no es en sí mismo evidencia para la ausencia de cristianos.

Ahora vamos del argumento más débil a favor de un rapto "secreto" al que tal vez sea el más fuerte.

IRA

A primera vista, este argumento es impresionante, y para algunos hasta concluyente. En palabras sencillas, si la "gran tribulación" es un derramamiento de la ira de Dios sobre el mundo, ¿cómo puede ser posible que los cristianos la experimenten, dado que no están "destinados a sufrir el castigo" (1Ts 5:9)?

Hay más para decir, sin embargo, y tendremos que dedicar un tiempo a este punto.

Tal vez éste sea el lugar adecuado para ampliar la variación más reciente: "el rapto *inter*tribulacional". Se ha llamado la atención al hecho de que la "ira" se usa en la tercera serie de siete desastres (las "copas"), pero no en la primera y la segunda serie (los "sellos" y las "trompetas"). Por lo tanto, se sugiere que los cristianos pasarán por la *primera* parte de la "gran tribulación" pero no por la *peor* parte, que es la expresión directa de la ira divina.

¡Hay, todavía, una tercera variación, el "rapto parcial", la creencia de que solo los "vencedores" serán llevados, mientras que los creyentes más débiles permanecerán!

LA AFIRMACIÓN DUDOSA

Uno se da cuenta de que casi todo estas propuestas son de hecho casi idénticas al "rapto pretribulacional". Aparte de la postergación en el tiempo, sigue habiendo dos venidas: una secreta, *por* los santos y una pública, *con* ellos. Todos los adherentes siguen usando el argumento de la "ira"; solo difieren en la proporción de la aflicción final que puede ser descrita por esa palabra.

En realidad, la palabra "ira" sí aparece en conexión con los sellos y las trompetas (ver Ap 6:16-17); y se dice que las "siete copas del furor de Dios" (Ap 16:1) "consuman" (o "completan") la experiencia de ira de la tierra (Ap 15:1). Así que toda la secuencia de desastres (Ap 6-16) está llena de "ira". Los cristianos la evitarán en su totalidad o la experimentarán por completo. Debemos volver a pensar.

Tal vez la primera cosa que debemos señalar es que los cristianos y sus familias no están exentos de las tragedias normales que ocurren en un mundo caído. Mientras estoy escribiendo esta misma página, recibí un pedido para aconsejar a una pareja cristiana cuyo bebé nació con espina bífida. Los cristianos pueden morir en hambrunas y terremotos. Este tipo de tragedias no forman parte de la intención original del Creador ni reflejan el estado espiritual de los afectados. Pertenecen a una creación corrupta y pueden ocurrirnos a cualquiera de nosotros que nos encontramos en ella.

Además, es importante recordar que los discípulos de Jesús probablemente sufran más que las demás personas en este mundo. Por sobre la parte que les corresponde de los peligros naturales, experimentarán hostilidad social. Jesús fue lo suficientemente sincero como para prometer a sus seguidores: "En el mundo afrontarán aflicciones" (Jn 16:33). Pablo dijo a sus conversos que "Es necesario pasar por muchas dificultades para entrar en el reino de Dios" (Hch 14:22); él pensaba que este sufrimiento era inevitable: "Así mismo serán perseguidos todos los que quieran llevar una vida piadosa en Cristo Jesús" (2Ti 3:12). De hecho, la palabra "tribulación" ocurre cincuenta veces en el Nuevo Testamento, de las cuales solo tres se refieren a la "gran tribulación".

Por otra parte, los "creyentes" viven en un mundo que *ya* está experimentando la ira de Dios (Ro 1:18-31). Dado que los hombres rechazan la verdad acerca de Dios revelada en la creación fuera de ellos y en la conciencia dentro de ellos, y prefieren creer mentiras, él quita la mano de contención de sus relaciones, dejándolos a su propia merced. Como ellos no se entregan a Dios, él los entrega a las lujurias incontrolables y a los vínculos antinaturales, especialmente de naturaleza homosexual. Sus mentes —además de sus cuerpos— son abusadas, llevando a actitudes y actividades antisociales en la familia y en la comunidad. Es imposible que los cristianos no sean tocados por un entorno tan decadente.

El punto que queremos indicar es que los cristianos *ya* están viviendo en un mundo que está en el extremo receptor de la ira divina. La diferencia entre esto y la "gran tribulación" es de grado más que de especie. El hecho que sea universal no lo hace radicalmente diferente para el individuo atrapado en un desastre limitado similar hoy.

Pero, aun cuando los cristianos tengan que vivir en un mundo que está sufriendo los efectos de la ira divina, su actitud hacia esto será diferente. Por un lado, saben que la ira no está dirigida personalmente hacia ellos; no estarán clamando con el temor de una conciencia culpable, implorando ser ocultados de ella bajo las rocas que caen (Ap 6:16-17). También sabrán que la duración de esta ira derramada estará limitada estrictamente. Además, saben que nunca enfrentarán el clímax último de la ira divina, la "ira venidera", que no es la gran tribulación sino el "lago de fuego", el infierno mismo. Por sobre todo, sabrán que la venida de Jesús debe estar muy cerca. Todos estos factores ayudarán a hacerla soportable.

Entonces, ¿cuál es el significado de la promesa de Jesús: "yo por mi parte te guardaré de la hora de la tentación (prueba, RVR60) que vendrá sobre el mundo entero" (Ap 3:10)? Se considera generalmente que éste es el "texto de prueba" para un rapto pretribulacional. ¡Pero todo texto debe verse en su contexto, porque si no puede ser usado como un pretexto!

Esta reafirmación se encuentra en la carta a la iglesia de Filadelfia, una de las dos iglesias entre las siete en Asia acerca de las cuales Jesús no hace ninguna crítica y expresa solo aprobación. La promesa de guardarlos *solo* se da a esta comunidad, y no a las otras seis, ni tampoco a la otra que Jesús aprueba. Está dirigida específicamente a esta congregación fiel. Esto se confirma por el hecho de que la promesa se hace en aquella parte de la carta que tiene que ver con la situación local específica, en vez de las partes generales dirigidas a los individuos que "vencen", que se encuentran al final de cada carta y que son aplicadas más adelante en el libro a *todos* los creyentes.

Cuando mucho, esta promesa solo podría ser reclamada por otras iglesias que estén en la misma condición irreprochable que la congregación en Filadelfia. No puede ser estirada para incluir a iglesias que necesitan corrección, y mucho menos para abarcar a todos los creyentes.

Tenemos que preguntar también si "la hora de la tentación que vendrá sobre el mundo entero" es siquiera una referencia a la "gran tribulación".

¡La iglesia de Filadelfia ha desaparecido por completo hace mucho! ¿Fue así como cumplió Jesús la promesa? Si es así, no tiene nada que ver con el "rapto secreto". Si no, ¿cómo puede Jesús guardar lo que no existe de la "gran tribulación"? Simplemente no tiene sentido para los oyentes originales a quienes les fue dada la promesa.

Pero sí tiene sentido si "la hora de la tentación" se entiende como una expresión relacionada con las persecuciones imperiales que se extendieron a lo largo del imperio romano durante el siglo segundo y tercero. Esto encajaría con la afirmación de que la hora de la tentación sería para "probar", antes que para castigar, a los que moran sobre la tierra. ¿Cómo guardaría Jesús a los de Filadelfia de esto? No hay ningún indicio de que se los llevaría al cielo antes que empezara. Es mucho más probable que lo hiciera al impedir que la ola de opresión llegara a su ciudad, tal vez ablandando el corazón de sus autoridades, que es algo que él bien podía hacer.

Esto es exactamente lo que hizo Dios cuando desató las plagas en Egipto. Dijo: "Cuando eso suceda, la única región donde no habrá tábanos será la de Gosén, porque allí vive mi pueblo. Así sabrás que yo, el Señor [literalmente Yavé, su nombre del pacto], estoy en este país. Haré distinción entre mi pueblo y tu [es decir, del faraón] pueblo" (Ex 8:22-23; cf. 10:23; 11:7). Si bien estaba derramando su ira sobre todo el país, Dios era perfectamente capaz de proteger a su pueblo de los resultados desastrosos. Tal vez sea eso exactamente lo que ocurrirá en la "gran tribulación". Muchos han notado las similitudes entre sus desastres y las plagas egipcias (¡aun hasta las langostas! Ex 10:13-15; Ap 9:3). Si la mujer de Apocalipsis 12 representa la iglesia (ver cap. 8), es "sustentada durante un tiempo y tiempos y medio tiempo", seguramente los cuarenta y dos meses, o tres años y medio, de la "gran tribulación" (Ap 12:14). Sus "descendientes" son identificados como "los cuales obedecen los mandamientos de Dios y se mantienen fieles al testimonio de Jesucristo" (Ap 12:17; cf. 14:12).

Tal vez nos hayamos desviado hacia la esfera de la especulación. Nuestro punto de partida fue una aplicación dudosa de Apocalipsis 3:10 a un "rapto secreto" futuro. Es hora de volver al tema central: ¿pasarán los cristianos por la "gran tribulación"?

Si no pasarán, ¿por qué razón una gran porción de un libro dirigido a creyentes habría de incluir una descripción tan detallada de todo lo que ocurrirá durante ese tiempo terrible? Dado que claramente el propósito de todo el libro es prepararlos para lo que está por venir, ¿para qué decirles tanto acerca de aquello para lo que no necesitan prepararse? ¡Si no estarán por aquí para ser testigos de los sucesos cubiertos por los capítulos 6-18, toda esa sección es, como mínimo, un desperdicio de papel! Su inclusión es un misterio total.

Se agrega a esto lo que ya se ha dicho en relación a otro tema: que justo en el medio de esta sección hay un llamado a "mantenerse fieles a Jesús" (Ap 14:12). ¡Esto solo puede significar que los cristianos están en el medio mismo de la situación!

Cuando se coloca esta afirmación directa frente a la inferencia indirecta —ya que de eso se trata en realidad el argumento acerca de la "ira"— entonces debe aceptarse lo primero, por más lógico que pueda parecer ser lo segundo.

Si recordamos que se admite abiertamente que la evidencia a favor del "rapto secreto" es "acumulativa", aún no hemos encontrado una sola inferencia que sea lo suficientemente sustancial como para ser incluida. Esto es cierto también del último argumento a ser considerado.

CONSUELO

Esto tiene que ver en realidad con el ánimo de los creyentes. Lo que se dice es lo siguiente: ¡difícilmente la pronta venida de Cristo sea una "esperanza bienaventurada" si implica que tenemos que pasar por la "gran tribulación" antes!

Pero esto significa confundir el efecto subjetivo de la "esperanza" con su fundamento objetivo. No puede haber ninguna consolación duradera en una mentira. Una esperanza segura y cierta solo puede estar basada en la verdad.

La palabra "consuelo" puede tener diferentes connotaciones. A menudo, se usa para el alivio de un dolor o de una presión. Pero su significado más profundo es afianzar y alentar. Es prima hermana de la palabra "*fortalecer*". El verdadero consuelo viene de enfrentar la verdad, toda la verdad, acerca de la situación.

Considere las palabras "consoladoras" de Jesús (en Jn 16:33): "En este mundo afrontarán aflicciones" (esa es la verdad), "pero ¡anímense! Yo he vencido al mundo" (esa es toda la verdad). Cuando venga la "gran aflicción", dice: "Ahora venzan, como he hecho yo. ¡Cobren ánimo! Vengo pronto" (esta declaración no es un nuevo versículo de las escrituras, ¡pero es un resumen acertado del mensaje de Apocalipsis!).

Estar pre-avisados significa estar pre-armados. En el mismo contexto en que Jesús describía esta última y mayor de las "aflicciones", dice: "Se los he dicho a ustedes de antemano" (Mt 24:25). Qué amable de su parte prepararnos de esta manera.

Seguramente ésta es la razón por la que pasajes tales como Mateo 24 y Apocalipsis 6-18 están en nuestro Nuevo Testamento: para prepararnos para lo peor que puede ocurrir. Sin embargo, aun cuando ocurra, podremos soportarlo, sabiendo que "lo mejor está por venir", y que vendrá enseguida después.

Hemos concluido nuestro estudio del "rapto". Tal vez el lector no esté convencido por el razonamiento y las conclusiones presentados. El escritor podría estar equivocado, ¡pero prefiere estar equivocado en este sentido antes que en el sentido contrario! Seguramente es mejor advertir a los creyentes que estén listos para la "gran tribulación" y luego descubrir que no pasarán por ella que decirles que no necesitan preparación cuando la deberían haber tenido.

Sea que la idea de un "rapto secreto" se originó en una falsa profecía —como dicen algunos— o no, su base extremadamente débil en las escrituras indica que es una falsa profecía cada vez que es comunicada a otras personas. Todas las predicciones falsas son peligrosas, y ésta conlleva algunos riesgos particulares. Considere el siguiente testimonio de esa piadosa holandesa Corrie Ten Boom, que disfrutó de escuchar las cintas de este autor durante su enfermedad final:

> He estado en países donde los santos ya están sufriendo una persecución terrible. En China, a los cristianos se les dijo: "No se preocupen, antes que venga la tribulación, serán trasladados, arrebatados". Luego vino una persecución terrible. Millones de cristianos fueron torturados hasta morir. Entonces oí decir a un obispo de China, con tristeza: "Hemos fallado. Deberíamos haber hecho a las personas fuertes para la persecución en vez de decirles que Jesús

vendría primero". Volviéndose a mí, me dijo: "Diga a las personas cómo ser fuertes en tiempos de persecución, cómo estar firmes cuando viene la tribulación, cómo estar firmes y no desmayar". Siento que tengo un mandato divino para ir y decir a la gente del mundo que es posible ser fuertes en el Señor Jesucristo. Estamos entrenándonos para la tribulación. Como ya he estado en la prisión por causa de Jesús, y desde que me encontré con el obispo de China, ahora cada vez que leo un buen texto de la Biblia pienso: "Ah, podré usar ese versículo en el tiempo de la tribulación". Entonces lo anoto y lo aprendo de memoria.

Pocas personas lo podrían haber expresado mejor, tanto con sus labios como con su vida. Ahora ella está con el Señor, habiendo pasado por su propia tribulación. Cuando pasemos por la nuestra —sea personal, local o universal—, ojalá que estemos entre los "vencedores", como lo fue y es ella.

EL EMBROLLO DEL MILENIO

CAPÍTULO CATORCE

La desilusión compartida

El mundo en general está desilusionado con Jesús. No ha cumplido con las expectativas, tanto de los judíos como de los gentiles.

LOS JUDÍOS

Fueron los primeros en sentir que los había defraudado. Cuando vino, muchos estaban esperando que el "reino" o el "dominio" de Dios fuera restablecido en el planeta Tierra. Creían que enviaría un rey "ungido" (en hebreo, *meschiah*) de la dinastía davídica para lograr esto, mediante su pueblo escogido, Israel. Sus esperanzas, por lo tanto, tenían un tinte tanto nacional como internacional.

Por un lado, su monarquía restaurada traería la libertad política que habían perdido cinco siglos antes y que solo habían recuperado brevemente durante la fallida revuelta macabea contra los griegos. Ahora, bajo la dominación romana, el anhelo por la libertad seguía, expresada en frases como "la redención de Israel" y "la redención de Jerusalén" (Lc 2:25, 38).

Por otro lado, esperaban que esta liberación les daría una posición de liderazgo frente a otras naciones, haciendo que la "cola" se convirtiera en "cabeza" (Dt 28:13). Jerusalén no sería solo su propia capital; sería el centro del gobierno mundial (Mi 4:1-5; Is 2:1-5). El arbitraje justo disponible en Sión brindaría la base adecuada para la paz, produciendo un desarme multilateral.

Este sueño doble, de libertad nacional y liderazgo internacional, es especialmente claro en la últimas profecías de Isaías (note la interacción entre "Jerusalén" y las "naciones/islas/extremos de la tierra" en los caps. 40-66). Aparece tipificado en las palabras del anciano Simeón, cuando dividió al bebé Jesús en los atrios del templo y dijo al Señor que podía morir en paz, habiendo visto la "luz que ilumina a las naciones y gloria de tu pueblo Israel" (Lc 2:32).

Treinta y tres años después, Jesús dejó esta tierra sin haber logrado ninguno de los dos objetivos. Entre su resurrección y su ascensión, la desilusionada aspiración nacional fue expresada más de una vez. "Pero nosotros abrigábamos la esperanza de que era él quien redimiría a Israel" era el lamento sentido de los dos que iban camino a Emaús (Lc 24:21). La última de todas las preguntas que hicieron los discípulos fue: "Señor, ¿es ahora cuando vas a restablecer el reino [es decir, la monarquía] a Israel?" (Hch 1:6; note que Jesús aceptó las premisas de la pregunta, pero les dijo que la fecha establecida por "el Padre" no era de su incumbencia).

Parece que Jesús mismo había desplazado el foco del reino, de la dimensión nacional a la internacional, durante sus últimas seis semanas en la tierra (Mt 28:19; Mr 16:15; Lc 24:47; Hch 1:3). Aun antes, había anunciado que "el reino de Dios se les quitará a ustedes y se le entregará a un pueblo que produzca los frutos del reino" (Mt 21:43).

Esto no fue la cancelación del aspecto nacional, como supusieron muchos. Hay demasiadas escrituras que apuntan a un lugar futuro para Israel y Jerusalén en los propósitos de Dios como para permitir esta conclusión (ej: Mt 23:39; Lc 21:24; 22:29-30; Ro 11:1, 11). Su parte ha sido demorada. El orden de los acontecimientos ha sido invertido. Los gentiles recibirán el reino antes que los judíos (Ro 11:25-26). Los primeros serán últimos, y los últimos, primeros.

Pero ¿ha sido establecido el gobierno de Dios entre las naciones, de acuerdo con este cambio de planes?

LOS GENTILES

También han expresado su desilusión respecto de Jesús. Suele decirse que el cristianismo ha estado en escena por casi *dos mil* años y, sin embargo, el mundo no ha mejorado. En realidad, ¡parece estar peor! El siglo veinte ha visto dos guerras importantes y el "holocausto" en el continente "civilizado" de Europa. El mal parece más desenfrenado y enquistado que nunca. Sin embargo, más de una tercera parte de la población del mundo lleva el rótulo de "cristianos".

Por supuesto que podemos decir que muchos de estos últimos son solo "nominales" en su lealtad religiosa. O podemos afirmar, con G. K. Chesterton, que "no es que el ideal cristiano ha sido pesado en balanza y fue hallado falto; ha sido hallado difícil y fue dejado sin probar". Y podríamos hacer toda una lista importante de beneficios para la humanidad que han surgido de la compasión cristiana: la emancipación de los esclavos y de las mujeres, el cuidado de los enfermos y discapacitados, los huérfanos y los analfabetos. Puede hacerse un argumento fuerte a favor de los orígenes cristianos de la ciencia moderna y todos sus logros.

Sin embargo, la crítica igual puede hacerse. Pocos se atreverían a decir que el mundo ahora es un lugar más seguro, más feliz y mejor para vivir. Aun menos personas afirmarían que esto es en gran parte debido a la influencia de Cristo. La evaluación del Nuevo Testamento de que "el mundo entero está bajo el control del maligno" (1Jn 5:19) parece tan certera hoy como lo era entonces.

LOS CRISTIANOS

También tienen sus dudas. Una gran proporción parece haber aceptado que este mundo nunca será diferente. Su esperanza para el futuro está centrada en el próximo mundo. Su tarea es vista como salvar la mayor cantidad posible de individuos de una sociedad que tiene una enfermedad terminal.

Sorprendentemente, y tal vez como reacción a este pesimismo, hay otro sector del espectro cristiano que confía en que la iglesia está bien encaminada hacia asumir el control de los gobiernos nacionales e internacionales. Los cristianos podrían convertirse en la mayoría y, en consecuencia, jugar un papel decisivo en los asuntos sociales, políticos y mundiales.

Posiblemente la mayoría de los creyentes están entre estos dos extremos, buscando el realismo antes que el pesimismo sombrío o el optimismo ingenuo. Además de evangelizar, creen que deben hacer lo que puedan para mejorar este mundo, trabajando para el bienestar de los individuos y las comunidades.

No todos estos se preguntarán acerca del objetivo último de sus esfuerzos. Muchos se contentarán con cubrir algunas necesidades inmediatas. Aun cuando la escena total empeore, estarán satisfechos por haber "hecho su parte". Eso es infinitamente preferible a estar tan deprimidos acerca de la tendencia general que toda acción queda paralizada.

Pero la cuestión del desenlace final no puede ser dejada de lado. La fe y el amor no son suficientes para sostener el servicio cristiano completo. La esperanza es la tercera dimensión vital. Es una "firme y segura ancla del alma" (Heb 6:19), especialmente cuando uno está pasando por la desazón y la tentación de desesperar. La idea de un éxito final da la fuerza para vencer todos los obstáculos intermedios.

Jesús enseñó a sus seguidores a orar cada día que el reino de Dios, el gobierno divino, se hiciera "en la tierra como en el cielo" (Mt 6:10). Claramente, esto no ha ocurrido aún porque si así fuera no estaríamos usando esta petición. Pero ¿para qué estamos orando? ¿Qué esperamos que ocurra cuando sea contestada nuestra oración? ¡Alguien ha dicho que toda nuestra teología puede ser deducida de nuestras respuestas a estas preguntas!

¿Vendrá el reino a la tierra? Si es así, ¿cómo y cuándo? ¿Vendrá de a poco o de pronto? ¿Por infiltración humana o por intervención divina? ¿Será puramente espiritual o también político?

Poniéndolo de otra forma, ¿gobernará el Señor Jesucristo alguna vez este mundo de una manera tan visible que todos sepan que se le ha dado toda autoridad en el cielo y en la tierra (Mt 28:18), que él es el Rey de reyes y Señor de señores (Ap 19:16) y que toda rodilla debe doblarse ante él y toda lengua debe confesar su señorío (Fil 2:10-11)? ¿O los cristianos solo "verán" estas cosas por fe?

¡Ya estamos discutiendo el tema del "milenio"! Porque éstas son las preguntas mismas que están en el corazón del debate.

Hay demasiadas personas que descartan el tema como una discusión académica, con poco o ningún significado práctico. ¿De qué sirve discutir sobre la interpretación de "un pasaje oscuro en un libro altamente simbólico"? Se dice que las diferencias resultantes amenazan la unidad de la iglesia y la distraen de su misión.

Pero ya hemos visto que las expectativas futuras son la esencia de la virtud cristiana de la esperanza. Somos salvados por fe en esperanza (Ro 8:24).

Que quede en claro inmediatamente que hay un acuerdo generalizado acerca del *próximo* mundo, "el cielo nuevo y la tierra nueva" (Ap 21:1) que sucederá a este viejo universo, aunque se lo suele mencionar como "el cielo", con poco o ningún énfasis en "la tierra". ¡Hay pocas discusiones acerca de los dos últimos capítulos de la Biblia!

Las verdaderas diferencias surgen cuando se discuten las esperanzas futuras para *este* mundo. ¿Hasta dónde se manifestará la autoridad divina dada a Jesús en este mundo, antes que llegue a su fin? Como ya hemos indicado, hay un espectro enorme de opiniones cristianas, que se ha ampliado a lo largo de los siglos de la historia de la iglesia.

La polémica, feroz a ratos, se ha centrado en el capítulo veinte del libro de Apocalipsis. Esto difícilmente sorprenda, ya que parece cubrir los últimos acontecimientos de esta era que conducen hasta el día final de juicio, que a su vez introduce la nueva creación.

A partir de este capítulo, un lector común podría llegar a la conclusión de que Cristo y sus seguidores, especialmente los que han sido martirizados por su fe, realmente "reinarán" sobre este mundo por mil años antes que llegue a su fin.

De esta expresión repetida, "mil años", ha surgido la palabra *milenio* (del latín: *mille* = mil y *annum* = año). De aquí surge el sustantivo "mileniarismo", que describe la creencia de que Cristo reinará en la tierra durante este período. A veces se denomina a la teoría "quiliasmo" (en griego: *chilioi* = mil).

Al iniciar el siglo veintiuno, la palabra "milenio" ha vuelto al uso diario, ya que el 1 de enero de 2001 ingresamos al tercer milenio A.D. (del latín *anno domini* = año del Señor). Esta fecha en el almanaque ha llevado directamente a un interés renovado en el retorno prometido de nuestro Señor e, indirectamente, a un debate renovado acerca de su reino "milenario" en la tierra, especialmente entre aquellos que todavía creen que el siglo veintiuno inicia el séptimo milenio desde la creación (una especie de "día de reposo" cósmico), suponiendo que la creación tuvo lugar el año 4004 a.C, como lo sugería un comentario en algunas Biblias antiguas.

No debemos dejar que los intentos de fijar fechas oscurezcan el verdadero asunto, llevando el debate a un descrédito especulativo. La cuestión principal no es "cuándo" sino "si". ¿Reinará Cristo sobre este mundo durante mil años?

Nuestro punto de partida deberá ser, obviamente, el pasaje de la escritura a partir del cual muchos han llegado a una conclusión positiva, es decir, Apocalipsis 20. Éste será estudiado en detalle y en contexto. Luego iremos hacia atrás en nuestra investigación, pasando por el Nuevo Testamento y el Antiguo Testamento, para ver si encontramos confirmación o contradicción en nuestros hallazgos. Después de esto, iremos hacia adelante en nuestra investigación por la historia de la iglesia, notando cuándo y por qué surgieron las diferentes interpretaciones. Éstas serán evaluadas según su precisión exegética y su influencia práctica. Finalmente, daré las razones de mi propia conclusión y convicción.

La posición actual es mucho más compleja de lo que muchos se dan cuenta. La mayoría de los lectores tal vez conozcan los tres rótulos: amilenario, premilenario y posmilenario. Hay varias frases cómicas respecto de estos nombres, que no indicaremos aquí. Sin embargo, las evasivas jocosas no pueden reducir la importancia de llegar a alguna conclusión. Como veremos, nuestra verdadera creencia tendrá un efecto profundo en nuestra actitud y responsabilidad hacia este mundo. Así que tenemos que ser claros.

Un problema que existe es que cada uno de los tres enfoques principales tiene dos variaciones muy diferentes, así que en realidad hay seis posiciones entre las que podemos escoger. Otra complicación es que la mayoría de los que se denominan "amileniaristas" son, en realidad, una división de los "posmileniaristas", aunque raramente la gente se da cuenta de esto. ¡Siga leyendo y todo quedará claro!

Entretanto, podemos volvernos a las escrituras mismas con algo de alivio para comenzar nuestro estudio, considerando lo que la Biblia realmente *dice*, antes de ver lo que otros piensan que *quiere decir*. Al hacerlo, necesitamos recordar constantemente que el libro de Apocalipsis fue escrito para creyentes comunes de las siete iglesias de Asia (ahora Turquía occidental). No era un enigma complejo a ser desentrañado por profesores de teología y eruditos bíblicos. Es un principio sano leer las escrituras buscando su sentido llano y sencillo, a menos que haya una indicación clara de que deba tomarse en otro sentido. Debemos buscar recobrar el mensaje que comunicarían a sus lectores originales.

Con estas pocas pautas, ahora podemos aproximarnos al pasaje clave, acerca del cual ha habido tanta discusión.

CAPÍTULO QUINCE

El pasaje básico (Apocalipsis 20)

Éste es, sin duda, el pasaje más claro acerca del "milenio" en toda la Biblia. Algunos dirían que es el único sobre este tema. Ciertamente, sin este capítulo no sería un asunto importante. ¡La vida sería mucho más sencilla si simplemente no estuviera ahí! Los que desean que fuera así y tratan de ignorarlo necesitan que se les recuerde la maldición sobre todos los que quisieran quitar algo de "este libro de profecía" (Ap 22:19): ¡podrían perder su lugar en la eternidad!

Los que creen que la Biblia consiste de las palabras inspiradas de Dios, y no que solo las contiene, deben considerar seriamente este capítulo. Aun cuando fuera la única mención divina de su propósito, seguiría siendo su palabra. ¿Cuántas veces tiene que decir algo Dios antes que le creamos?

Así que debemos dejar que el pasaje hable por sí mismo. Pero primero debemos verlo en su contexto; no solo el contexto inmediato (capítulos 19 y 21), sino en su trasfondo más amplio.

Está en el Nuevo Testamento, y no en el Antiguo. Pertenece al "nuevo" pacto de Jesús, y no al "antiguo" pacto de Moisés. Está dirigido a cristianos, y no a judíos. Si bien la atmósfera es "judía" (el libro de Apocalipsis contiene cuatrocientas alusiones a las escrituras hebreas, aunque ni una sola cita), está dirigido a los creyentes gentiles y no necesita ser interpretado especialmente para ellos (como ocurriría con las leyes de Deuteronomio, por ejemplo). Está escrito por un cristiano para cristianos.

Este capítulo forma parte de un libro único en el Nuevo Testamento. En otra sección de este volumen hemos examinado Apocalipsis con mayor detalle (ver sección B. El enigma de Apocalipsis), pero necesitamos un breve resumen aquí.

Es, básicamente, una carta, una epístola circular compuesta para un grupo de iglesias. Pero aquí finalizan todas las similitudes (por ejemplo, con Efesios). ¡Nunca fue la intención que fuera escrita! Es una transcripción de imágenes verbales y visuales que llegaron de manera inesperada a un hombre en la cárcel y a quien un ángel dijo que los escribiera y transmitiera. Es por esto probablemente que la carta es descrita como una "profecía", la única que hay en el Nuevo Testamento. Es a la vez una palabra para el presente (decir ante) y acerca del futuro (decir antes), con un énfasis en lo último. Casi dos tercios de sus "versículos" contienen predicciones, cubriendo cincuenta y seis sucesos diferentes. Inevitablemente, se usa un lenguaje pictórico para describir lo desconocido y aun lo inimaginable; pero el simbolismo tiene la intención de clarificar antes que ocultar, y raramente es incomprensible.

El libro/profecía/carta fue hecho para ser leído en voz alta (note la bendición sobre el lector y los oyentes en Ap 1:3). Tal vez solo en estas circunstancias produce su significado más profundo y causa su mayor impacto.

Ante todo, tenemos que recordar en todo momento que su propósito es intensamente práctico: preparar a individuos e iglesias cristianos para tiempos más duros por delante. Su objetivo es alentar a los creyentes para que soporten el sufrimiento por su fe, aun al punto del martirio, y a "salir vencedores" de las presiones hostiles, manteniendo así sus nombres en el "libro de la vida" (Ap 3:5). Cada parte del libro tiene este objetivo en mente. De cada pasaje y su interpretación debemos preguntarnos: ¿cómo ayuda esto a los discípulos perseguidos?

El libro se divide en secciones claras. La división más obvia es entre los primeros tres capítulos, que tratan con la situación *presente* de los creyentes, y el resto, que les revela el *futuro* (ver 4:1). La sección posterior llega hasta el final mismo del mundo y más allá, pero se divide en dos fases, que pueden ser vistas como "buenas noticias" y "malas noticias". Este simple mensaje en tres partes puede presentarse como sigue:

i. Las cosas que deben corregirse ahora (1-8).
ii. Las cosas se pondrán mucho peor antes de mejorar (4-18).
iii. Las cosas se pondrán mucho mejor después de empeorar (19-22).

La segunda sección trata con el futuro más inmediato, en tanto que la tercera se ocupa del futuro último, de las últimas cosas. Es el retorno de Cristo al planeta Tierra lo que cambia la marea en el flujo de los acontecimientos.

El capítulo 20 se ubica firmemente en esta tercera sección. Pertenece a las "últimas cosas". Forma parte de las "buenas noticias". Es parte de ese futuro alentador que pueden esperar los perseguidos y por el cual deberían estar dispuestos a morir.

En este punto, es necesario presentar un principio importante del estudio bíblico: a saber, *¡ignorar las divisiones de capítulos!* No estaban en el texto original. Si bien son convenientes como referencias, no están inspiradas por Dios y a menudo están en el lugar incorrecto, ¡separando lo que Dios ha unido! El número "20" grande genera muchas confusiones (otro argumento a favor de leer el libro en voz alta). La continuidad muy aparente en el original se ve alterada violentamente, y esto ha permitido a los comentaristas separar el capítulo de su contexto, revisar radicalmente su mensaje y su aplicación y reubicar el milenio en la historia (ver más adelante).

Cuando se ignoran las divisiones de capítulos y los "capítulos 18-22" son leídos como una narración continua, emerge un patrón asombroso. Podría titularse: "Una historia de dos ciudades" (Babilonia y Jerusalén). Estas ciudades están personificadas como dos mujeres: una prostituta inmunda y una novia pura. La destrucción de una metrópolis y la declinación de la otra están separadas por una serie extraordinaria de acontecimientos, revelados en una visión en siete partes.

Es instructivo notar los cambios en las revelaciones, de

verbales a visuales. La caída de Babilonia es relatada por un ángel y es "oída" por Juan (18:4), como ocurre con la celebración celestial sobre esto (19:1, 6). Luego se le dice a Juan que escriba lo que ha *oído* (19:9). Después de esas voces viene una serie de visiones, que Juan *vio* (19:11, 17, 19; 20:1, 4, 11; 21:1). Se "ven" siete cosas antes de "oír" lo que sigue (21:3). Esta serie de visiones puede ser listada como sigue:

1. El jinete sobre un caballo blanco ante la puerta abierta del cielo.
2. Un ángel invita a las aves a la "última cena" de carne humana.
3. La batalla con las fuerzas contrarias a Dios en Armagedón.
4. Un ángel encadena, destierra y encarcela al diablo.
5. Los santos reinan con Cristo durante mil años, al final de los cuales Satanás es soltado, derrotado y arrojado al lago de fuego.
6. La resurrección de los muertos y el día del juicio final.
7. La creación de un cielo nuevo y una tierra nueva, y el descenso de la nueva Jerusalén.

El número siete, por supuesto, es un número conocido en este libro, comenzando por las siete iglesias de Asia y las siete cartas enviadas a ellas. Más significativas son las tres series de desastres bajo la figura de sellos, trompetas y copas.

Estas últimas presentan una secuencia de sucesos, con una intensidad creciente. Más aún, en cada serie los primeros cuatro van juntos (el ejemplo más claro son los cuatro jinetes de los primeros cuatro sellos en 6:1-8), los dos siguientes están relacionados, y el último, o séptimo, está solo. El mismo patrón de 4-2-1 puede discernirse claramente en la serie final de visiones que estamos examinando ahora (de 19:11 a 21:2).

Una vez que se han removido los números de los capítulos (20 y 21), la serie de siete visiones presenta una clara secuencia de sucesos, cada uno relacionado con el anterior, en orden cronológico. Dos ejemplos bastarán:

i. El diablo es arrojado al lago de fuego *después* de la bestia y el falso profeta (cf. 20:10 con 19:20).
ii. El nuevo cielo y la nueva tierra aparecen *después* que los viejos han pasado (cf. 21:1 con 20:11)

En particular, separar el capítulo 20 del capítulo 19 destruye toda la secuencia. Esto se hace generalmente para favorecer la posición amilenaria o posmilenaria, quienes quieren hacer del capítulo 20 una "recapitulación" de toda la era de la iglesia y no una segunda parte de los sucesos del capítulo 19. Ésta debe verse como una separación artificial, que se basa fuertemente en la división de capítulos hecha en el medioevo.

La secuencia no puede separarse. La única pregunta válida es: ¿qué período cubre?

Todos están de acuerdo en cuándo *termina*. El día del juicio (visión 6) y el nuevo cielo y la nueva tierra (visión 7) nos llevan al final mismo de esta era, lo que conocemos como la "historia".

Pero, ¿cuándo *comienza*? ¿Quién es el jinete del caballo blanco y cuándo ataca con la fuerzas del cielo?

No hay discusión en cuanto a su identidad. Los títulos "Fiel y Verdadero" (aplicado a Jesús en 3:14), "el Verbo de Dios" (solo usado en otra parte del Nuevo Testamento para Jesús en Jn 1:1, 14) y "Rey de reyes y Señor de señores" (identificado con "el Cordero" en 17:14) no dejan lugar a dudas. Él es el Señor Jesucristo. (Note que éste no es el caso necesariamente en 6:2, donde el jinete no es identificado, usa un arco antes que una espada y el énfasis está en el color del caballo, un símbolo general de agresión militar.)

Hay algún desacuerdo en cuanto a su "salida" del cielo. La opción está entre su primera y su segunda venida.

El pequeño número de eruditos que dice que esto es una representación de su *primera* visita a la tierra lo hacen a fin de retener la secuencia de siete partes al aplicar el "milenio" a la era de la iglesia. Para mantener esto, los detalles tienen que ser fuertemente "alegorizados". El caballo blanco de la conquista es un símbolo puramente "espiritual", porque en realidad el montó un asno de paz (Mt 21:4-5, cumpliendo Zac 9:9). La vestidura teñida solo tiene su propia sangre. La destrucción de las naciones es solo metafórica, si bien no se dice de qué. Pero todo este intento por mantener la secuencia falla porque involucra aplicar la batalla decisiva de "Armagedón" a la crucifixión, ¡lo que significa que la bestia y el falso profeta son "arrojados vivos al lago de fuego" en el Calvario! Esto quita sentido a su aparición en el capítulo 13 entre las cosas que "tienen que suceder después de esto" (4:1). Este enfoque crea más problemas que los que resuelve, y ha convencido a muy pocas personas.

La mayoría concuerda en que la primera visión (19:11-16) se refiere a la *segunda* venida de Cristo. Hay muchas razones sólidas para esta conclusión. Primero, está misión "guerrera" es mucho más compatible con su segunda venida para "juzgar a los vivos y a los muertos". Segundo, los enemigos que destruye aquí son humanos además de demoníacos, algo que no ocurrió en su primera venida. Tercero, el contexto anterior es el anuncio de una boda y una novia "preparada", que conduce naturalmente a la venida del novio (cf. Mt 25:6). Cuarto, y esto parece decisivo, si ésta no es una referencia a la segunda venida entonces la venida de nuestro Señor no se menciona en ninguna parte del cuerpo principal de esta profecía, a pesar de que tanto el prólogo y el epílogo indican que es el tema principal (1:7 y 22:20). No es sorprendente que la mayoría de los comentarios aceptan esta interpretación. La secuencia comienza en la segunda venida.

Podemos identificar cuatro sucesos principales en la visión de siete partes:

1. La segunda venida (cap. 19)
2. El reino milenario (cap. 20)
3. El día del juicio (cap. 20)
4. La nueva creación (cap. 21)

Casi todos los eruditos ortodoxos aceptan los sucesos 1, 3 y 4 como pertenecientes al final de la historia, ¡y en ese mismo orden! Pero hay una renuencia generalizada a incluir el suceso 2 en la secuencia, aunque claramente pertenece ahí. Esto se debe, a su vez, a una larga tradición en la iglesia que ha rechazado el llamado "*pre*mileniarismo" (la creencia de que 1 antecede a 2 en el tiempo, que Jesús vuelve *antes* que sus santos reinen). Esto ha dado como resultado intentos extraordinarios para probar que Apocalipsis 19-21 en realidad quiere que el lector entienda el orden de los sucesos como 2, 1, 3, 4, ¡a pesar del patrón en el que están presentados!

Esta sutil trasposición no está basada en ninguna indicación clara en el texto mismo. Resulta de llevar al texto una convicción anterior (el significado exacto de la palabra "prejuicio"), en este caso la suposición de que no ocurre nada entre la venida de Cristo y el día de juicio. Esta ha sido la opinión mayoritaria en la iglesia por muchos siglos y ha quedado sobreentendido en sus credos (tanto el de los Apóstoles como el de Nicea). Se consideraba que Cristo volvía para juzgar y no para reinar.

Hay algunas escrituras que parecen sostener esta compresión de sucesos, y las consideraremos más adelante. A menudo se dice que son afirmaciones "llanas", en tanto que Apocalipsis 20 sería "oscuro". Habiendo hecho este juicio, luego se argumenta que lo último debe ser interpretado a la luz de lo primero, ¡lo cual suele significar forzar una cosa para que encaje en la otra!

Aun cuando fuera "oscuro", no es ninguna razón para descartarlo. Algunas personas parecen pensar que decir que algo es "altamente simbólico" los excusa de tomarlo en serio o aun explicar cuáles son las realidades detrás de los símbolos. ¡Y parecen muy dispuestos a tomar la primera y la última visión al pie de la letra!

Pero, ¿es tan oscuro? A este escritor le parece que hay un uso muy limitado de lenguaje simbólico en estas visiones. La mayoría de los sucesos son mencionados como hechos que ocurren en la realidad. Las figuras retóricas no son tan misteriosas: "los cuatro ángulos de la tierra" es perfectamente obvio, y no tiene que ser tomado como que el escritor pensaba que la tierra era cuadrada. ¿Quién no entiende lo que representa el "gran trono blanco"? La única referencia desconcertante es con relación "a Gog y a Magog", pero un vistazo a Ezequiel 39 sugiere que son rótulos para el último príncipe y pueblo que atacarán al pueblo de Dios *después* que la dinastía de David haya sido restaurada.

Ha llegado el momento de estudiar el pasaje (20:1-20) en detalle, permitiendo que el texto hable por sí mismo, antes de compararlo con otras escrituras pertinentes. Intentaremos estudiarlo con la reverencia que corresponde a las palabras inspiradas de Dios y con la integridad de una mente abierta interesada en una exégesis objetiva.

La primera cosa que debemos notar es el uso repetido de la frase "mil años": seis veces en un breve pasaje. En tres de estas ocasiones el artículo definido lo hace aún más enfático: "*los* mil años". Difícilmente podría ser más preciso.

Hay quienes quieren tomarlo como un símbolo, diciendo que diez al cubo es una indicación de algo completo. Pero aun aquellos que lo hacen suelen decir que representa un tiempo largo, en oposición a un breve intervalo. Es mucho más que un intermedio. Es una época que tiene importancia por derecho propio.

El argumento a favor de tomar la frase literalmente descansa en el hecho de que hay otras extensiones de tiempo mencionadas específicamente en este libro. Por ejemplo, de la "gran tribulación" (o la "gran aflicción") se dice que dura "un tiempo y tiempos y medio tiempo" (12:14), o "1260 días" (12:6) o "cuarenta y dos meses" (13:5).

El contraste entre estos tres años y medios de sufrimiento intenso para los santos y los siguientes mil años de reinado con Cristo está muy en línea con todo el propósito del libro: alentar la fidelidad en el presente mediante el pensamiento en el futuro. Como escribió Pablo: "De hecho, considero que en nada se comparan los sufrimientos actuales con la gloria que habrá de revelarse en nosotros" (Ro 8:18).

Al considerar los diez "versículos" como un todo, podemos hacer las preguntas básicas habituales: ¿cuándo, dónde y quién?

¿CUÁNDO suceden "los mil años"? La respuesta doble es clara a partir de la "visión en siete partes" a la que pertenecen: *después* que el jinete del caballo blanco (Jesús) ha derrotado a la bestia y al falso profeta, y *antes* del gran trono blanco. En otras palabras, el milenio está *entre* la segunda venida y el día del juicio.

¿DÓNDE reina Cristo y sus santos? ¿En el cielo o en la tierra? El libro de Apocalipsis alterna continuamente entre el cielo y la tierra (4:1; 7:1; 8:1, etc.) Pero por lo general hay una indicación muy clara del lugar. Así que, ¿cuál es el escenario del capítulo 20?

Debemos comenzar por el capítulo 19. El cielo está "abierto" para el jinete (19:11), pero luego es muy obvio que él viene a la tierra para la batalla con la fuerzas malignas (19:19). El ángel que ata a Satanás "baja del cielo" (20:1). Su liberación posterior tiene lugar en la "tierra" (20:8-9). La "tierra" luego desaparece antes del juicio final (20:11).

Todo el foco está en la "tierra" a lo largo de este pasaje. Ante la ausencia de cualquier indicio al contrario, podemos entender que el reino milenario de los santos tendrá lugar en esta "vieja" tierra, antes que desaparezca. Un desplazamiento brusco al cielo en los versículos 4-6 hubiera sido indicado claramente. Además, los santos reinan "con Cristo" (20:4) y él a esta altura ha vuelto a la tierra (19:11-21).

El contexto más amplio de todo el libro confirma esto en tres anuncios anteriores. Los vencedores recibirán "autoridad sobre las naciones" (2:26). Los que son redimidos por la sangre del Cordero "reinarán sobre la tierra" (5:10). El "reino del mundo" se convertirá en el reino de Cristo (11:15). Ninguna de estas promesas se cumple hasta el capítulo 20.

¿QUIÉN es la figura central en este pasaje? Para nuestra sorpresa, ¡no es Cristo! Solo es mencionado de manera incidental. La mayor parte de la atención está puesta en Satanás, aunque su parte en el milenio está limitada al principio y al final del período. Los santos están en primer plano durante los siglos que transcurren entre ambos extremos. La estructura del pasaje, por lo tanto, es un "emparedado":

1-3   Satanás removido (breve)
4-6   Santos reinando (largo)
7-10 Satanás liberado (breve)

Debemos encontrar una razón para esta extraordinaria falta de proporción en el contenido. Entretanto, debemos considerar cada uno de los tres "párrafos" con mayor detalle.

SATANÁS REMOVIDO (20:1-3)

A fin de entender lo que está ocurriendo aquí, tenemos que mirar otra vez el contexto más amplio.

Ya han sido presentadas cuatro figuras extrañas y hostiles. Tres son personas reales, dos de ellas humanas: Satanás (arrojado a la tierra en el cap. 12), el "anticristo" y el falso profeta (que emerge en el cap. 13). Juntos, forman una "trinidad impía", que toma el control del gobierno del mundo en el clímax de la historia, causando la mayor aflicción para el pueblo de Dios. Todos son masculinos. La cuarta figura es femenina, pero no es una persona. Ella, una prostituta, es una "personificación" de una ciudad, "Babilonia", el centro comercial del mundo.

Estas cuatro figuras dominan el período final pero muy breve de este "mundo malvado". Se los trata en el orden inverso de su aparición:

Cae Babilonia (cap. 18)
El anticristo y el falso profeta son arrojados al infierno, los primeros humanos en ir ahí (cap. 19)
Satanás mismo es removido, liberado y arrojado al infierno (cap. 20)

Se notará que la condenación de Satanás ocurre por etapas, e incluye un acontecimiento asombroso (en 4-6).

La primera etapa es su remoción de la tierra. Sus dos títeres humanos, el dictador político y su cómplice religioso, ya han sido consignados al "lago de fuego" (19:20). Pero ése no es su destino aún. Él será confinado, más que consignado, arrestado en espera del juicio final (como ocurre con algunos de sus colegas, 2P 2:4; Jud 6).

¿Quién lo removerá? No será Dios, no será Cristo, no será la iglesia, sino un ángel anónimo. ¡Qué indignidad para uno que ha tenido a todo el mundo bajo su poder (1Jn 5:19)! Este punto es importante, porque esta acción ha sido confundida a veces con afirmaciones en los evangelios (ej: Mt 12:29; 16:19).

¿Cómo será removido? Esto ha sido llamado engañosamente "la sujeción de Satanás" por aquellos que quieren identificarlo con la victoria de Jesús sobre el diablo cuando fue tentado en el desierto (Lc 4:13-14; Mt 4:11). Pero es mucho más que estar sujeto. Hay cinco verbos, y no uno. Satanás es sujetado, encadenado, arrojado, encerrado y tapado. De esta forma pierde toda eficacia y es removido completamente de su esfera de influencia terrenal. El incidente debería ser rotulado el *destierro* de Satanás. El maestro del disfraz y la distorsión ya no está. Es incapaz de seguir "engañando a las naciones" (20:3).

Decir que esto ya ha ocurrido ciertamente es autoengañarse. Sin embargo, es lo que suele hacerse a fin de identificar el "milenio" con la era de la iglesia actual. Su "sujeción" se limita entonces a que él no puede impedir la difusión del evangelio, mientras los incrédulos permanecen firmemente bajo su control. Lo absurdo de esta aplicación es obvio. Si el mundo se encuentra como está después que Satanás ha sido sujetado, encadenado, arrojado, encerrado y tapado, ¿cómo será cuando sea "liberado" nuevamente? ¿Quién se atreve a decir que no está engañando a las naciones ahora mismo?

¿Dónde estará confinado? No en la tierra, sino "debajo" de ella. La palabra usada para su ubicación (en griego, *abussos* = sin fondo) se refiere al inframundo inconmensurable, la región más baja de la morada de los muertos, el hogar de los demonios (cf. Dt 30:13; Ro 10:7; Lc 8:31); se la usa siete veces en Apocalipsis (9:1, 2, 11; 11:7; 17:8; 20:1, 3). Otro nombre para este lugar de encarcelamiento es "Tártaro" (este término conocido tomado del mundo pagano se usa en 2P 2:4). Sea donde fuere, sin duda no es sobre la tierra.

Pero este encarcelamiento no es permanente. Dios tiene un propósito más para Satanás, que surge como una sorpresa total en este capítulo. ¿Qué ocurre entretanto, entre su restricción y su liberación posterior?

SANTOS REINANDO (20:4-6)

La remoción de la bestia, el falso profeta (19:20) y el diablo (20:3) dejará un vacío político en el mundo. ¿Quién asumirá su gobierno? Pero hay una pregunta anterior que debe ser enfrentada: ¿habrá necesidad de que alguien lo asuma? Expresándolo de otra forma: ¿quedará alguien sobre quien gobernar?

¿Sobrevivirá alguien el conflicto de "Armagedón" descrito en el capítulo 19? Las primeras impresiones podrían sugerir que no queda nadie vivo en la tierra. Los buitres son invitados a consumir "carnes de toda clase de gente" (19:18). Después que los dos líderes son capturados vivos, "los demás" son muertos (19:21). Esto se ha tomado como una referencia a toda la población del mundo, pero una lectura más cuidadosa muestra que estos términos inclusivos están calificados por la expresión "los reyes de la tierra con sus ejércitos", es decir, la vasta muchedumbre que se ha "reunido" para la batalla (19:19).

Que no hay mucha gente involucrada está indicado claramente en la continuación, cuando Satanás tiene que ser retenido para que no engañe más a "las naciones" (20:3) y luego pueda reunir un gran séquito al ser liberado (20:8).

Así que seguirá habiendo necesidad de un gobierno mundial. ¿Quiénes lo formarán? La respuesta es a la vez individual y colectivo: Cristo y sus fieles seguidores.

La palabra "tronos" es plural (la única otra aparición en todo el libro es en 4:4). Dado que la escena está en la tierra, no deben confundirse ni con el trono eterno de Dios en el cielo (caps. 4-5) ni con el "gran trono blanco" del juicio final después que la tierra haya "huido" (20:11). El sustantivo colectivo cubre todos los "asientos de gobierno": locales, regionales, nacionales e internacionales. Su propósito es la administración de justicia; serán usados por los que "recibieron autoridad para juzgar" (20:4). Pero, ¿quiénes son estos?

Aquí nos encontramos con un asunto gramatical algo difícil: ¿indica el texto uno, dos o tres grupos de "gobernantes"? A primera vista, parece como si solo los que han sido martirizados por Cristo reinan con él. Han sido "decapitados por causa del testimonio de Jesús y por la palabra de Dios" (20:4; esta doble acusación fue la razón del encarcelamiento de Juan y la base de su llamado para la perseverancia, 1:9; 14:12). Ellos han sido "fieles hasta la muerte" (2:10), lo que significa al punto de morir, no justo hasta el momento de morir; se lo aplica con frecuencia de manera incorrecta en funerales, con relación a la muerte natural.

Un examen más cuidadoso revela que "los que recibieron autoridad para juzgar" no son necesariamente los mismos que los "decapitados". Note la frase adicional: "Vi *también*" insertada entre ambos grupos. ¡Suena como si no fueran enteramente iguales, pero tampoco del todo diferentes! La explicación más sencilla es que los últimos son una sección de los primeros. Juan ve a los fieles seguidores de Jesús compartiendo su reinado y nota particularmente entre ellos a quienes escogieron morir antes que negar a su Señor. Esto encajaría con la promesa de que *todos* los que permanecen firmes hasta que Él venga y hagan su voluntad "hasta el fin" gobernarán las naciones (2:25-27), mientras que, para *algunos* de estos, significará el martirio (2:10).

Es fácil ver por qué los últimos son distinguidos para una mención especial. ¡Qué aliento es para los que oyen la sentencia de muerte pronunciada sobre ellos por jueces terrenales saber que un día ellos estarán sentados en sus "tronos"! Esto combinaría la reivindicación con la compensación. En un nivel más profundo, su propia experiencia de injusticia en el tribunal fortalecería su ambición de ser completamente justos cuando lleguen a asumir la responsabilidad. ¡Qué inversión asombrosa de papeles!

Algunos han visto todavía un subgrupo más en aquellos que "no habían adorado a la bestia ni a su imagen, ni se habían dejado poner su marca en la frente ni en la mano" (20:4). Esto podría referirse a aquellos que rehusaron rendirse, pero escaparon con sus vidas. Que habrá esta clase de personas se sugiere en otras partes de Apocalipsis (ej: 12:6, 17 y 18:4). Si no hubiera sobrevivientes, no habría santos vivos para recibir a Cristo cuando vuelva, para ser "transformados, en un instante, en un abrir y cerrar de ojos" (1Co 15:51-52; 1Ts 4:17). Pero, sea que Apocalipsis 20 se refiera específicamente a estos o esté definiendo más a los "decapitados" es una pregunta abierta; este autor se inclina hacia lo último. Los primeros estarían incluidos en el cuerpo más grande que se menciona primero.

Así que hay un grupo general en vista, con el foco en una sección en el primer plano: los santos en general, y los mártires en particular.

¿Cómo pueden los mártires estar reinando en esta tierra? Echados del mundo por su fe, ahora están de vuelta en ella. Tienen que haber sido vueltos a la vida, y sus espíritus sin cuerpo tienen que haber recibido un cuerpo para su vida aquí en la tierra. En otras palabras, han experimentado una "resurrección" (20:5; esta palabra, *anastasis*, usada 42 veces en el Nuevo Testamento, siempre se refiere a un milagro físico, la resurrección de un cuerpo; nunca se usa para la regeneración, el nuevo nacimiento). La terminología sugiere que Juan en realidad vio que esto ocurría en su visión del futuro, ¡así que la "imagen" era una película! Antes había visto las "almas" de los mártires clamando por la retribución divina sobre sus asesinos (6:9). Ahora los ve en cuerpos resucitados reinando en la tierra.

Esta es todavía otra indicación clara de que el reino milenario sigue a la segunda venida de Jesús, dado que es en ese momento que "los que le pertenecen" reciben sus nuevos cuerpos (1Co 15:23; 1Ts 4:16).

La distinción entre esta "primera resurrección" de los "dichosos y santos" y la de "los demás muertos" difícilmente podría ser más clara. Sabemos, a partir de otras escrituras, que toda la raza humana, los malos así como los justos, será resucitada antes del día del juicio (Dn 12:2; Jn 5:29; Hch 24:15). Sin embargo, referirse a este *hecho* como "la resurrección general", un término que no es bíblico, lleva al error, dado que sugiere un solo *suceso*. En Apocalipsis aprendemos que las dos categorías son resucitadas en fechas distintas, con una gran separación de tiempo. Habrá dos resurrecciones, los "primeros" y "los demás", al principio y al final de "los mil años".

Que los dos acontecimientos son idénticos en su naturaleza se confirma por el uso de exactamente el mismo verbo para ambos (el aoristo indicativo de la tercera persona del plural de *zao*, que significa: ejercer las funciones de vida, aquí traducido como "volvieron a vivir"). Es cierto que esta palabra puede ser usada muy ocasionalmente en un sentido espiritual (ej: Jn 5:25, donde el contexto indica este uso metafórico); pero su significado normal es físico (como en Jn 11:25; Ro 14:9), y especialmente en este libro hasta aquí (Ap 1:18; 2:8; 13:14).

Está el detalle adicional de que "volvieron a vivir", en el versículo 4, aparece en un claro contraste con "decapitados", ambos sucesos físicos. Tienen que haber sido "resucitados espiritualmente con Cristo" mucho antes de su martirio, y después de esto estuvieron plenamente conscientes y capaces de comunicarse con él (6:9-10). Como él, experimentaron la muerte física y la resurrección, pero ninguna de estas experiencias interrumpió su vida "espiritual" o aun "mental", que fue continua desde su conversión. Fueron sus cuerpos los que "volvieron a vivir", permitiéndoles volver a funcionar en este mundo físico.

Sin forzar el punto, es importante resaltarlo, dado que tanto la visión amilenaria como la posmilenaria dan al verbo significados completamente diferentes: regeneración espiritual en el versículo 4 y resurrección física del cuerpo en el versículo 5, aunque no haya ningún indicio de este cambio en el texto mismo. Esto viola una regla elemental de la exégesis: la misma palabra usada en el mismo contexto tiene el mismo significado, a menos que se indique *claramente* lo contrario. Dejemos que un erudito de mayor edad, Dean Alford, resuma esta inconsistencia:

> . . . si en este pasaje la primera resurrección puede ser entendida como una resurrección *espiritual* con Cristo, mientras que en el segundo pasaje significa una resurrección *física* de la tumba, entonces finaliza todo significado en el lenguaje, y la Escritura desaparece como un testimonio de cosa alguna. Si la primera resurrección es espiritual, entonces también lo es la segunda, lo cual supongo que nadie se atreverá a sostener; pero si la segunda es literal, entonces también lo es la primera, lo cual, junto con toda la iglesia primitiva y muchos de los mejores expositores modernos, mantengo y recibo como un artículo de fe y de esperanza. (Citado por William E. Biederwolf, *The Prophecy Handbook*,[18] World Bible Publishers, 1991 reedición del original de 1924, p. 697)

Este concepto de dos resurrecciones, de los justos y de los malos, ampliamente separados en el tiempo, no era original de este libro. La idea estaba bastante extendida entre los judíos del tiempo de Jesús. Muchos esperaban que los muertos "justos" resucitaran antes del reino mesiánico en la tierra, en tanto que los malos solo serían resucitados para el juicio,

---

18 En español, *El manual de profecía*.

cuando finalizara (algunos ya decían que el intervalo sería de mil años). Por eso Jesús podía referirse, sin explicación, a "la resurrección de los justos" al hablar con los fariseos (Lc 14:14). Ellos ya creían en dos resurrecciones, mientras que los saduceos no creían en ninguna (Lc 20:27).

Se hacen tres afirmaciones acerca de aquellos que "tienen parte" en la primera resurrección. Primero, su *santidad*. Son "dichosos y santos". La implicación es que los de la segunda son malditos y malvados. Segundo, su *seguridad*. En la segunda venida su salvación del pecado será completa (Fil 1:6; 1Jn 3:2). Entonces estarán seguros de que no habrá más riesgos de sufrir "la segunda muerte" que es el "lago de fuego" (20:6, 14). Tercero, su *soberanía*. Su característica de "reyes" estará combinada con su sacerdocio (cf. 1:6 con 20:6). Actuarán como gerentes para Cristo y mediadores para la gente. Esta función doble reemplaza el papel político de la bestia y el papel religioso del falso profeta.

Esta situación no es permanente. El "reinado" sobre esta tierra finalizará con la tierra, si bien continuará en la tierra nueva (22:5). Los "mil años" llegan a su fin de la forma más sorprendente:

SATANÁS LIBERADO (20:7-10)

El giro que se revela aquí es tan completamente inesperado que difícilmente podría haber sido inventado por la imaginación humana. Su peculiaridad misma es un sello de inspiración divina.

Ahora vemos por qué Satanás no fue arrojado al infierno antes, junto con sus dos agentes humanos (19:20). Dios lo va a usar una sola vez más. ¡Se le permitirá tener una última aventura! Mientras está con libertad condicional, se le permite que "engañe a las naciones" por última vez.

La naturaleza de esta decepción tiene mucho en común con su primer engaño de la raza humana (Gn 3). En ese tiempo eran dos personas; ahora son muchos grupos étnicos. Pero el llamado es el mismo: autonomía moral, ser libres del gobierno de Dios (que ahora incluye a Cristo y a sus santos). Dado que este "reino" está ahora sobre la tierra, un "cuerpo" literal, puede ser atacado por un poder militar. Se reúne una enorme fuerza desde "los cuatro ángulos de la tierra" para marchar contra el asiento del gobierno, "la ciudad que él [Dios] ama", claramente Jerusalén, la sede milenaria de las "Naciones Unidas" (20:9; cf. Is 2:1-5; Mi 4:1-5; Mt 5:35).

Esta última "batalla" no debe ser confundida con "Armagedón", que era solo la sexta copa (16:16), y tuvo lugar antes de los mil años (19:19-21). Se la identifica con otro título, "Gog y Magog", los nombres usados por Ezequiel para el "príncipe" y sus seguidores que atacan la tierra de Israel *después* que el pueblo de Dios ha sido restablecido allí y la dinastía davídica ha sido restaurada al trono (ver Ez 37-39). Parece ser que "Gog" en Apocalipsis es el último de varios nombres dados a Satanás (como "Apolión" en 9:11 y "Beelzebú" en Mt 10:25), y "Magog" se refiere al ejército internacional que convence para que luche para él.

El intento de sitiar y atacar la capital del mundo fracasa por completo. La batalla nunca tiene lugar. No es necesario que los cristianos ni el propio Cristo confronten al enemigo. Dios mismo envía "fuego del cielo" (Gn 15:17; Lv 9:24; Jue. 13:20; 1R 18:38; 2Cr 7:1; Lc 9:54; Ap 9:18). Si bien el diablo pudo hacer uso de un poder tan destructivo antes (13:13), ahora es usado para destruir a toda su milicia. Él mismo es arrojado al lago de fuego, donde sus dos agentes humanos ya han estado durante los mil años.

El versículo 10 es importante. Es la afirmación más clara de la naturaleza del infierno en el Nuevo Testamento. El lenguaje es llano y simple; no puede ser descartado como "altamente simbólico". Es un lugar de "tormento", que no puede significar más que dolor consciente, sea físico o emocional, o ambos. Esta visión viene de antes, de Jesús mismo (Mt 25:30; Lc 16:23-25). El sufrimiento es continuo ("día y noche") e interminable ("por los siglos de los siglos" es un equivalente en español de la expresión en griego *eis tous aionas ton aionon,* literalmente "hacia las edades de las edades", la frase más fuerte en ese idioma para indicar un tiempo eterno (cf. 4:9-10; 5:13-14; 7:12; 10:6; 11:15; 14:11; 15:7; 19:3; 22:5).

Dado que el sujeto de la declaración incluye a dos seres humanos, la idea moderna del "aniquilamiento" (la creencia de que los "malos" son consignados al olvido a través de la extinción, sea en la muerte o después del día de juicio) queda descartada por completo. Jesús enseñó el mismo castigo para todos los que él rechace en el juicio (Mt 25:41, 46). Para un tratamiento más profundo de este tema vital, ver mi libro: *The Road to Hell*[19] (Hodder and Stoughton, 1992).

Así finaliza el reino de Satanás en este mundo. Después de ser el príncipe, gobernador y hasta el "dios" de este mundo (Jn 12:31; 2Co 4:4), ahora encuentra su condenación y comparte el destino común de todos los que se rebelan contra el gobierno soberano de Dios, sean humanos o angelicales (Mt 25:41; Ap 12:4).

¿Acaso no esperaba que sucediera esto? ¿Esperaba que su último intento para conseguir la soberanía terrenal tuviera éxito? ¿Fue engañado él, además de ser el engañador de las naciones? ¿En realidad pensaba que era más fuerte que el pueblo de Dios y, por lo tanto, que Dios mismo? ¿O, sabiendo que su destino estaba sellado y su final cercano, buscó llevar la mayor cantidad posible de personas con él para compartir su ruina, en un último arranque de ira frustrada? Tal vez nunca lo sepamos. Tal vez no necesitemos saberlo.

De hecho, todo este pasaje plantea muchas preguntas intrigantes, para las que no se dan respuestas. No se dice prácticamente nada del "milenio" en sí y cómo funcionará en la práctica. Solo podemos concluir que esta información no era pertinente para el propósito de Apocalipsis. Es suficiente saber que las fuerzas del bien serán reivindicadas públicamente y que las fuerzas del mal serán removidas finalmente.

---

19 En español, *El camino al infierno.*

Así que tenemos los hechos básicos. Se nos dice *qué* ocurrirá al final, pero no *por qué* los sucesos toman este camino. Por supuesto, Dios no está obligado a darnos sus razones para nada de lo que hace, como descubrió Job, por las malas, muchos siglos atrás (Job 40:1-5; 42:1-6). Hay un lugar para el agnosticismo reverente (Ro 9:20).

Pero el enigma persiste. ¿Por qué se le da al diablo una última oportunidad para dañar tanto el final de mil años de un buen gobierno? ¿Y para qué existen, después de todo, estos mil años? Si bien evitaremos las simples especulaciones, iremos tanteando el camino en busca de una opinión considerando los efectos espirituales de estos dos acontecimientos.

Tomando el efecto positivo primero, el gobierno milenario de Cristo y sus santos en la tierra será una reivindicación visible de él y de ellos a los ojos del mundo. Demostrará exactamente cómo puede ser este mundo cuando Satanás está fuera de él y Jesús está nuevamente en él. De hecho, cómo podría haber sido todo el tiempo, si no hubiera estado contaminado por el pecado.

En un nivel más profundo, el milenio afirmará que éste es el mundo de Dios, que lo hizo para su Hijo y volverá a estar completamente en sus manos. La creación es básicamente buena y la tierra no debe ser descartada como algo que está "más allá de la redención". La historia debe concluir con una consumación antes que una catástrofe, con la redención antes que la ruina.

Si se pregunta por qué debería ocurrir este clímax en la tierra "vieja" antes que aparezca la tierra "nueva", puede señalarse que el "mundo" (es decir, la gente incrédula en la tierra) no vería de otra forma la victoria del bien sobre el mal.

Y hay un paralelo notable entre nuestra propia redención y la de nuestro planeta. En ambos casos la regeneración espiritual antecede a la física. Tenemos que ocuparnos de nuestra salvación mientras todavía estamos en nuestro "viejo" cuerpo material, hasta que sea "transformado" en uno "nuevo" (Fil 3:21). Esto marcará la terminación de la restauración a nuestro estado original. De una manera muy similar, la nueva tierra marcará la conclusión del proceso comenzado durante el milenio.

El efecto negativo es algo más enigmático. ¿Por qué es liberado Satanás nuevamente al final de este régimen "ideal"? Uno solo puede concluir que es una demostración convincente de que las condiciones no cambian el corazón humano. La gran mentira de que el pecado es causado por el entorno termina siendo expuesta. Después de mil años de paz y prosperidad, todavía habrá personas desagradecidas y descontentas.

Por supuesto que debe recordarse que el gobierno milenario no será democrático, sino una "dictadura benévola", no elegida por el voto popular sino impuesta por elección divina. En este sentido, tanto Cristo como los cristianos gobernarán con "puño [o cetro] de hierro" (2:27; 12:5; 19:15). Esto no es un símbolo de una tiranía cruel, como podría suponerse, sino un gobierno fuerte que no puede ser quebrado. Incluirá una censura estricta, por ejemplo, que siempre es resentida por los injustos.

A pesar de los muchos beneficios de este "buen" gobierno, su administración imparcial de justicia perfecta y su bienestar generoso para todos, habrá muchos súbditos que preferirán perder estos beneficios para recuperar su autonomía moral. Sus corazones resentidos y rebeldes querrán ser liberados de las restricciones impuestas por el Señor y su pueblo. Por eso Satanás puede reunir una fuerza mundial. Solo puede engañar a los que desean lo que él ofrece.

Se vuelve aparente que el milenio es un preludio adecuado del día del juicio. El asunto queda completamente claro: aceptar o rechazar el gobierno divino, el reino del cielo en la tierra. Ésta ha sido la cuestión durante toda la historia, pero en el milenio llega a un punto crítico. Ofrece la prueba doble de la necesidad de una separación eterna dentro de la raza humana. El nuevo universo que Dios quiere crear solo puede ser habitado por aquellos que han "entrado en el reino" voluntaria y ávidamente, aceptando la voluntad de Dios para sus criaturas con corazones alegres y agradecidos.

Por lo tanto, es completamente apropiado que el pasaje del milenio (20:1-10) sea seguido enseguida por la separación en el gran día del juicio, para el cual "los demás muertos", aun los que se hayan perdido en el mar, "vuelven a vivir" nuevamente. Para ellos, los "libros" que contienen un registro de sus vidas impías en la tierra son evidencia suficiente para su sentencia. El "libro de la vida" contiene los nombres de todos los que permanecieron fieles a Jesús (3:5), quienes participaron de la primera resurrección y reinaron con él durante los mil años.

CAPÍTULO DIECISÉIS

El contexto más amplio

Hasta ahora, nuestro estudio ha estado orientado hacia la opinión "premilenaria" de Apocalipsis 20. Es decir, la segunda venida de Cristo *pre*cede su reino de mil años en la tierra que, a su vez, viene antes del juicio final.

Pero esta interpretación dista de ser sostenida universalmente en la iglesia cristiana. Ha sido atacada a menudo con fundamentos "bíblicos" y "filosóficos". Comenzaremos por los primeros, ya que la revelación bíblica tiene más peso que la especulación humana.

Suele señalarse que este capítulo es el *único* pasaje en toda la Biblia que habla claramente de un "milenio". ¡Algunos van más lejos y no admitirían que está claro ni siquiera aquí, dado que Apocalipsis es "altamente simbólico" y, por lo tanto, oscuro de principio a fin! Por una razón, o por ambas, no se considera razonable edificar una doctrina importante sobre estos versículos.

Esperamos que la exégesis anterior haya mostrado que el pasaje dista de ser enigmático cuando se le permite hablar por sí mismo, sin conclusiones previamente impuestas. Y, aunque fuera la única referencia, sigue formando parte de la palabra de Dios. Una vez debería ser suficiente para que Dios nos diga lo que él quiere que escuchemos (y deberíamos recordar la repetición enfática hecha seis veces de la expresión "mil años").

Más aún, la iglesia no ha mostrado ninguna resistencia a edificar otras enseñanzas basadas en un pasaje, ¡y aun un versículo! Uno piensa en la insistencia en una fórmula trinitaria para el bautismo (basada en Mt 28:19; todas las otras referencias están en el nombre de Jesucristo solo). Luego está la aplicación de "Israel" a la iglesia (basada en una frase ambigua en Gá 6:16; más de setenta otras referencias en el Nuevo Testamento se refieren todas al pueblo judío).

¡Parecería haber algún prejuicio cuando se trata del milenio! Pero pueden haber auténticas objeciones "bíblicas" a edificar creencias sobre un pasaje; dos en particular:

i. En sentido negativo, la ausencia de confirmación
ii. En sentido positivo, la presencia de contradicción

En palabras simples, si ninguna otra escritura apunta en la misma dirección, o si muchas apuntan en una dirección contraria, un pasaje debe ser reexaminado a la luz de esta realidad. La segunda es la dificultad más seria.

AUSENCIA DE CONFIRMACIÓN

Por cierto, no hay ninguna otra afirmación inequívoca acerca del milenio en otra parte del Nuevo Testamento. Pero hay una cantidad de referencias indirectas, que son tal vez mucho más impresionantes porque son incidentales.

Hay, por supuesto, algunas promesas claras en el resto del libro de Apocalipsis. Los que "salgan vencedores" gobernarán las naciones (2:26-27). Los redimidos "reinarán sobre la tierra" (5:10). El "reino del mundo" se convertirá en "el reino de Cristo" (11:15). El capítulo 20 es claramente un cumplimiento de estas predicciones.

Cuando nos volvemos a las cartas de Pablo encontramos varios indicios. Tal vez el más claro está en su primera carta a Corinto. Al reprender a los creyentes corintios por entablar demandas unos contra otros en los tribunales paganos, dice: "¿No saben que aun a los ángeles juzgaremos? ¡Cuánto más los asuntos de esta vida!" (1Co 6:3). Esto no puede referirse al juicio final, que está exclusivamente en manos del Señor. Apunta al día cuando los cristianos serán responsables por la administración de la justicia. Note que Pablo supone que ya se les ha hablado acerca de esto.

Más adelante, en la misma carta, tratando con el tema de

EL CONTEXTO MÁS AMPLIO

la resurrección, él describe el orden en que las personas serán resucitadas, aparentemente en tres fases:

i. "Cristo, las *primicias*;
ii. *después*, cuando él venga, los que le pertenecen.
iii. *Entonces* vendrá el fin" (1Co 15:23-24).

Es cierto que la tercera frase no menciona la resurrección de manera específica. No obstante, él no afirma que habrá una resurrección "general" de toda la raza humana al momento del retorno de Cristo. Pero las dos palabras griegas traducidas como "después" y "entonces" (*epeita* y *eita*) significan ambas "subsiguiente"; si el tercer suceso fuera "concurrente" con el segundo, Pablo hubiera usado otra palabra (*tote*). Enseguida pasa a hablar acerca de un "reino" de Cristo que *precede* "el fin" y que culmina en la derrota final de la muerte misma (1Co 15:25-26; cf. Ap 20:14).

Que Pablo creía en una resurrección de cristianos fieles *antes* que el resto de la humanidad queda confirmado por el uso que hace de una frase sumamente inusual (en Fil 3:11). Traducida normalmente "la resurrección de entre los muertos", la frase griega en realidad incluye una doble preposición, *ek*, literalmente: "la *ex*-resurrección *fuera* de los muertos", que puede ser parafraseado como "fuera de entre los muertos". En otras palabras, ésta no es una resurrección general de todos, sino un suceso limitado que la precede. No es sorprendente que se use de Jesús mismo (ej: 1P 1:3). Aquí, Pablo está usándola para cristianos que "siguen adelante" para "*alcanzarla*". No hace falta hacer nada para alcanzar la resurrección general (¡excepto morir!). Claramente, Pablo se está refiriendo a la "primera resurrección" de los "dichosos y santos" (Ap 20:6).

En la misma carta, Pablo mira hacia adelante al día cuando "ante el nombre de Jesús se doble toda rodilla . . . y toda lengua confiese que Jesucristo es el Señor" (Fil 2:10-22; cf. Is 45:23 y Ap 5:13). ¿Cuándo esperaba que este reconocimiento universal tuviera lugar?

Al escribir a Timoteo, y tal vez citando un himno primitivo, Pablo promete: "Si resistimos, también reinaremos con él" (2Ti 2:12; cf. Ap 3:21). Este dicho es un resumen perfecto de todo el mensaje de Apocalipsis. Note que casi todas las referencias en el Nuevo Testamento a los cristianos reinantes están en tiempo *futuro* (Ro 5:17 es una de las pocas excepciones; la principal referencia aquí es a reinar sobre el pecado, y no sobre otras personas). Los seguidores de Jesús deben andar en sus pasos: el sufrimiento lleva a la gloria, la cruz viene antes de la corona.

Tal vez sean pocas estas referencias paulinas, pero esto no es ninguna excusa para descartarlas. Él solo menciona la Cena del Señor en una carta, y solo debido a su abuso; sin embargo, su enseñanza sobre esto se toma seriamente. Y sus comentarios al margen son significativos precisamente porque indican lo que él da por sentado.

Si vamos hacia atrás en el Nuevo Testamento, llegamos al libro de los Hechos. Notamos la misma frase: "la resurrección de entre los muertos" en la predicación apostólica acerca de la resurrección de Jesús (Hch 4:2, RVR60, LBLA, NBLH).

Pero la referencia crucial está al comienzo mismo, en la última de todas las preguntas hechas por los discípulos antes que Jesús volviera al cielo: "Señor, ¿es ahora cuando vas a restablecer el reino a Israel?" (Hch 1:6). Todos los eruditos concuerdan que al decir "reino" se referían a la autonomía política bajo un monarca de la dinastía davídica. La pregunta contiene cuatro "premisas" (suposiciones previas):

i. Israel había tenido una vez este "reino"
ii. Israel había perdido este "reino"
iii. Israel recuperará este "reino"
iv. Jesús será el que logrará esto

La única incertidumbre que tienen es acerca de los tiempos: ¿ahora o después?

Es vital notar que Jesús no cuestiona la pregunta, como

hacía a menudo cuando estaban basadas en suposiciones erróneas (un ejemplo moderno es la pregunta con trampa: "¿Ha dejado de golpear a su esposa?"). Él acepta cada una de las cuatro premisas básicas y trata solo con la duda acerca de los tiempos: "No les toca a ustedes conocer la hora ni el momento determinados por la autoridad misma del Padre" (Hch 1:7). En otras palabras, este suceso ocurrirá. Ya está en el almanaque de Dios. Pero la fecha no les incumbe. Hay otros asuntos inmediatos que deben atender: ser sus testigos hasta los confines de la tierra por el poder del Espíritu Santo (Hch 1:8). Que éste es el énfasis principal de la respuesta de Jesús será obvio si imaginamos otra pregunta: "Señor, ¿asesinarás ahora a Pilato y a Herodes?". Considere las implicaciones si la respuesta sigue siendo: "No les toca a ustedes conocer la hora ni el momento establecidos por el Padre". ¿Qué habrían entendido que quería decir él los discípulos?

Y hay una indicación posterior de que ésta era la convicción a la que llegaron los apóstoles mismos en respuesta a su propia pregunta. En su segundo sermón público, Pedro dice: "Es necesario que él permanezca en el cielo hasta que llegue el *tiempo* de la *restauración* de todas las cosas" (Hch 3:21); las palabras en itálicas son exactamente iguales a las palabras griegas usadas en Hch 1:6. Es difícil resistir la conclusión de que los apóstoles hayan atado cabos después de la ascensión y se hayan dado cuenta de que el reino sería restaurado a Israel en su venida, aun cuando todavía no sabían "la hora ni el momento determinados por la autoridad misma del Padre" (Hch 1:7).

Así que Jesús está aceptando su creencia de que un día la monarquía sería restaurada a Israel. Pero, ¿cuándo podrá volver a sentarse un descendiente de David en el trono en Jerusalén? ¿Y quién será? Si la respuesta no es el reino milenario de Cristo en la tierra, el Nuevo Testamento no da ninguna otra posibilidad.

Si vamos a los Evangelios, especialmente Mateo y Lucas, encontramos el mismo tipo de indicios diseminados por sus páginas. Al principio de la historia, un ángel promete a María que el Señor Dios le daría "el trono de su padre David" (Lc 1:32). Este era un trono terrenal, y no uno en el cielo, y es lo que habría entendido María.

Jesús nació como "el rey de los judíos" (Mt 2:2) y murió como "el rey de los judíos" (Lc 23:38). El cartel que indicaba su crimen, clavado a la cruz sobre la cual fue ejecutado, produjo el ruego de un criminal moribundo: "Acuérdate de mí cuando vengas en tu reino" (Lc 23:42). A pesar de todas las apariencias y las circunstancias, él creía que Jesús era el Mesías y que vendría un día a reclamar el trono de Israel. Jesús le dijo que mucho antes que entonces, aun ese mismo día, estarían juntos "en el paraíso" (Lc 23:43; note que Jesús evitó la palabra "reino" y usó, en cambio, la palabra persa para un jardín del palacio, es decir, estar en un lugar privilegiado con una personalidad real).

Otras personas habían anticipado esta monarquía venidera. La ambiciosa madre de Santiago y de Juan solicitó que "en tu reino uno de estos dos hijos míos se siente a tu derecha y el otro a tu izquierda" (Mt 20:21). Sin duda, ella veía este "reino" en términos terrenales, una monarquía restaurada en Israel que requería primeros ministros y viceministros. Jesús acepta estas suposiciones pero señala que él no será responsable de las designaciones. De nuevo, el Padre decide estas cosas (Mt 20:23, note que los lugares están preparados para las personas, y no al revés).

Jesús sí prometió a los discípulos que "en la renovación de todas las cosas, cuando el Hijo del hombre se siente en su trono glorioso, ustedes que me han seguido se sentarán también en doce tronos para gobernar a las doce tribus de Israel" (Mt 19:28). Debemos hallar algún lugar en nuestras ideas para el cumplimiento de esto, así como para las predicciones más generales, como: "los humildes . . . recibirán la tierra como herencia" (Mt 5:5). ¿Cuándo ocurrirá esto?

En varias ocasiones, Jesús ofreció recompensas terrenales por el servicio fiel. Ofreció "riquezas" y "lo que les pertenece" a aquellos que manejaban dinero y posesiones de otras personas con integridad (Lc 16:11-12). En las parábolas acerca de su retorno, a los siervos confiables se les otorga una responsabilidad mayor: ser puestos a cargo de muchas cosas (Mt 25:21, 23), o de cinco y diez ciudades (Lc 19:17, 19). Los ayuntamientos, además de los tribunales (1Co 6:2), estarán en manos cristianas.

Que Jesús mismo creía en dos resurrecciones, separadas en el tiempo, está indicado por el uso de la expresión común: "la resurrección de los justos" (Lc 14:14) y su respaldo de las condiciones morales para los primeros: "los que sean dignos de tomar parte en el mundo venidero por la resurrección" ("resurrección de entre [literalmente, "fuera de"] los muertos", RVR60 LBLA, NBLH, Lc 20:35).

Hasta aquí, solo hemos estado recorriendo rápidamente las páginas del Nuevo Testamento. Pero las expectativas de los apóstoles para el futuro tienen sus raíces en las profecías del Antiguo Testamento, a las que nos dirigimos ahora.

Hay, por supuesto, muchas promesas de una tierra transformada bajo el gobierno de Dios mismo, un tiempo de paz y prosperidad sin par, en la que las naciones podrán participar confiadamente en el desarme unilateral. La armonía acompañará la longevidad en la vida humana. La visión de una tierra restaurada a su condición original impregna a los profetas, pero es particularmente clara en Isaías.

Sin embargo, hay dos ambigüedades en esta esperanza hebrea. Primero, ¿sería a través de un agente divino (Dios mismo) o un agente humano (el Mesías)? Segundo, ¿ocurriría en esta vieja tierra o requeriría la creación de una tierra nueva? Esta tensión doble no se resuelve dentro del canon de las escrituras judías, pero para el tiempo de Jesús puede encontrarse un programa en otros escritos (la literatura intertestamentaria conocida hoy como "apócrifos" o "pseudoepígrafos"). Hay una expectativa emergente que anticipa una era mesiánica en la vieja tierra (las estimaciones de su duración varían de cuarenta a mil años) antes que Dios cree una nueva tierra (Is

65:17). Este patrón es asombrosamente similar al bosquejado en Apocalipsis 20.

Hay una escritura que predice enfáticamente un tiempo cuando el pueblo de Dios gobernará este mundo. Significativamente, pertenece al mismo género "apocalíptico" de literatura que Apocalipsis; se trata de la segunda mitad del libro de Daniel. Los dos escritos tienen mucho en común y se iluminan mutuamente.

En particular, el capítulo 7 es bastante específico acerca de un reino futuro del pueblo de Dios sobre la tierra, especialmente en los versículos 13-22. Esta sección comienza diciendo: "vi que alguien con aspecto humano [lit. como un hijo de hombre] venía entre las nubes del cielo" (v. 13), citado por Jesús respecto de sí mismo (Mr 14:62), y que es claramente una referencia a su segunda venida. Esto está seguido por "y se le dio autoridad, poder y majestad. ¡Todos los pueblos, naciones y lenguas lo adoraron!" (v. 14). Siguen tres afirmaciones de que compartirá su autoridad con su pueblo: "los santos del Altísimo recibirán el reino" (v. 18), "entonces vino el Anciano y emitió juicio en favor de los santos del Altísimo. En ese momento los santos recibieron el reino" (v. 22) y "entonces se dará a los santos, que son el pueblo del Altísimo, la majestad y el poder y la grandeza *de los reinos*. Su reino será un reino eterno, y lo adorarán y obedecerán todos los gobernantes de la tierra" (v. 27). Los reinos así transferidos son definidos específicamente como que "se levantarán en la *tierra*" (v. 17).

Es casi imposible evitar vincular a Daniel con Apocalipsis. Los paralelos son demasiados como para ser casuales y se extienden hasta los detalles del color del cabello (Dn 7:9 y Ap 1:14). El cuadro general del Anciano de Días, el Hijo del Hombre y los santos que toman el control de los reinos de la tierra en Daniel sin duda corresponden al milenio en Apocalipsis.

Al resumir esta parte del estudio, parece correcto decir que hay considerable evidencia, tanto directa como indirecta, de que hay otras escrituras que confirman el concepto de un reino milenario en la tierra. Pero, ¿qué ocurre con aquellas que parecen contradecir esta idea?

PRESENCIA DE CONTRADICCIÓN

Se aduce que algunos textos en realidad excluyen la posibilidad de que Jesús alguna vez reine sobre un reino terrenal.

Está la declaración muy citada en su juicio ante Poncio Pilato: "Mi reino no es de este mundo" (Jn 18:36). A la palabrita "de" se le han dado muchos significados diferentes: no en este mundo, no como este mundo, no para este mundo, etc. Sin embargo, es probable que la afirmación esté más relacionada con el origen y la fuente de su reino que con su naturaleza y ubicación. Por cierto, dijo más adelante: "mi reino no es de aquí". Pero hay un aspecto práctico, a saber, el poder con el cual es establecido y protegido, que no será por poder militar. Significativamente, en Apocalipsis 19 y 20, cuando los ejércitos se reúnen en Oriente Medio para atacar y destruir al pueblo de Dios, estos últimos no están armados para defenderse; la palabra de Cristo y el fuego de Dios logran la victoria en ambas ocasiones.

Pero la afirmación principal a favor de una contradicción con el milenio descansa en aquellos textos que hablan de sucesos que son *simultáneos* y que estarían separados ampliamente en el tiempo por un interludio milenario.

Por ejemplo, hay versículos que parecen hablar de una resurrección "general" para toda la humanidad, justos y malos, al mismo tiempo. Saltan a la mente las palabras de Jesús: "viene la hora en que *todos* los que están en los sepulcros oirán su voz, y saldrán de allí. Los que han hecho el bien resucitarán para tener vida, pero los que han practicado el mal resucitarán para ser juzgados" (Jn 5:28, 29; pero note que en el versículo 25 hay una resurrección selectiva anterior que anticipa esto).

Hay también versículos que sugieren que la segunda

venida y el juicio final suceden juntos. "*Cuando* el Hijo del hombre venga en su gloria, con todos sus ángeles . . . él separará a unos de otros, como separa el pastor las ovejas de las cabras" (Mt 25:31-32). "Esto [la venganza de Dios contra los perseguidores] sucederá *cuando* el Señor Jesús se manifieste desde el cielo entre llamas de fuego, con sus poderosos ángeles" (2Ts 1:7).

Y hay pasajes que sugieren que la disolución del cielo viejo y la tierra vieja, y la creación del cielo y la tierra nuevos seguirían enseguida después de su venida (2P 3:3-10). En realidad, los expositores del segundo siglo usaron ampliamente el versículo 8 como un texto de prueba para el milenio, ¡ya que su mención de "mil años" aparece *entre* la discusión de su venida y el anuncio de la nueva creación! Este tipo de exégesis parece algo extraño hoy, dado que ese versículo es una declaración general que podría aplicarse a cualquier período de la historia, pero su uso generalizado de esta forma da testimonio del hecho de una creencia primitiva en el gobierno milenario de Cristo después de su retorno.

En todos estos casos es posible que tengamos un ejemplo de un rasgo común de la profecía: la contracción de sucesos futuros separados en una predicción. El fenómeno suele ilustrarse por lo que pasa cuando uno ve montañas distantes con un telescopio, de modo que los picos separados parecen estar conectados. El ejemplo más destacado del Antiguo Testamento es que solo se ve una venida de Cristo, mientras que la revelación posterior muestra que habrá dos venidas, ampliamente separadas en el tiempo. Hay un caso específico en Isaías (65:17-25), que funde en una visión el milenio en la tierra vieja y la eternidad en la tierra nueva; la gente morirá a una edad mucho más avanzada en la primera, pero no morirá en la segunda.

Hay ejemplos en las predicciones de Jesús también. Un caso sencillo es su contracción del estado intermedio del Hades con el estado último del infierno en la parábola del rico y Lázaro (Lc 16:19-26). Un caso más complejo es su contracción de la caída de Jerusalén, en 70 d.C., con los desastres que preceden su retorno, en un discurso, de modo que se vuelve bastante difícil saber a qué sucesos se está refiriendo (Mt 24; Mr 13; Lc 21).

Jesús no necesitaba dar todos los detalles cada vez que mencionaba el futuro. Eso hubiera involucrado repeticiones innecesarias y podría haber causado distracción. En cada ocasión seleccionó aquellos aspectos pertinentes para lo que estaba diciendo, y si era necesario compactaba los elementos separados en una afirmación.

Lo mismo puede decirse de la frase: "día del Señor". Esta se usa tanto para la segunda venida como para el juicio final, pero insistir en que los dos eventos, por lo tanto, deben tener lugar dentro de las mismas veinticuatro horas es perder la variedad de significados de la palabra "día", que puede igualmente referirse a una época (como en "el día del caballo y la carreta ha pasado"). En la Biblia, "el día del Señor" está en contraste con la era cuando se les ha permitido al pecado y a Satanás gobernar el mundo. Es el "día" cuando el Señor interviene directamente en los asuntos mundiales a fin de completar sus propósitos. El "largo" de ese "día" no tiene importancia.

CAPÍTULO DIECISIETE

El problema filosófico

Las dificultades intelectuales impiden que algunas personas acepten la idea de un milenio terrenal futuro. Simplemente no pueden comprender cómo se podría lograr y mantener un estado de cosas semejante. El problema puede ser una mera falta de imaginación, una incapacidad de visualizar un cambio radical en nuestro entorno social y natural.

A otras personas les cuesta hacer que encajen todas las partes. El enigma más frecuente es cómo los santos resucitados con nuevos cuerpos pueden vivir junto a mortales que todavía están en su "primer" modo de existencia, pasando por alto el hecho de que esta situación precisa ya ha ocurrido entre la resurrección y la ascensión de Jesús. Él se sentó y habló con los discípulos, comió con ellos, y aún les cocinó un desayuno.

Pero los mortales todavía tendrán apetitos y actividades sexuales, mientras que los santos resucitados "no se casarán ni serán dados en casamiento" (Lc 20:35). ¿Cómo se sentirán respecto de esto? ¿Estarán más allá de la tentación?

Luego hay cuestiones acerca de la ubicación y la comunicación. Si Jesús está reinando corporalmente solo puede estar en un lugar a la vez. ¿Se quedará en Jerusalén o viajará? ¿Y cómo puede decirse de sus delegados dispersos, que están gobernando diferentes regiones, que "estarán con el Señor para siempre", después de su segunda venida (1Ts 4:17)?

Es muy fácil compilar una enorme lista de este tipo de preguntas enigmáticas. Pero sería muy improbable que consiguiéramos alguna respuesta antes de tiempo. El hecho es que la Biblia no trata con este tipo de cuestiones. Uno de los rasgos más llamativos de Apocalipsis 20 es su silencio total acerca de las condiciones durante los "mil años". Claramente, no nos ayudaría saber más de lo que sabemos. Por cierto, este tipo de meditación especulativa podría ser una distracción peligrosa de nuestra tarea vital de vivir esta fase presente y decisiva de nuestra existencia.

También necesitamos recordar que es igual de difícil, si no más difícil, imaginar cómo será la vida interminable en la tierra nueva. Habríamos tenido verdaderos problemas para imaginar la vida en este mundo si se nos hubiera dicho acerca de él antes de nacer. Aun a nuestros antepasados les habría sido prácticamente imposible imaginar a hombres conduciendo automóviles o jugando al golf en la luna, usando televisores y computadoras, o manipulando genes. El punto importante es que nuestro entendimiento está limitado por nuestro conocimiento y experiencia presentes, y es muy necio decir que algo es imposible simplemente porque no entendemos cómo podría funcionar.

Sin embargo, necesitamos identificar las razones por las que nos resulta difícil creer algunas cosas. Detrás de muchas de las preguntas prácticas ya mencionadas se oculta un bloqueo mental importante debido a la influencia griega en la filosofía occidental.

El milenio es esencialmente un concepto hebreo y, por lo tanto, extraño al pensamiento griego. Al estar vinculado a la esperanza de una resurrección *corporal*, que es en sí misma un objeto de burla para aquellos que creían que el alma inmortal necesitaba ser liberada de su prisión física (cf. Hch 17:32), la idea misma de un período futuro de existencia en este mundo material resulta ofensiva.

Porque los griegos nunca lograron relacionar correctamente las realidades espirituales y físicas. A diferencia de los hebreos, cuya doctrina de la creación les impedía segregar las dos esferas, los pensadores griegos hacían una distinción marcada entre lo eterno y lo temporal, lo sagrado y lo secular, el cielo y la tierra, el alma y el cuerpo. Platón se centró en lo primero, y Aristóteles, en lo segundo; ninguno de los dos logró unir ambas realidades.

Esto llevó a una actitud ambigua hacia la "carne", llegando a los extremos de la indulgencia y la represión. Fue inevitable

EL PROBLEMA FILOSÓFICO

que lo "malo" llegara a asociarse y aun identificarse con el aspecto físico de la existencia. En consecuencia, la "salvación" era la liberación del "alma" del cuerpo y su entorno, sea mediante la disciplina o la muerte.

Nada podría estar más alejado de la verdad bíblica, que afirma que el universo físico es básicamente "bueno" (Gn 1), arruinado solo por la contaminación moral. Dios quería que disfrutáramos de los apetitos físicos, incluyendo el sexo. El cuerpo puede ser un templo santo, una morada para el Espíritu de Dios. Su propósito eterno incluye cuerpos inmortales en un universo renovado.

Aun en los días del Nuevo Testamento, se estableció una batalla entre estas dos filosofías completamente opuestas (ver 1Ti 4:1-5, para un solo ejemplo). La influencia insidiosa de este tipo de "gnosticismo" (la pretensión de tener un conocimiento superior de la realidad, lo opuesto al "agnosticismo") se convirtió en una importante amenaza para la fe judeocristiana en el siglo segundo. Los creyentes corrían peligro de convertirse en "súperespirituales".

El hecho triste es que la filosofía griega se apoderó de la mayor parte de la iglesia cristiana y ha coloreado, o más bien decolorado, la teología hasta el día de hoy. La mayoría de los occidentales leen las escrituras a través de anteojos griegos (es vital darse cuenta que si bien el Nuevo Testamento está escrito en el griego común o *koine* de su día, todos los escritores salvo uno, así como todo su pensamiento, eran hebreos).

Este desastre ocurrió en el norte de África. Alejandría, en la costa de Egipto, se ufanaba de tener la universidad más prestigiosa del mundo antiguo después de Atenas. Como estaba fuera de Grecia, su contribución particular sería la de aplicar la filosofía griega a otras culturas. Fue aquí que el Antiguo Testamento fue traducido al idioma griego por setenta eruditos, según se dice (de ahí su nombre, la "Septuaginta" o "LXX", en forma abreviada). Pero junto con el idioma puede introducirse el pensamiento, y los estudiosos judíos comenzaron a "pensar en griego", destacándose Filón.

Mucho más tarde, el mismo proceso sutil afectó a los teólogos cristianos de esta universidad, especialmente Clemente y Orígenes. Este último desarrolló un método radicalmente nuevo de manejar las escrituras: el método *alegórico*. Enseñó a sus estudiantes a mirar detrás de las afirmaciones literales de la Biblia para encontrar el significado y el mensaje "espiritual". Este fue un paso importante en dirección contraria al "sentido llano", y ha persistido hasta el presente ("Uno no tiene que tomar la Biblia de manera literal, ¿no es cierto?"). Su forma moderna trata las escrituras como una fuente de "valores" en vez de hechos.

Este método de "espiritualización" fue llevado un paso más adelante por un obispo de Hipona (ahora en Túnez), llamado Agustín. Su juventud promiscua le dejó una fuerte asociación entre lo "físico" y lo "malo"; de ahí en más consideró que toda actividad sexual significaba una transigencia moral, aun dentro del matrimonio. Es tal vez comprensible que abrazó de todo corazón la escisión de Platón de lo "espiritual" de lo material que él había estudiado minuciosamente en su educación "clásica". Pero fue un desastre para la iglesia cuando refundió la doctrina cristiana dentro de este marco. Más que nadie más, él ha influido en el pensamiento subsiguiente, tanto católico como protestante. No es ninguna exageración decir que logró cambiar la mentalidad de la iglesia, de hebrea a griega.

Si bien esto ha afectado a muchas doctrinas importantes, a nosotros nos interesa su influencia en el milenarismo. Como veremos, el único punto de vista acerca del cual tenemos algún registro de los "padres de la iglesia" (como se los llama a los eruditos de los primeros siglos) es la interpretación "premileniarista" de Apocalipsis 20 ya explicada; es decir, el retorno corporal de Jesús hará que él reine en la tierra durante mil años antes del juicio. No hay ni una traza de discusión alguna o diferencias hasta el tiempo de Agustín.

Pero él cambió todo eso. Hay evidencia de que en su ministerio inicial él creía y enseñaba lo que hasta entonces había sido la posición "ortodoxa" premilenaria, que al parecer era sostenida universalmente sin cuestionamientos. Pero esta opinión es incompatible con la filosofía platónica. Es demasiado física para ser espiritual, demasiado terrenal para el "reino de los cielos". Tendrían que hacerse ajustes radicales, especialmente dos.

El primer ajuste fue romper la secuencia en Apocalipsis, separando el capítulo 20 del 19, de modo que el orden pudiera invertirse, y el pasaje del "milenio" entonces se decía que era una "recapitulación" de los sucesos anteriores a la segunda venida, en vez de ser posterior a ella. Se dice que es una descripción de la "era de la iglesia" (que para entonces solo había sido de quinientos años; hoy, quince siglos después, ¡el número "mil" debe ser considerado un "símbolo" de al menos dos mil!)

Este cambio plantó las semillas del punto de vista *pos*milenario: la creencia de que Jesús volverá *después* del milenio. Pero eso planteaba otra pregunta: ¿después de qué tipo de "milenio"? Aun en el tiempo de Agustín, después de la conversión del emperador Constantino y el establecimiento del cristianismo como la única religión reconocida del estado, era todavía algo difícil ver al mundo como totalmente bajo el control de Cristo. En especial, la evidencia difícilmente mostraba que Satanás ya no estuviera obrando en él. Así que se hizo otro cambio importante en la interpretación.

El segundo cambio convirtió al milenio en un reino "espiritual". Cristo reina en el cielo más que en la tierra, si bien este gobierno se manifiesta en la tierra cada vez que se predica el evangelio y se establece la iglesia. Solo dentro de esta esfera (la "ciudad de Dios", como la llamó Agustín) puede estar atado y desterrado Satanás.

Este cambio plantó las semillas del punto de vista "*a*milenario": que Cristo nunca reinará en la tierra en el sentido "terrenal" (como en el "trono de David"). El prefijo "a" en realidad significa "no" (como en "a-teo") pero hay una renuencia generalizada a usar el término "no milenario" para describir esta posición, ya que esto parecería incluir un rechazo de Apocalipsis 20. El lector cuidadoso tal vez ya se ha dado cuenta de que gran parte del "a-mileniarismo" es en realidad una forma "espiritual" del "pos-mileniarismo", y así lo estaremos tratando.

¡Agustín tenía tanta influencia que el premileniarismo de los primeros siglos llegó a ser condenado como una herejía por el concilio de Éfeso en 431 d.C! Ha estado cuestionado desde entonces, tanto por católicos como por protestantes, aunque los últimos dos siglos han visto un avivamiento del interés, en parte por un anhelo renovado de la venida del Señor, estimulado por el estado declinante del mundo, que pocos negarían ahora.

Este trasfondo histórico/religioso es un prólogo necesario para la consideración de la gama de posturas que existen hoy. Cada una de las tres posiciones principales existía para el siglo VI. La iglesia "premilenaria" primitiva se había convertido en una iglesia "posmilenaria" o "amilenaria" posterior, a través del influjo agustiniano de filosofía platónica.

Pero el tiempo no se ha detenido. Ni tampoco el pensamiento. Ha habido avances en cada una de las tres posiciones:

Algunos posmileniaristas han vuelto al concepto de un reino terrenal y político de Cristo a través de una iglesia que tomará el control del gobierno mundial durante un período extenso *antes* que él vuelva. Debemos, por lo tanto, diferenciar el posmileniarismo "espiritual" del "político".

El premileniarismo reapareció a principios del siglo diecinueve, pero con un nuevo aspecto. Formaba parte de un marco teológico novedoso que dividía la historia del mundo en siete épocas distintas, llamadas "dispensaciones", en cada una de las cuales Dios trataba con la humanidad según una base, o "pacto", muy diferente. La "dispensación" final será el "reino" restaurado de Israel gobernado por Cristo en Jerusalén, mientras los cristianos permanecen en el cielo. Así que ahora debemos distinguir entre el premileniarismo "dispensacional" de los tiempos modernos y su forma "clásica" en la iglesia primitiva.

El verdadero "amileniarismo", en su sentido propio de

"no mileniarismo", es en realidad producto del "liberalismo" generalizado del siglo veinte, que rechaza toda la idea de un "milenio" cristiano como absurda, descartando Apocalipsis 20 por completo. O considera que el capítulo es un "mito", una fábula no histórica que contiene comprensiones pero no predicciones (los "mil años" son simplemente parte del marco "poético", como los "seis días" en el "mito" de la creación, y no se refiere a ningún período de tiempo en particular). Nos referiremos a estas opciones como la forma "escéptica" o "mítica" del "amileniarismo", respectivamente.

Si bien hay algunas variaciones menores dentro de ellas, esta clasificación en seis partes es lo mejor que podemos proponer para el discernimiento y la discusión contemporánea. El lector que ya ha dado alguna consideración al asunto podrá identificar su posición usando el siguiente cuestionario eliminador:

1. ¿Considera que la frase "mil años" en Apocalipsis 20 se refiere a un período específico?
   NO: usted es un AMILENIARISTA; vaya a 2
   SÍ: vaya a 3

2. ¿Tiene el pasaje algún significado para nosotros hoy?
   NO: usted es un AMILENIARISTA ESCÉPTICO
   SÍ: usted es un AMILENIARISTA MÍTICO

3. ¿Volverá Cristo después o antes del período de mil años?
   DESPUÉS: usted es un POSMILENIARISTA; vaya a
   ANTES: usted es un PREMILENIARISTA; vaya a

4. ¿Cubren los "mil años" simbólicamente toda la historia de la iglesia, desde la primera hasta la segunda venida, o literalmente la última parte?
   TODA: usted es un POSMILENIARISTA ESPIRITUAL.
   PARTE: usted es un POSMILENIARISTA POLÍTICO.

5. ¿Será el período de "mil años" esencialmente cristiano o judío en sus características?
CRISTIANO: usted es un PREMILENIARISTA CLÁSICO.
JUDÍO: usted es un PREMILENIARISTA DISPENSACIONALISTA.

¡Así que ahora lo sabe! ¿O no? Si todavía tiene dudas, siga leyendo. Esperamos que todo se aclare al examinar cada una de estas seis posiciones en detalle. Consideraremos cada una desde tres perspectivas: histórica (cómo, cuándo y por qué se desarrolló), exegética (cómo interpreta Apocalipsis 20) y práctica (sus implicaciones para la evangelización y la acción social).

Por supuesto que es casi imposible ser completamente objetivo, especialmente en el último aspecto, que se basa en la observación antes que en las estadísticas. Y el lector perspicaz ya habrá adivinado la posición de este autor (¡"premileniarismo clásico", si no la adivinó!). Este estudio concluirá con una afirmación personal de las razones detrás de esta convicción.

No obstante, se hará un intento sincero por hacer una presentación justa de los distintos puntos de vista. Ninguno carece de dificultades, ¡pero algunos tienen bastantes más que otros! Tampoco se resuelve la cuestión por el voto de la mayoría, que ha variado mucho en tiempo y lugar.

Para los lectores "evangélicos" hay una pregunta que debe ocupar el primer lugar: ¿cuál de ellos "interpreta rectamente la palabra de verdad" (2Ti 2:15)?

CAPÍTULO DIECIOCHO

Los distintos puntos de vista

1. AMILENIARISMO "ESCÉPTICO"

Este punto de vista solo puede surgir en la mente de alguien que ya no cree en la inspiración y la autoridad de las escrituras, que dice que la Biblia "contiene" la Palabra de Dios, pero no la constituye. Es una mezcla de inspiración divina e imaginación humana. Se requiere discernimiento para distinguir el trigo de la mala hierba. Los criterios para este ejercicio varían de persona a persona y, por lo tanto, son altamente subjetivos. ¡Ha sido denominado "leer la Biblia con tijeras"!

Apocalipsis 20 suele ser descartado, junto con la mayor parte del libro y otras porciones "apocalípticas" de las escrituras, a menudo con considerable desprecio.

Subyace en estos rechazos generalizados un escepticismo racionalista que nació en la Ilustración y que contaminó el pensamiento teológico y los estudios bíblicos en Alemania hacia fines del siglo diecinueve. El movimiento recibió el nombre de "alta crítica" de la Biblia (en oposición a la "baja crítica", que simplemente buscaba reconstruir el texto más preciso). La premisa principal era que la esfera sobrenatural (si existe siquiera) no puede afectar la esfera natural (¡de nuevo el dualismo platónico!). En consecuencia, los milagros quedan excluidos, a menos que se les pueda encontrar una explicación "naturalista"; lo mismo ocurre con la profecía, cuando predice el futuro. Dado que Apocalipsis es en gran parte esto último, queda cuestionado y prácticamente expurgado de la Biblia. ¡Así que no podemos criticar la exégesis de este punto de vista!

Sin embargo, hay que reconocer que algunos evangélicos, si bien están en fuerte desacuerdo en principio con este enfoque, ¡concuerdan con él en la práctica! Consciente o inconscientemente, descartan las escrituras "apocalípticas" en general e ignoran el tema del milenio en particular. No sienten que sea importante luchar con el significado de Apocalipsis 20, considerando que la discusión sobre este pasaje es una distracción académica sin ningún valor práctico o espiritual.

Esto equivale, por supuesto, a acusar a la iglesia primitiva de error al incluir Apocalipsis en el "canon" (= regla de medida) de las escrituras. Increíblemente, ¡todos los principales reformadores protestantes (Lutero, Calvino y Zuinglio) tenían esta opinión!

Los efectos de este descuido varían según cuán seriamente se tomen otras escrituras. Los herederos de la Reforma aún sostienen firmemente todos los demás aspectos principales de los últimos tiempos: el retorno de Cristo, el día del juicio, el infierno y el cielo. Pero hay menos interés en la tierra, tanto la "vieja" como la "nueva".

Ante la ausencia de un verdadero encuentro entre el reino del cielo y los reinos de la tierra en el milenio, los evangélicos se concentraron en el primer reino y en el mundo venidero, mientras que los liberales se focalizaron en el segundo reino y en el mundo presente. Así nació el "evangelio social", que interpretó el "reino" en términos de condiciones políticas y culturales mejores aquí y ahora; sería establecido por la revolución humana en vez de la intervención divina. Este concepto conlleva un alto grado de motivación para involucrarse en la sociedad.

Pero el resultado es que hay muy poca diferencia entre las esperanzas cristianas y las esperanzas humanistas para el futuro. La segunda venida de Cristo tiende a deslizarse del centro hacia la periferia de la expectativa. Tal vez siga siendo un artículo del credo, pero ha dejado de ser la "la bendita esperanza" (Tit 2:13), el retorno de la única persona con la capacidad de ordenar este mundo.

Así que hay un gran énfasis en el amor, algún énfasis en la fe, pero poco énfasis en la esperanza. Los lectores deberían poder reconocer esto fácilmente en la predicación y en la práctica.

2. AMILENIARISMO "MÍTICO"

Este punto de vista considera a Apocalipsis más seriamente, tratándolo como una escritura con un mensaje. Sin embargo, su sentido llano y simple como una predicción del futuro es rechazado, y es tratado como ficción más que realidad.

Es importante entender el significado de la palabra "mito" cuando se la aplica a las escrituras. No significa "falso", aunque su asociación frecuente con la palabra "leyenda" puede dar esa impresión. La palabra define el *tipo* de verdad que se encuentra en él. La "crónica" tal vez no registre los sucesos literales que han ocurrido o que ocurrirán, pero todavía puede contener "verdades" morales o espirituales que corresponden a la realidad. Van de las fábulas de Esopo a las parábolas de Jesús.

Una característica de estos mitos es que no todos sus aspectos son significativos para la verdad. Algunos simplemente pueden ser parte del marco literario, la "licencia poética" del escritor, para atrapar y mantener el interés. Es la "esencia" del mito lo que contiene su mensaje. No hay que forzar demasiado los detalles. No son alegorías totales en las que cada cosa representa algo.

Las primeras escrituras en ser tratadas como "mitos" fueron los capítulos iniciales de Génesis. Esto fue en parte porque la "alta crítica" no podía aceptar la posibilidad de la profecía "hacia atrás" (la revelación divina del pasado desconocido), de la misma forma que no podía reconocer la profecía "hacia adelante" (el futuro desconocido); pero se debió principalmente a los descubrimientos científicos que contradecían el relato bíblico. A la tierra le había llevado cuatro mil doscientos cincuenta millones de años llegar a su estado actual, en vez de seis días (¡una ligera discrepancia!). Las costillas faltantes, los árboles mágicos y las serpientes habladoras eran considerados elementos propios de las fábulas. Sin embargo, los "mitos" contenían "verdades" vitales. Los detalles difíciles eran una mera decoración literaria.

Una vez que comenzó, esta resolución del conflicto entre la ciencia y la escritura demostró ser una pendiente resbalosa. El problema era: ¿dónde finaliza el mito y dónde comienza la historia (es decir, los sucesos objetivos)? Pronto los patriarcas Abraham, Isaac y Jacob fueron cuestionados; luego Moisés y el éxodo. Pero las "crónicas" seguían siendo valoradas por los "valores", aquellos ideales y normas que rigen nuestras vidas.

Inevitablemente, el Nuevo Testamento cayó bajo el mismo escrutinio. Las parábolas siempre habían sido entendidas de esta forma, como historias con un mensaje en ellas. Pero ahora los sucesos presentados como históricos y previamente aceptados como tales fueron cuestionados. Los milagros de Jesús se convirtieron en "parábolas actuadas", y luego simplemente parábolas. La "crónica" del nacimiento virginal fue solo una forma de presentar la relación única de Jesús con su "Padre" celestial (¿Quién fue entonces su padre terrenal? ¿Fue el resultado de la fornicación?). El erudito alemán Rudolf Bultmann llevó esto al extremo de aplicarlo al corazón mismo de la fe cristiana —la resurrección corporal de Jesús—, ahora considerada una fábula apostólica que albergaba la verdad de que la influencia de Jesús sobrevivía a su fallecimiento.

Por supuesto, el libro de Apocalipsis parecía hecho a medida para este enfoque "desmitologizador". Altamente simbólico y lleno de lenguaje pictórico, era un objetivo fácil para los constructores de mitos. Contiene una perspectiva del presente antes que una proyección del futuro, una verdad existencial antes que histórica. Esta interpretación llegó a conocerse como la escuela "idealista" (ver cap.5, 4. Idealista).

La verdad mítica es eterna y oportuna; es aplicable en cualquier parte y en cualquier tiempo. Así que no está relacionada con el paso del tiempo, el flujo de la historia, el orden de los sucesos. Esta remoción virtual de la referencia temporal de Apocalipsis tuvo serias consecuencias para la interpretación y la aplicación de su mensaje, especialmente para el capítulo 20.

El "milenio" no es un período de tiempo específico; los "mil años" representan todo el tiempo y cualquier tiempo. La verdad que contiene es que Cristo y los cristianos, juntos, son capaces de tomar el control del territorio de Satanás (¡suponiendo que el diablo mismo no sea un mito, una mera personificación del mal!).

Sin duda, esto es cierto. Esta verdad es un gran aliento para los creyentes que están bajo presión, y encaja con el propósito de Apocalipsis. Pero, ¿es toda la verdad que está contenida en este pasaje? Limitar su mensaje a este único tema significa ignorar muchos de los detalles específicos; por ejemplo, la "primera" y "las demás" resurrecciones, y la liberación de Satanás. Sobre todo, ignora la secuencia de acontecimientos en la serie de visiones de la que ésta es solo una parte.

Así que, mientras que esta interpretación es, en un sentido, "verdadera", dista mucho de ser una explicación adecuada. Elimina todo fundamento real para creer que Cristo un día gobernará este mundo después que Satanás sea desterrado de él. En términos teológicos, la dimensión "escatológica" del evangelio (lo que *ciertamente* ocurrirá en el fin) es cambiado por un modo "existencial" (lo que *posiblemente* puede ocurrir en el presente).

El amileniarismo "mítico" es preferible al amileniarismo "escéptico", en el sentido que da algún valor a Apocalipsis, aunque no mucho. El posmileniarismo "espiritual", al que nos dedicamos ahora, le da algo más de valor. No es fácil siempre distinguir entre ambos, dada que la diferencia parece ser de grado más que de especie. De ahí la confusión común que existe con el término "amilenario". Este término debería estar limitado al punto de vista de que "los mil años" no tienen ninguna referencia a ningún período de tiempo específico, en tanto que la palabra "posmilenario" aplica este término a la era de la iglesia entre la primera y la segunda venida de Cristo, sea de manera total ("espiritual") o parcial ("política").

3. POSMILENIARISMO "ESPIRITUAL"

Como ya hemos visto, este es el segundo punto de vista más antiguo, y apareció en los siglos cuarto y quinto, en especial a través de la enseñanza de Agustín.

Fue en parte una reacción contra una predicación algo imprudente acerca de los aspectos físicos del reino milenario, que iban más allá de lo bíblico y orillaban lo sensual. Agustín dijo que fue inducido a renunciar al punto de vista premilenario de los "padres" primitivos porque algunos habían pervertido la doctrina con conceptos "carnales".

Sin embargo, eso se debió principalmente a que él había abrazado el "dualismo" platónico, que diferenciaba lo espiritual de lo físico, pero no claramente lo físico de lo malo (el término "carnal" cubría a ambos). Según su forma de pensar, el concepto tradicional del milenio parecía demasiado "terrenal" (más adelante los cristianos usarían la palabra "mundano").

Así que el milenio fue transferido del futuro al presente (la segunda venida era "post" = "posterior", en vez de "pre" = "antes" de esto) y fue despojado de su contexto físico y político. Fue "espiritualizado", con un Cristo que gobernaba en el cielo y solo lo hacía en la tierra mediante su cuerpo, la iglesia.

Apocalipsis 20 es tomado mucho más en serio que por la verdadera interpretación "amilenaria". Se ofrece una explicación para cada elemento. Pero la innovación principal es tratar este capítulo como una recapitulación de los acontecimientos que conducen al capítulo 19, rompiendo de esta forma la secuencia de las visiones. Este paso radical involucra interpretaciones bastante diferentes.

Los "mil años" fueron tomados de manera muy literal al principio, como la duración de la era de la iglesia, pero ahora, después de dos mil años, deben ser vistos como un indicador "simbólico" de un período extenso, dado que se considera que el "milenio" cubre toda la era entre las dos venidas.

Dado que es obvio que Satanás todavía tiene una influencia considerable en el mundo, su destierro se reduce a su "atadura", que solo limita su "encarcelamiento" a impedir la difusión del evangelio. El "ángel" que lo ató fue Cristo (Mt 12:29).

Los mártires están reinando con Cristo en el cielo; esto comenzó en el momento de la muerte, cuando fueron a estar con el Señor. La primera resurrección no puede ser entendida ahora como un suceso corporal; debe referirse a la regeneración, esa experiencia de conversión en la que somos "resucitados" con Cristo (Ef 2:6). No es, entonces, colectiva, sino un suceso distinto para cada individuo.

Los "demás muertos" que "volvieron a vivir" se refiere a un hecho colectivo y físico, la resurrección "general" de los justos y los malos en la segunda venida para el día de juicio. Esto significa, por supuesto, que todos los que experimenten la "primera" resurrección (es decir, la conversión) también estarán incluidos en la segunda. "Volverán a vivir" dos veces. ¡Esto le quita sentido a "los demás", ya que ahora incluye a todos!

La "liberación de Satanás" para su última aventura tendrá lugar justo antes de la segunda venida, y se refiere a la batalla de Armagedón. En consecuencia, Apocalipsis 19:19-21 y 20:7-10 son relatos paralelos del mismo conflicto, y el factor decisivo es tanto la palabra de Cristo (19:15) como el fuego del cielo (20:9).

El lector deberá juzgar si ésta es una *ex*égesis auténtica (que extrae del texto lo que ya está ahí) o una *eis*égesis manipulada (que introduce en el texto lo que no estaba antes). En palabras sencillas, ¿está siendo el texto interpretado según un esquema preconcebido? ¿Se lo está "forzando para que encaje" en un patrón predeterminado?

Lo que está claro es que varias afirmaciones (por ejemplo, "la primera resurrección") son tomadas metafóricamente en vez de literalmente, de ahí la similitud superficial con al amileniarismo "mítico". Aún más llamativo es el pasaje arbitrario de lo metafórico a lo literal dentro de la misma frase, en el mismo contexto ("volvieron a vivir").

No obstante, esta línea de interpretación ha sido la más ampliamente aceptada en la iglesia a lo largo de los siglos. ¿Cuál ha sido el efecto en la esperanza cristiana?

La respuesta es: pesimismo acerca de este mundo y optimismo acerca del próximo. Se espera que el mundo permanezca prácticamente igual. A medida que aumente la población, tanto el reino de Dios como el reino de Satanás se expandirán. El trigo y la mala hierba "crecerán juntos" hasta el tiempo de la cosecha (Mt 13:30). Por cierto, justo antes del fin, la situación empeorará, con la "liberación" del sembrador de la mala hierba.

Las esperanzas de todo un mundo que vuelve a estar bajo el gobierno de Dios son postergadas hasta que aparezca la "nueva tierra", introducida inmediatamente después de la segunda venida, cuando tiene lugar el juicio. Entonces, y solo entonces, habrá venido verdadera y plenamente, el reino, "en la tierra como en el cielo" (aunque hay una notable falta de énfasis en la "nueva *tierra*" entre los que apoyan esta posición).

Todo este esquema parece ofrecer una explicación satisfactoria para el estado actual del mundo, combinado con una estimulante expectativa para el futuro. Esto último provee un motivo bastante fuerte para la evangelización, pero la creencia de que es improbable que el mundo mejore tiende a inhibir la acción social. El dualismo platónico subyacente tiende a enfatizar la "salvación de las almas" antes que de los cuerpos en un nivel individual (de manera consistente, Agustín enseñó la cesación de los milagros de sanidad después de la era "apostólica"; ¡pero se vio forzado a revisar su opinión hacia el final de su ministerio cuando esta clase de cosas comenzaron a ocurrir en su propia iglesia!).

Irónicamente, hay una versión mucho más optimista del posmileniarismo que también reclama a Agustín como su padre. Había una ambigüedad en su pensamiento con relación a este mundo, que oscilaba entre el pesimismo y el optimismo acerca de la influencia de la iglesia sobre él. Ahora consideraremos la versión más esperanzada.

4. POSMILENIARISMO "POLÍTICO"

En el tiempo de Agustín, habían tenido lugar dos acontecimientos políticos que afectaron radicalmente el pensamiento cristiano acerca del futuro. Por un lado, el imperio romano se había vuelto "cristiano". La "conversión" de Constantino (en la batalla del puente Milvio, al norte de Roma, cuando había visto el logotipo de Cristo en el cielo y había escuchado una voz que decía: "En este signo, conquistarás") había llevado al "establecimiento" del cristianismo como la religión imperial y más tarde a la supresión de otras religiones (incluyendo el judaísmo). La iglesia había conquistado el mundo, ¡aunque los perspicaces se preguntaron si no era al revés, cuando vieron al mundo entrar en la iglesia en más de una forma! Fue el nacimiento de la "cristiandad", como se la conoció más tarde, un "reino de Cristo" terrenal, gobernando a través de su pueblo vicario (= delegado) y, posteriormente, mediante su "vicario", el papa (= padre) de su pueblo. La conquista de Roma en el nombre de Cristo parecía un presagio de la "conversión" de todo el mundo.

Por otra parte, el imperio mismo estaba bajo ataque en sus fronteras, especialmente por los "bárbaros" del norte. Roma sería saqueada y el emperador se trasladaría hacia el este a la nueva capital, Constantinopla. Todo esto no hizo nada para desalentar la creencia de Agustín de que la iglesia sobreviviría estos desastres políticos y los imperios caídos serían reemplazados por "la ciudad de Dios". Roma podría desaparecer, pero la iglesia de Roma tomaría su lugar (es interesante notar que al día de hoy los papas han usado el título imperial "pontifex maximus", las insignias del cargo y aun las vestimentas de los antiguos emperadores).

Así que la iglesia, o el reino de Cristo, se levantaría como un ave fénix de las llamas de la guerra que amenazaba a todos los estados políticos. Sobreviviría y crecería, a pesar de todos los reveses aparentes, porque Dios estaba con ella.

Esta veta más confiada del pensamiento de Agustín planteó inevitablemente la pregunta: ¿Llegará la iglesia, entonces, a un punto en que los cristianos podrán tomar el control del gobierno de todo el mundo? A lo largo de los siglos esta esperanza ha estado apareciendo y desapareciendo constantemente.

Durante la gran era de la exploración, cuando estaban siendo descubiertos los nuevos continentes, los sacerdotes católicos, motivados por este imperialismo eclesiástico, navegaban con los exploradores. Muchos himnos de los misioneros protestantes del siglo diecinueve ("Jesús reinará donde se halle el sol") revelan la misma ambición mundial. Este punto de vista siempre ha sido popular cuando la iglesia está disfrutando de una ola de avance.

Esta perspectiva ha tenido sus retrocesos en el siglo veinte (especialmente por dos "guerras mundiales" centradas en la Europa "cristiana", que fue un factor que ayudó a difundir el secularismo que siguió). Pero ha habido un sorprendente avivamiento reciente del optimismo posmilenario.

Esto se ha centrado en el mundo occidental en los movimientos de "restauración" en Gran Bretaña y los movimientos de "reconstrucción" en Estados Unidos. Una teología de "dominación" enseña que los redimidos son llamados a gobernar la tierra (Gn 1:28 se extiende por implicación para incluir a los humanos además de los animales) mediante el "discipulado de las naciones" (se considera que Mt 28:19 se refiere a estados políticos en vez de varios grupos étnicos). En una palabra, la iglesia es llamada y aún ordenada a "tomar el control" del mundo y establecer un reino "político" del cielo sobre la tierra, trayendo a la existencia de esta forma el "milenio". Note que esto es sin que Jesús necesite volver y, por lo tanto, antes que vuelva, ¡para encontrar su reino listo para él!

Esta forma más reciente del pensamiento posmilenario obviamente conlleva una motivación muy fuerte para la acción social y no mucho menor para la evangelización (dado que la "toma de control" depende, hasta cierto punto, de la proporción de cristianos en la población). El mundo puede ser "cristianizado" sin que todos se conviertan en cristianos. Lo importante es que el poder y la autoridad tendrán que estar en manos cristianas. La iglesia "militante" se convertirá en la iglesia "triunfante", no solo en el cielo sino aquí en la tierra.

¿Cómo maneja Apocalipsis 20 este enfoque (si bien esto no es un fundamento clave para su caso)? La mayor parte se toma exactamente de la misma forma que los posmileniaristas "espirituales" (ver la sección anterior), con dos excepciones significativas.

Primero, los "mil años" son tomados de manera bastante literal como el milenio final de la era de la iglesia, diez siglos de paz y prosperidad bajo el gobierno cristiano. Es importante notar que esta era aún no ha comenzado.

Segundo, el gobierno milenario está totalmente en la tierra y tiene características terrenales. Es político. Será reconocido por toda la población, creyentes e incrédulos por igual.

En estos dos aspectos, esta forma de posmileniarismo está mucho más cerca del premileniarismo de la iglesia primitiva. Pero la mayor diferencia permanece: se logra sin el retorno de Cristo y su presencia corporal.

Y hay algunas objeciones teológicas importantes a este escenario. Por un lado, tiende a confundir la "iglesia" con el "reino", los que no están asociados en el Nuevo Testamento. La iglesia tal vez sea una comunidad, una "colonia", del reino, pero no es el reino mismo, que se extiende mucho más allá de la iglesia. Cuando la iglesia piensa de sí misma como un "reino", sus líderes comienzan a comportarse como reyes y a construir sus propios pequeños reinos. El imperialismo reemplaza a la evangelización.

Más serio es el hecho que no se reconoce la tensión entre el "ya" y el "aun no" del "reino" en el Nuevo Testamento. Ha venido el reino, y no ha venido. Ha sido inaugurado, pero no consumado. Una mitad de las parábolas de Jesús vislumbran su llegada como un proceso gradual de infiltración humana y la otra mitad como una crisis repentina de intervención divina (la parábola del trigo y la mala hierba combina ambos conceptos; Mt 13:24-30, 36-43). Es posible "entrar" en el reino ahora, pero no será "establecido" universalmente hasta que vuelva el rey.

Esto produce un descuido comparativo de la segunda venida, un tema que era tan central en la predicación apostólica. Este suceso es mencionado más de trescientas veces en el Nuevo Testamento y la expectativa aparece de manera destacada en su aplicación práctica de la fe al comportamiento. Pero en el punto de vista que estamos considerando esta venida prácticamente se desvanece, volviéndose insignificante. Obviamente, si el milenio tiene que preceder la venida y no ha comenzado siquiera, la "esperanza de su venida" está demasiado lejos como para afectarnos profundamente. Pertenece al futuro oscuro y distante, mientras que las generaciones anteriores lo esperaban "pronto", aun durante sus vidas, lo cual afectó su forma de vivir profundamente.

Finalmente, hay una dificultad importante: ¿acaso da la impresión de que la iglesia vaya a gobernar el mundo pronto? Después de dos mil años, ¿se encuentra la iglesia más cerca de este objetivo? Algunos cínicos podrían decir que la iglesia parece incapaz de manejar sus propios asuntos, ¡cuánto menos los asuntos de los demás!

Sea lo que fuere, el posmileniarismo político es una "victoria de la esperanza sobre la experiencia". ¿Pueden mantenerse expectativas tan altas? La Biblia reconoce que "la esperanza frustrada aflige al corazón" (Pr 13:12), pero nosotros estamos preguntando si la esperanza es verdadera o falsa, y no solo si será pronto o tarde. ¿Lo ha prometido Dios o no?

¿Se cumplirá Apocalipsis 20 antes que vuelva Jesús? Si es así, entonces la mayor parte de los creyentes oirán de él en el cielo o aun lo verán desde allí (¿Heb 12:1?), pero no serán parte del suceso. Nunca lo experimentarán por sí mismos. Habrán llegado demasiado tarde.

Si se cumple después del retorno de Jesús y la "primera resurrección", todos los creyentes tendrán el gozo de vivir en un mundo bajo el control cristiano. Nos ocuparemos ahora de este punto de vista "premilenario".

5. PREMILENIARISMO "CLÁSICO"

Este punto de vista toma un curso intermedio entre el *pesimismo* del posmileniarismo "espiritual", que cree que es improbable que este mundo mejore mucho, y el *optimismo* del posmileniarismo "político", que cree que este mundo será "cristianizado" por la iglesia. Puede aspirar legítimamente al *realismo*, al creer que este mundo solo recobrará su estado original cuando Cristo esté de vuelta en él y Satanás sea arrojado fuera de él.

Toma Apocalipsis 20 en su sentido llano y simple (si se considera que ese es su sentido "literal", sus adherentes se declaran culpables). La secuencia de visiones es aceptada, colocando el gobierno milenario de Cristo en la tierra con sus santos, especialmente los mártires, después de la segunda venida y antes del día de juicio. Los justos resucitarán primero, al comienzo de los mil años, y el resto al final. Satanás estará totalmente restringido durante la mayor parte del reino, pero será liberado para el desenlace final. De hecho, pregúntele a un premileniarista lo que cree y bien podría decirle: "¡Lea Apocalipsis 19-20 sin escuchar a nadie más!".

Ésta es probablemente la razón por la que parece haber sido la posición unánime de la iglesia durante los primeros siglos. Ellos simplemente tenían las escrituras y no se enfrentaban a la variedad desconcertante de interpretaciones que tenemos para escoger hoy.

"Clásico" significa que ésta era la creencia más antigua, y la única durante un tiempo considerable. Los padres primitivos creían en "el reino corporal de Cristo en esta misma tierra" (para citar a Papías, obispo de Hierápolis, en Asia). Algunos (por ejemplo, Justino Mártir) lo asociaban con la restauración del reino de Israel, aunque no todos concordaban con esto. Se mencionan muchos otros nombres que sostenían esta posición "premilenaria"; entre ellos, Bernabé, Hermas, Ignacio, Policarpo, Ireneo, Justino Mártir, Tertuliano, Hipólito, Metodio, Comodio y Lactancio.

Hay evidencia negativa, además de positiva, de estos primeros siglos. No se ha hallado una sola traza de algún punto de vista alternativo en los muchos documentos que han sobrevivido. Michael Green, al hacer un comentario de la cita de Salmos 90:4 ("Mil años, para ti, son como el día de ayer, que ya pasó") en 2 Pedro 3:8, dice: "Este versículo, Sal 90: 4, se convirtió, en el siglo segundo, en el principal texto de prueba del quiliasmo, la doctrina de que Cristo reinaría durante mil años en la parusía. Esta creencia se convirtió prácticamente en un artículo de la ortodoxia cristiana desde el tiempo de la escritura de Apocalipsis hasta Ireneo" (en Tyndale Commentary, *2 Peter and Jude*,[20] Inter-Varsity press, 1968, p. 34).

La crítica del punto de vista prevaleciente solo apareció con Clemente y Orígenes (significativamente, en la cultura "griega" de Alejandría). Los primeros cuestionamientos directos están asociados con Eusebio, Ticonio y Constantino, en el siglo cuarto, y Agustín, en el quinto. El posmileniarismo de este último se convertiría en la ortodoxia de la iglesia "católica", que luego condenó el "quiliasmo" anterior como una "herejía".

Sin embargo, nunca se extinguió. El premileniarismo reapareció en pequeños grupos que estudiaban la Biblia por su cuenta, durante los siglos cuando la mayoría simplemente aceptaba las tradiciones de la iglesia: por ejemplo, entre los paulicianos, los valdenses, los lolardos y los wyclifistas.

Aun cuando los reformadores "magisteriales" (llamados

---

20 En español, *Comentario Tyndale, 2 Pedro y Judas.*

así porque creían que la alianza iglesia-estado constantiniana traería el cambio) se tomaron del posmileniarismo agustiniano, el premileniarismo fue redescubierto por el ala izquierda radical de los "anabautistas". Lamentablemente, algunos de estos se volvieron extremistas y se reunieron en Münster, Alemania, para establecer el reino milenario. Si bien este fiasco se cita a menudo para desacreditar el quiliasmo, solo debe señalarse que, en la práctica, ¡ésta era una forma fanática de posmileniarismo político!

Entre los premileniaristas de una era posterior se encuentra el eminente científico Isaac Newton. En el siglo diecinueve, una cantidad sorprendente de obispos anglicanos sostenían este punto de vista (Ryle, Westcott y Lightfoot, por ejemplo), aunque pocos lo harían hoy, o tal vez ninguno.

Así que ha habido un testimonio continuo a lo largo de las edades, aunque después de Agustín a menudo declinó hasta llegar a ser una pequeña minoría. Actualmente está atrayendo un interés renovado como una alternativa al "dispensacionalismo" (ver más adelante), que está perdiendo credibilidad. Los escritos de George Eldon Ladd y Merril C. Tenney han hecho mucho para alentar esto. Los principales premileniaristas de nuestro tiempo han incluido al Dr. Francis Schaeffer y al Dr. Carl Henry.

Sin embargo, no ha vuelto a ser aceptado ampliamente, así que resulta difícil evaluar el efecto práctico en la evangelización y la acción social. En teoría, debería ser beneficioso, ya que ofrece esperanza tanto para este mundo como para el próximo, evitando los dos extremos del pesimismo y el optimismo.

La evangelización tiene sentido gracias al futuro glorioso que se vislumbra. Los seguidores fieles de Jesús compartirán su "reino", en la tierra vieja así como en la nueva (Ap 20:6 y 22:5). Este destino está disponible para todos los que se arrepienten de su pecado y creen en el Salvador. La alternativa es horrible más allá de la descripción (Ap 20:10, 15; 21:8).

La acción social tiene sentido precisamente porque a la larga será exitosa. Vendrá el día cuando el bien vencerá al mal, la justicia reemplazará a la injusticia, la paz a la guerra, la abundancia a la pobreza, y la salud a la enfermedad. Si un comunista está dispuesto a sacrificar todo por una sociedad sin clases y sin crímenes que tal vez nunca llegue a ver (¡y que ahora sabemos que ningún comunista jamás llegará a ver!), ¿cuánto más vivirá y trabajará un cristiano por un "milenio" que sabe que verá y en el cual jugará un papel?

Hay un incentivo personal adicional. Si las posiciones de responsabilidad serán delegadas de acuerdo con la integridad y la fidelidad ahora (según enseñó claramente Jesús, Mt 25:21-23), hay un gran estímulo para serlo ahora mismo. Si los tribunales estarán en manos de los cristianos que puedan administrar justicia equitativamente (1Co 6:2), los abogados y los jueces pueden estar cualificando ahora. El milenio necesitará banqueros honestos, concejales comprensivos y una multitud de hombres y mujeres compasivos para proveer un verdadero servicio "civil". En esta perspectiva, una gran cantidad de trabajos "seculares" se convierten en vocaciones "sagradas". Conducir un taxi y lavar la ropa son tan importantes para Dios como salvar almas. La adoración y el trabajo vuelven a unirse.

Por supuesto, hay quienes argumentarán que si las cosas se van a arreglar en la segunda venida, ¿para qué preocuparse en tratar de mejorar el mundo ahora, ante pronósticos tan negativos? Fuera de pasar por alto el hecho de que la desidia puede significar perder el futuro por completo (Mt 25:26-30), este tipo de pensamiento ha eludido la esencia misma de la motivación cristiana. Aquellos que realmente creen en lo que traerá la segunda venida intentarán tener la mayor cantidad posible de aquello de antemano. Tomando un caso paralelo, aquellos que "sabemos... que cuando Cristo venga seremos semejantes a él" intentaremos purificarnos ahora, "así como él es puro" (1Jn 3:2-3). ¡Los que anticipan heredar una fortuna no se conforman con esperar, si saben que pueden tener una buena parte de inmediato!

Este mundo no es un caso perdido. Jesús vuelve para

reclamarlo. Cuanto más podamos reclamar ahora en su nombre, mejor será para su gloria, para el bien de otros y aun para nuestro propio futuro. Podemos "progresar siempre en la obra del Señor" (que para el creyente significa el trabajo cotidiano tanto como el trabajo "de iglesia") porque sabemos que "nuestro trabajo en el Señor no es en vano" (1Co 15:58).

Pero hay otra versión del premileniarismo que tiene exactamente el efecto opuesto. Lamentablemente, es la que conocen la mayoría de las personas hoy

6. PREMILENIARISMO "DISPENSACIONAL"

Éste es un recién llegado, en términos relativos, y del cual no hay ningún rastro antes de 1830. Esto plantea la pregunta de por qué, si es la interpretación correcta, nadie la había visto en la escritura hasta entonces.

Apocalipsis 20 es tomado en gran parte como la interpretación "clásica", pero todo se coloca en un marco novedoso, que tiene varios rasgos principales.

Primero, la división de la historia del mundo en siete "dispensaciones", o eras, en las que Dios se relaciona con los humanos según diferentes condiciones. El último de estos es el milenio, el único que verdaderamente merece el título de "reino", ya que solo entonces la tierra será gobernada por el Señor.

Segundo, éste es el "reino" que Jesús ofreció a los judíos en su primera venida. Al rechazarlo, les fue retirado y postergado hasta la segunda venida. La era de la iglesia es, por lo tanto, un "paréntesis" en el propósito de Dios centrado en Israel. Las enseñanzas de Jesús sobre el reino, incluyendo el Sermón del Monte, se aplican principalmente al milenio, y no a la iglesia.

Tercero, el destino futuro del cristiano está en el cielo (son el "pueblo celestial" de Dios), en tanto que los judíos permanecerán en la tierra (ellos son su "pueblo terrenal"). Durante toda la eternidad, ¡jamás se encontrarán!

Cuarto, la iglesia será "arrebatada" de la tierra antes de la "gran aflicción" que precede a la segunda venida. Este acontecimiento es llamado "el rapto secreto", o simplemente "el rapto" (ver la sección sobre esto en cap. 11). Es el acontecimiento que sigue en el almanaque de Dios, y podría ocurrir "en cualquier momento", sin aviso. Los cristianos, por lo tanto, estarán ausentes durante los sucesos catastróficos descritos en Apocalipsis 4-18, pero volverán a la tierra con Cristo en el capítulo 19. Si se quedan con él después de esto es algo incierto. Lo que está claro es lo que sigue.

Quinto, durante el milenio el reino de Israel del Antiguo Testamento será restaurado plenamente. Un templo reconstruido verá la restauración del sistema de sacrificios (aunque se lo suele calificar como un "recordatorio" del sacrificio de Cristo en la cruz, una especie de "eucaristía" judía, más que un rito de expiación).

Todo el esquema "dispensacional" alteró significativamente el pensamiento premilenario anterior; en particular, el milenio se volvió más judío que cristiano. A pesar de su novedad, echó raíces rápidamente, primero en Gran Bretaña y luego en Estados Unidos, donde tal vez sea el punto de vista mayoritario entre los evangélicos.

Se originó con un hombre llamado John Darby, un clérigo anglicano de Dublin que se convirtió en el fundador de los "Hermanos", a veces conocidos como los "Hermanos de Plymouth", por uno de los primeros centros del movimiento. Tenían la intención original de unir a los cristianos de todas las denominaciones en la adoración espontánea alrededor del "partimiento del pan" y el estudio serio de las escrituras, pero pronto se convirtió en una denominación propia, dividiéndose con el tiempo en muchos grupos separados, algunos muy "abiertos" respecto de otros creyentes y algunos muy "exclusivos".

Desde el principio, hubo un profundo interés en la profecía bíblica, con el objetivo de ver qué pasaría con la iglesia en su estado "arruinado", como lo describía Darby. Fue él quien abrazó y enseñó el enfoque "dispensacional" sobre Israel más que sobre la iglesia, y el "rapto secreto" de los creyentes antes de la "gran tribulación". Sus puntos de vista no dejaron de tener oposición; hombres como Benjamin Newton, S. P. Tregelles y George Müller (famoso por el orfanato de Bristol) nunca los aceptaron. Pero su personalidad dominante prevaleció y su método de interpretar las escrituras se convirtió en la ortodoxia de los Hermanos acerca de la cual pocos se atrevieron a disentir.

Cruzando el Atlántico, convenció a un abogado, el Dr. C. I. Scofield, de su corrección. Él, a su vez, produjo una Biblia con notas, en las que incorporó los comentarios "dispensacionalistas". Esta "Biblia Scofield" se vendió excepcionalmente bien entre los evangélicos en los Estados Unidos. El peligro fue que a los lectores les resultó difícil recordar la diferencia entre la palabra inspirada de Dios y el comentario humano, aceptando lo último como algo que estaba "en la Biblia".

Hoy hay seminarios que no enseñan otra cosa (Dallas es el más conocido; los libros de uno de sus estudiantes, Hal Lindsay, son conocidos en todo el mundo y se han vendido de a millones). Algunas organizaciones misioneras solo consideran candidatos con convicciones dispensacionales.

No hay dudas acerca de la enorme influencia de su enseñanza.

Del lado positivo, tiene que decirse que ha contribuido más que ninguna otra cosa a restaurar el premileniarismo en la iglesia. Hay millones que creen nuevamente que Cristo vuelve para reinar sobre esta tierra por mil años.

Pero los resultados negativos superan a los positivos. El envoltorio ha contaminado el contenido. El marco teológico en el cual está atrapado el milenio tiene fallas fatales.

El error más serio tiene que ver con el "reino". Si los posmileniaristas políticos han exagerado la dimensión del "ya" y lo han visto mayormente en su manifestación presente, los premileniaristas dispensacionales han exagerado la dimensión del "aún no" y lo han visto como exclusivamente futuro. Esto no hace justicia a la dialéctica "ya/aún no" del Nuevo Testamento.

El resultado inevitable es una separación aguda entre el destino judío y el destino cristiano y un énfasis desequilibrado en el aspecto judío del milenio. Y es contrario a la predicción de Jesús de "un solo rebaño y un solo pastor" (Jn 10:16), el concepto de Pablo de un olivo en el que serán injertados "la totalidad de los gentiles" y "todo Israel" (Ro 11:17-26) y la visión de Juan de una nueva Jerusalén que desciende del cielo y que lleva los nombres de las doce tribus de Israel y los doce apóstoles de Cristo (Ap 21:12-14).

La división de la historia en siete dispensaciones es muy cuestionable. En el extremo opuesto del espectro teológico, los "calvinistas reformados" agrupan a todas en el "pacto de gracia" (una frase que no aparece en las escrituras). La postura bíblica parece tratar con dos pactos, el viejo y el nuevo, la ley y la gracia, Moisés y Cristo, si bien el pacto "nuevo" incorpora los pactos con Abraham y David, en tanto que toda la humanidad se beneficia del pacto con Noé.

Esto lleva a otro problema. La carta a los Hebreos se esfuerza por mostrar que el "viejo" pacto es "obsoleto y envejece" y que "ya está por desaparecer" (Heb 8:13). Esto incluye todo el sistema de sacrificios que ha sido "eliminado" por el sacrificio supremo de Cristo en la cruz. ¡Su reaparición durante el milenio sería una anomalía anacrónica!

La tragedia de todo esto es que el premileniarismo ha quedado ligado indivisiblemente al pensamiento dispensacional en tantas mentes que se asume que van juntos y que es imposible tener uno sin tener el otro. Cuando se descubren las fallas del dispensacionalismo, especialmente aquellas personas que han sido criadas en él, la tendencia es a descartar toda la enseñanza en vez de separar lo verdadero de lo falso. El milenio es rechazado como una de las dispensaciones. ¡Se arroja el bebé junto con el agua de la bañadera!

LOS DISTINTOS PUNTOS DE VISTA

Muchos que hacen esto no saben qué colocar en su lugar y se consideran vagamente "amilenarios", en el verdadero sentido de "no milenarios". No es que estén rechazando Apocalipsis 20 en principio, pero en la práctica ya no forma parte de su pensamiento y de su predicación. En gran parte no son conscientes del premileniarismo "clásico", el punto de vista de la iglesia primitiva (¡un director de un instituto bíblico me dijo que jamás había oído de esta posición!). Cuando oyen acerca de este punto de vista la reacción suele ser de verdadero alivio: es posible ser premilenario sin ser dispensacional.

Hay un aspecto más a ser considerado: el efecto práctico del premileniarismo dispensacional. De todos los puntos de vista, éste tal vez produzca la motivación mayor para la evangelización. La inminencia del retorno de Cristo ("podría venir esta noche") impulsa una urgencia en los salvos para salvar a otros y en los no salvos a ser salvados. Tal vez la mayoría de los misioneros evangélicos enviados desde Estados Unidos están impulsados por este tipo de pensamiento.

Sin embargo, el celo no justifica el motivo. Las sectas producen misioneros entusiastas (los mormones y los testigos de Jehová son buenos ejemplos), como ocurría con los fariseos en el tiempo de Jesús (Mt 23:15). Todos los motivos deben ser probados con las escrituras.

Pero, si el dispensacionalismo produce la mayor motivación para la evangelización, tal vez produzca la menor motivación para la acción social. Las creencias combinadas en un "rapto" en cualquier momento y en un milenio "judío" quitan el deseo de tratar de hacer del mundo un lugar mejor. La atención está enfocada en el cielo más que en la tierra. ¿Qué sentido tiene involucrarse en un mejoramiento social a largo plazo cuando Jesús y un Israel salvado estarán arreglando las cosas? Para un estudio fascinante del efecto de esta enseñanza en los esfuerzos políticos, ver: *Living in the Shadow of the Second Coming: American Premillenialism 1875-1982*,[21] por

---

21 En español, *Vivir a la sombra de la segunda venida: el premileniarismo estadounidense 1875-1982.*

Timothy P. Weber, (Zondervan "Academie", 1983).

Si bien ambas formas de premileniarismo estimulan la evangelización, hay un marcado contraste entre ambos cuando se trata de la acción social. Ahora que hay más evangélicos que están recuperando un equilibrio entre los dos aspectos de la "misión", es muy importante resaltar esta gran diferencia.

CAPÍTULO DIECINUEVE

La conclusión personal

Nuestro estudio de los puntos de vistas sobre el milenio ha concluido. ¡Esperamos que el pensamiento del lector haya sido aclarado en vez de confundido! Por lo menos, a esta altura se habrá dado cuenta de que la discusión tiene un propósito muy práctico y no es solo un ejercicio académico. Nuestras verdaderas convicciones acerca del tema tienen un efecto profundo sobre nuestra actitud hacia la vida.

No he ocultado mis propias conclusiones, a las que llegué de manera bastante independiente de otras personas. Fui criado en la iglesia metodista, y nunca había oído que se mencionara, y mucho menos discutiera, acerca del milenio, aunque a veces cantaban acerca de él, tal vez sin darse cuenta. Uno de mis himnos favoritos cuando era niño era: "Cantamos al rey que viene a reinar . . ." Fue cuando comencé a enseñar la Biblia sistemáticamente, como capellán de la Fuerza Aérea, que empecé a considerar y luego estudiar esta cuestión. Después de leer lo más posible acerca de opiniones muy diferentes y verificarlas contra las escrituras, me convencí de que la iglesia primitiva había tenido razón después de todo, y así lo indiqué en mi primer libro (*Truth to Tell*,[22] Hodder and Stoughton, 1977).

Permítame resumir mi peregrinaje haciendo una lista de las razones de mi posición como premileniarista "clásico":

1. Es la interpretación más "natural" de Apocalipsis 20. Sentía que las demás interpretaciones estaban forzando a esta escritura a entrar dentro de su propio molde, dando significados artificiales, aun arbitrarios, a algunos de sus rasgos. Es un principio fundamental en mi estudio bíblico dejar que el pasaje hable por sí mismo, tomándolo en su

---
22 En español, *Una verdad que contar.*

sentido más llano y sencillo, a menos que haya una clara indicación al contrario.
2. Da la explicación más lógica de la segunda venida. ¿Qué es lo que solo puede hacer volviendo acá? ¿Por qué habría de volver Jesús al planeta Tierra, después de todo? Ciertamente no es para el juicio final, que tiene lugar después que la tierra haya "huido" (Ap 20:11). Entonces, ¿para qué? ¿Y por qué tenemos que volver aquí con él (1Ts 4:14)? Si él y nosotros no vamos a "reinar" en la tierra por un período considerable, es difícil encontrar otra razón adecuada para su retorno, o el nuestro.
3. Pone el mayor énfasis en la segunda venida. Esto está relacionado con el punto anterior. Tanto los amileniaristas como los posmileniaristas tienden a restar importancia a la segunda venida, que entonces pierde el lugar central que ocupa en el Nuevo Testamento. La razón es simple. Si el único o aun el principal deseo para su venida es estar con él, esto ya habrá pasado para el creyente en el momento de su muerte (Fil 1:21).
4. Tenía sentido en sí mismo. Podía entender por qué Dios querría reivindicar a su Hijo a los ojos del mundo y preparar una demostración final de lo que él quería que fuera este mundo y cómo podría ser en las manos correctas. Hasta podía ver por qué agregaría una revelación final del carácter rebelde del pecado, aun en un entorno ideal, antes del día del juicio. La transición en fases de la tierra vieja a la nueva coincidía con mi propia redención, primero en mi cuerpo viejo y, solo mucho más tarde, en mi cuerpo nuevo.
5. Pone "a tierra" nuestro destino futuro. Aquellos que niegan un milenio futuro raramente hablan o aun piensan acerca de la nueva tierra. Todo en el futuro se centra en el cielo. Pero el cielo es solo una sala de espera para los creyentes, hasta que vuelvan a esta tierra y luego a la nueva tierra, donde el Padre y el Hijo morarán con nosotros. En vez de ir al cielo para vivir con ellos para siempre, ellos vendrán

a la tierra para vivir con nosotros para siempre (Ap 21:2-3), como en el principio (Gn 3:8). Todo esto da a nuestro planeta un significado eterno.

6. Ofrece una nota de realismo. Evita tanto el pesimismo sombrío de aquellos que piensan que este mundo nunca será mejor de lo que es y el optimismo ingenuo, aun triunfalista, de quienes piensan que la iglesia puede destronar a Satanás y entronizar a Cristo tomando el control de las naciones por sí misma. El premileniarismo evita ambos extremos, aceptando que el mundo empeorará antes de mejorar, pero seguro de que mejorará después de empeorar.

7. ¡Tiene menos problemas que las demás posiciones! Se ha admitido francamente que *todos* los puntos de vista tienen algunas dificultades. Pero el premileniarismo clásico tiene muchas menos que las alternativas, especialmente cuando se trata de interpretar Apocalipsis 20. Hay todavía muchas preguntas sin respuesta, pero puedo convivir con ellas. Es la más fácil para predicar con confianza, porque es la que el lector común más probablemente encontrará en el pasaje apropiado.

8. Es lo que la iglesia primitiva creía. La unanimidad de los primeros siglos es impresionante. No eran infalibles, pero fueron las generaciones más cercanas a los apóstoles. La ausencia de discusión es llamativa, al igual que el hecho de que las diferencias solo aparecieron cuando la doctrina cristiana fue contaminada por la filosofía griega.

Por estas razones, puedo orar la oración diaria que Jesús dio a sus discípulos con un verdadero significado y deseo: "Venga tu reino . . . en la tierra como en el cielo" (Mt 6:10); lo más posible antes de la venida de Cristo, y el resto, después.

Acerca de David Pawson

Reconocido como uno de los más excelentes expositores internacionales de la Biblia del mundo moderno, David es un conferencista y autor con una fidelidad sin concesiones a las Sagradas Escrituras. Aporta claridad y un mensaje de urgencia a los cristianos, invitándolos a descubrir los tesoros ocultos en la Palabra de Dios.

Millones de copias de sus enseñanzas han sido distribuidas en más de 120 países. Su obra más conocida, Unlocking the Bible (Abramos la Biblia), es un éxito de librería mundial en formato impreso, de audio y de video. Es considerado como el "predicador occidental más influyente en China" gracias a la transmisión de sus enseñanzas a cada provincia de ese país a través de Good TV.

Hay incontables creyentes en todo el mundo que se han beneficiado de su generosa decisión de poner a disposición sin cargo su amplia biblioteca de enseñanza en audio/video en www.davidpawson.org

Nacido en Inglaterra en 1930, el destino de David era ser un agricultor luego de completar una licenciatura en Agronomía en Durham University, pero Dios intervino y lo llamó al pastorado. Completó una maestría en Teología en Cambridge University y sirvió como capellán en la Real Fuerza Aérea británica 3 años.

Durante este período decidió predicar la Biblia de manera sistemática, del principio al final. El resultado entre los soldados fue una sorpresa, tanto para él como para ellos, tomándolo como una confirmación de la inspiración de las escrituras. Desde entonces, su predicación ha sido mediante estudios bíblicos o estudio temáticos basados en un análisis detallado y contextualizado de lo que dice la Biblia.

David pasó luego a pastorear varias iglesias, incluyendo el Millmead Centre, en Guildford, que se convirtió en un modelo para muchos líderes de iglesia del Reino Unido. Ha establecido una reputación, tanto entre evangélicos como carismáticos, como un expositor de la Biblia.

En 1979 el Señor lo llevó a un ministerio internacional. Su actual ministerio itinerante es principalmente para líderes de iglesia. Es un conferencista habitual en el Reino Unido y en muchas partes del mundo, incluyendo Europa, Australia, Nueva Zelanda, Sudáfrica, Países Bajos, Israel, el sudeste asiático y Estados Unidos.

David Pawson vive con su esposa Enid en el pueblo de Basingstoke, en Hampshire, Inglaterra.

Libros de David Pawson disponibles de
www.davidpawsonbooks.com

Unlocking the Bible
Abramos la Biblia (en 2014)

Serie Unlocking the New Testament Commentary:
- the Gospel of Mark
- the Gospel of John
- Galatians
- Romans
- Jude
- the Book of Revelation

Habrá otros libros de esta serie en breve

By God, I Will (The Biblical Covenants)
Christianity Explained
Come with me through Isaiah
Defending Christian Zionism
The God and the Gospel of Righteousness
Is John 3:16 the Gospel?
Israel in the New Testament
Jesus: The Seven Wonders of HIStory
Jesus Baptises in One Holy Spirit
Leadership is Male
Living in Hope
Not as Bad as the Truth (autobiografía)
Once Saved, Always Saved?
Una vez salvo, ¿siempre salvo?
Practising the Principles of Prayer
Remarriage is Adultery Unless....
The Challenge of Islam to Christians
The Maker's Instructions (The Ten Commandments)
The Normal Christian Birth
El nacimiento cristiano normal
The Road to Hell
When Jesus Returns
Cuando vuelva Jesús
Where has the Body been for 2000 years?
Where is Jesus Now?
Why Does God Allow Natural Disasters?
Word and Spirit Together
Explaining the Second Coming
Explaining the Resurrection
Explaining Water Baptism

Unlocking the Bible
está disponible también en formato DVD de
www.davidpawson.com

www.ingramcontent.com/pod-product-compliance
Lightning Source LLC
Chambersburg PA
CBHW070637050426
42451CB00008B/198